폭군의 몰락

초판 1쇄 인쇄 · 2009. 5. 10.
초판 1쇄 발행 · 2009. 5. 15.

지은이 · 이한
발행인 · 이상용 이성훈
발행처 · 청아출판사
출판등록 · 1979. 11. 13. 제9-84호
주소 · 경기도 파주시 교하읍 문발리 출판문화정보산업단지 507-7
대표전화 · 031-955-6031 편집부 · 031-955-6032 팩시밀리 · 031-955-6036
홈페이지 · www.chungabook.co.kr E-mail · chunga@chungabook.co.kr

ISBN 978-89-368-0394-0   03900

＊ 값은 뒤표지에 있습니다.
＊ 잘못된 책은 구입한 서점에서 바꾸어 드립니다.

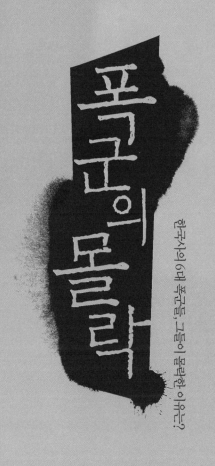

폭군의 몰락

한국사의 6대 폭군들, 그들이 몰락한 이유는?

이한 지음

청아출판사

이 책은 실패한 왕들의 이야기를 다루고 있다. 한때 당당하게 왕관을 쓰고 옥좌에 올랐다가, 어느 순간 굴러 떨어져 한낱 죄인이 된 이들 말이다. 폭군이라는 말을 하기에도 민망할 만큼 얼간이 같거나, 세상 쉽게 보다가 호되게 깨진 뒤 끝내 남 탓만 하다가 무너져 간 한심한 왕들의 사연을 모았다. 하지만 어쩔 수 없이 무너진 기구하고도 안타까운 사연을 가진 사람들을 보며 카타르시스를 느끼자는 것은 아니다.

당연하지만 누구도 세상에 길이 남는 폭군이 되겠다는 일념으로 왕자리에 오르는 사람은 없다. 하지만 그럴 만한 이유가 있었기에 폭군이 되었다. 상황을 제대로 판단하지 못하고, 불합리한 정책을 거듭하고, 또 실수를 거듭하면서도 문제를 고치지 못해서 마침내 나쁜 왕의 딱지가 붙고, 심한 경우 나라를 뒤엎기까지 했다. 상황이 따라 주지 않고 운이 없는 이들도 있었지만, 대부분의 나쁜 왕들은 좋은 것도 나쁘게 만들며, 나쁜 것은 더욱 나쁘게 만드는 특별한 재주를 가진 사람들이었다.

그래서 실패한 나쁜 왕들이 걸어간 과정을 차근차근 살펴보면 때로 이런 생각이 든다. '아, 이러니까 망할 수밖에 없었구나' 라고.

이 책에 목적이 있다면 그들이 왜 나쁜 왕인지, 그리고 어쩌다가 그렇게 되었는지의 과정을 돌이켜 보자는 것이다.

실패라는 말은 늘 듣기에 불편하고 껄끄럽지만, 그 대상이 악인이라면 제 발목 잡으면서 거꾸러지는 과정은 꽤 마음 편하게 볼 수 있는 이야깃거리이다. 교훈도 있다. 누구든 그들이 했던 대로만 하면 단숨에 가진 거 다 말아먹고 신세 망칠 수 있다는 것이다. 설마 곧이곧대로 따라 하는 사람은 없으리라고 믿지만.

우리는 흔히 대표적인 나쁜 왕으로 세계의, 한국의 몇몇 인물들을 기억하지만, 정작 그들이 무엇을 잘못했기에 문제가 되었는지, 어쩌다 그렇게 되었는지는 그리 관심을 가지지 않는다.

그 대신 사람들은 늘 누군가의 성공에 관심을 기울이며 그 속사정을 캐내려 애를 쓴다. '위대한', 혹은 '훌륭한' 이라는 수식어가 가득 붙는 누구누구를 본받자, 혹은 그 사람이 성공한 비결이 무엇인지 분석한 책이 베스트셀러를 휩쓰는 것은 어제 오늘의 일이 아니다. 그런데 그 성공이란 것도 문제다. 성공한 사람은 능력과 운을 겸비하고 있고, 맘씨 좋은 후원자가 있었으며, 시세를 끝내주게 잘 탔고, 결말 곧 죽음도 그럴듯한 극소수의 사람들이다. 성공한 사람의 이야기니까 온갖 우여곡절을 겪고 모함을 당할지언정, 해피엔딩으로 끝나게 된다. 그래서 쓰기에도 편하고 읽는 사람도 흡족하다.

그들의 성공은 칭찬받고 선망의 대상이 되어 마땅하지만, 그들이 내렸던 결정을 고스란히 따라 할 수는 없다. 그건 이미 성공했던 사람의 철 지난 노하우일 뿐이지, 이제 그 사람과 전혀 다른 환경에 놓인 전혀 다른 사람들이 똑같이 흉내 내도 성공할 가능성은 한없이 낮다. 차라리 이전에 실패한 사람들의 잘못을 반복하지 않도록 노력하는 게 효율적이다. 그게 훨씬 쉽고 실현 가능성이 높으니 말이다.

단언코 말하는데 나라 하나를 말아먹는 것도 결코 아무나 할 수 있는 일이 아니다. 그런 의미에서 인간의 실패에는 항상 그럴 만한 이유가 있다. 인간이 오만 가지 노력을 다해도 신의 뜻 때문에 무너진다는 아이스킬로스의 운명적인 비극 《오레스테이아》도 있지만, 오히려 많은 것을 쥐고 있으면서도 제대로 간수하지 못해 목까지 날아간 바보들도 있는 법. 이렇게 실패한 이유에 찔끔찔끔 변명하면서 진상을 떠

느니, 이러니 망한 것이라고 화끈하게 잘라버리는 것도 나름 후련해
진다.

이 책을 읽으면서 나 자신의 부끄러운 모습을 발견하고 반성하여
가까운 미래에 대처할 수 있다면, 실패한 왕들의 속 터지는 사연들을
치미는 신경질과 함께 정리한 보람이 있을 것이다.

자, 이제부터 역사의 난장판이 시작된다.

2009년 4월 끝자락에

이 한

● 차례

서문 · 4

1 실패한 왕들

처형당한 부여의 왕 · 13
비난당한 왕들 · 23
왕들의 악덕 · 36
시대의 희생자인가, 자업자득인가 · 66

2 역사 속의 멸망한 왕들

고구려 모본왕 – 정복왕을 꿈꾸다 폭군이 되다 · 79
대무신왕의 아들이자 호동 왕자의 동생 · 81
무모한 중국 정벌, 실패로 돌아가다 · 86
사람 의자와 사람 베개 · 92
겁쟁이가 왕을 살해하다 · 96
해씨 고구려의 멸망 · 101

백제 개로왕 – 넘치는 의욕과 빈약한 현실 인식 · 109
13년의 공백 · 111
실패로 돌아간 대중국 외교 정책 · 116
첩자 도림 · 126
한성백제 최후의 날 · 131
한성백제의 멸망은 피할 수 없는 결말이었는가 · 137

고려 의종 – 푸대접과 편애의 양끝에서 · 141
사랑받지 못했던 태자, 배은망덕한 왕이 되다 · 143
재주 많은 임금의 문제 · 152
아부하는 측근 속에 파묻혀 현실을 보지 않다 · 158
터져 나온 불만, 무신의 난이 되다 · 165
죽어서야 진정한 왕이 되다 · 172

고려 공민왕 – 아무도 신뢰하지 않았던 개혁군주 · 177
공민왕의 천국과 지옥 · 179
공민왕의 즉위, 배원 개혁의 시작 · 184
목표를 위해 수단과 방법을 가리지 않다 · 189
유일한 믿음, 노국 공주 · 198
자제위는 조작이었을까 · 205
아무도 믿지 못한 개혁군주 · 211

조선 연산군 – 폭군이 갖춰야 할 모든 것 · 215
촉망받았던 후계자 · 217
왕에게 잔소리 하지 말라, 두 차례의 사화 · 227
언론의 탄압, 나붙는 익명서 · 235
재개발과 철거, 금표의 설치 · 245
고립된 왕 그리고 반정 · 256

조선 광해군 – 운명에 외면당하고, 마침내 잊혀지다 · 263
총체적 난국 · 265
대북의 대두 · 273
죽어가는 사람들 · 278
후금과의 전쟁 · 293

 3 희생당한 왕을 위한 조곡

변한 것과 변하지 않은 것 · 307

참고문헌 · 313

1

실패한 왕들

처형당한 부여의 왕

옛 부여의 풍습에서는, 비가 오지 않거나 곡식이 제대로 익지 않으면 번번이 왕에게 책임이 있다고 해서, 어떤 이는 당연히 왕을 갈아치워야 한다고 했고, 어떤 이는 죽여야 한다고 말했다.

[舊夫餘俗, 水旱不調, 五穀不熟, 輒歸咎於王, 或言當易, 或言當殺]

《삼국지》〈위지 동이전〉에 기록된 말이다. 부여에서는 날씨가 가물어서 농사라든가 목축의 결과가 신통치 않게 되면, 왕에게 잘못이 있는 탓에 하늘이 비를 내려 주지 않은 것이라고 하여 왕을 갈아치우거나, 혹은 왕을 당연히 죽여야 한다고 말했다. 현대의 사람으로서는 고작 그런 이유만으로 왕을 갈아치우거나, 아니면 살해한다는 사실에 경악하겠지만 말이다.▪

그런데 이 이야기에 어떤 평가를 내리기에 앞서, 부여라는 나라 자

체가 생소하게 와닿는다. 우리나라라고 하기에는 거리감이 느껴지지만, 그렇다고 중국의 역사라고 말할 수도 없다. 그런 애매하고 어중간한 위치에 놓여 있는 것이다. 학교의 역사 교과서는 부여의 지식을 단편적으로나마 전한다.

부여는 사방 2천 리의 영토에 궁전이 있고, 창고가 있으며, 감옥도 있었다. 부여의 백성들은 흰 옷을 즐겨 입었으며, 도둑질을 하면 훔친 물건의 12배로 변상해야 했고, 목축업을 숭상해서 벼슬의 이름에까지 가축의 이름을 붙였다고 했다. 여기까지만 보면 어느 정도 규모의 사회를 갖춘 굉장히 평화롭고도 한가한, 그러면서도 조금은 원시적인 나라라는 이미지가 떠오른다. 왕성 한복판에까지 소와 말이 뛰어놀고, 냇가에는 빨랫감이 그득하게 쌓여 있는 풍경이 일상적일 것만 같은.

그리고 날이 가물면 왕의 잘못이라고 탓하며 사형시켜야 한다고 여긴 풍습은 부여의 원시적인 성격을 드러내는 상징처럼 들린다. 이 얼마나 무식하고 비합리적인가. 날씨와 왕이 무슨 상관이 있단 말인가? 지금 사람들은 비가 오지 않고 날씨가 나쁘면 고기압이나 지구온난화, 더 나아가 환경오염을 탓하지, 대통령이 정치를 잘못했기 때문이라고 하지 않는다. 학교에서 배운 기본적인 과학지식만으로도 날씨와 현실 정치는 아무런 상관관계가 없다는 사실을 충분히 알기 때문이다.

또한 왕이라 해도 평범한 인간이다. 아무리 왕이 어리석고 끔찍한

■ 물론 위에서 인용한 내용에서는 그렇게 처형당한 부여의 왕이 있었는지를 확인하기는 어렵다. 하지만 부여뿐만이 아니라 전 세계적으로 원시 시대에는 인간 희생이 굉장히 광범위하게 이루어졌고, 왕이 희생되었다는 사실을 암시하는 신화적 증거들이 적지 않다. 종교의식을 집행하는 부당(Shaman)이자 나라 혹은 부족을 위한 왕의 희생이 부여나 그 이전의 시대에 실재했을 가능성은 충분하다. (르네 지라르, 《폭력과 성스러움》, 민음사, 2000)

폭정을 펼친다고 해도 인격을 가지지 않은 하늘이 화를 내거나, 가뭄을 초래할 수는 없다. 마찬가지로 정치를 잘못한 왕을 끌어내어 목을 치든 말든, 갑자기 없던 수증기가 나타나고 응결해서 구름이 되고 비가 되지는 않는다. 만약 부여의 왕이 밧줄에 꽁꽁 묶여 형장으로 끌려 나오고, 망나니의 칼이 그의 목을 베어 땅에 피를 뿌린다 해도 갑자기 먹구름이 끼고 억수 같은 비가 쏟아지는 극적인 일은 영화에서나 있다. 그러므로 정말 날이 가물었다고 왕을 욕하고, 심지어 죽이는 것이 부여의 풍습이었다면, 백이면 백 형장에 끌려나온 왕들은 살아서 왕궁으로 돌아가지 못했을 것이다. 그리고 이로써 새로운 왕이 등극한다고 해도 가뭄이 끝나지 않는 한, 계속 비난당하고 혹은 죽임당해야 했을 것이다.

이런 부여의 기록을 남겼던 〈위지 동이전〉의 저자는 그런 풍습이 신기했기에 기록했던 것이리라. 몇 달째 비가 오지 않고 땅이 거북등처럼 쩍쩍 갈라지는 흉년, 부여 사람들이 삼삼오오 모여 이게 다 왕이 나쁜 탓이라느니, 갈아치워야 한다느니 외치는 소리를 들었던 것인지도 모른다. '특이하다. 어떻게 감히 그런 말을 할 수 있을까'라고 생각하며 기록한 게 아니었을까? 아마 현대에 사는 우리가 기록을 보면서 느꼈던 것처럼 말이다.

그러니 이런 나라가 어떻게 유지될 수 있을까 하는 의문이 든다. 왕의 교체는 정치뿐만 아니라 사회의 메커니즘에 좋든 나쁘든 큰 충격을 가져오게 되고, 그러는 와중에 때로 사회 혼란을 동반할 수도 있다. 지금의 예를 들어 만약 대통령이 나쁜 날씨를 이유로 계속 탄핵된다면, 국민투표와 선거전 등이 거듭되면서 국회의 난투극은 지금보다 몇

배로 더 지독해질 것이고, 정치라는 톱니바퀴가 완전히 폭주해 사회의 혼란은 극에 달할 것이다. 옛날이라 해서 그런 소란이 없을 리 있겠는가. 그럼에도 거리낌 없이 왕을 죽일 수 있었다면, 정말 그랬다면 과연 부여는 어떤 나라였을까.

부여의 역사서는 현존하는 것이 없다. 중국 역사서 말미에 쥐꼬리만큼 실린 《동이 열전》들을 싹싹 뒤져도 아주 단편적인 내용만이 있다. 마치 성의 없는 짜깁기로 만들어진 백과사전의 설명글을 연상하게 한다. 《삼국사기》가 편집된 고려 시대에는 아직 《북부여기》라는 역사서가 남아 있었다고는 하지만 지금은 존재하지 않는다. 이제 우리는 부여가 어떤 나라였는지 자세히 알고 싶어도 알 수 없게 되었다. 사료도 없을 뿐더러, 그들의 영토는 지금 우리나라 국경선에서 멀리멀리 떨어진 중국 땅 한복판인 터라 고고학 발굴로 연구하는 것도 어렵다. 이렇다 보니 과연 부여를 우리나라의 역사 속에 넣어야 할까 고개를 갸웃하는 사람이 있을지도 모르겠다. 아무래도 부여보다는, 부여와 치열하게 싸운 고구려가 훨씬 더 '우리나라의 역사'로서 친근감이 느껴지니 말이다.

이런 생각에 부채질을 하는 것은 동명설화다. 고구려의 건국신화를 아는 사람이라면, 부여의 왕자이자 훗날 왕이 되는 대소가 주몽을 질투하고 괴롭혔다는 사실을 기억할 것이다. 조금 더 역사적인 내용을 이야기하자면, 훗날 이 대소왕은 여러 차례 고구려 공격을 감행했다가 전사하기까지 했다. 그리고 이 기록을 마지막으로 삼국 시대로 접어들게 되고, 부여는 더 이상 역사의 무대에 등장하지 않았다. 부여는 분

명히 존재했건만, 어떤 큰 인상을 남기지 못하고 기념할 만한 일도 없이, 역사의 뒤안길로 주춤주춤 사라진 희미한 안개와 같이 멸망한 나라였다.

그러므로 부여가 날씨를 핑계 대며 왕의 목을 자르건 우리와는 무슨 상관이냐고 할 수도 있다. 하지만 그것은 우리가 너무나도 부여를 모르기 때문에 하는 오산이다. 예를 들어 보자. 잘 알려진 대로 고구려의 건국자는 동명성왕 주몽이다. 그런데 그의 아버지는 누구인가? 천제의 아들이었던 해모수이다. 그는 목욕을 하러 나왔던 하백의 딸 유화와 눈이 맞았는데, 이로 인해 화가 난 하백에게 감금당하고 유화는 쫓겨나는 이런저런 사건이 벌어졌다. 그런데 역사서는 한 가지 사실을 더 알려 주고 있다. 해모수는 천제의 아들인 동시에 북부여의 왕이었다는 것을 말이다.

그뿐일까. 주몽이 태어나고 자랐던 금와왕의 나라는 동부여였다. 그리고 대소를 비롯한 왕자들의 탄압을 견디지 못하고 달아났던 주몽이 도착한 곳은 졸본이지만, 그 정확한 이름은 졸본부여였다. 그래서 고구려는 때로 중국에게서 부여의 별종이라거나, 아예 부여라는 이름으로 지칭되기도 했다. 이런 명칭이 딱히 잘못된 것도 아니다. 고구려역시 부여의 한 갈래이며, 부여의 후손이었기 때문이다.

그런 고구려에서 갈라진 나라가 삼국 시대의 또 다른 주역인 백제이다. 《삼국유사》는 주몽의 첫째 아들인 유리가 아버지가 남긴 칼 조각을 품고 동부여에서 찾아와 태자가 되자, 온조는 자신을 따르는 사람과 더불어 남쪽으로 내려가서 나라를 세웠다고 전한다. 그렇게 만들어진 나라, 백제는 마한을 야금야금 집어먹으면서 고대 국가의 기틀을

마련했는데, 이때 스스로를 남부여라고 했다. 그리고 백제의 유력한 귀족의 성씨 중 하나가 바로 부여씨였고, 지금도 백제의 수도 사비는 부여라는 이름으로 불리고 있다. 이게 단순히 우연일까? 그만큼 한반도의 옛 나라들에게 부여가 중요했다는 반증이 아니겠는가? 먼 옛날 동부여에서부터 고구려, 백제에 이르기까지 한국 고대사의 많은 물줄기들을 거슬러 올라가다 보면, 그곳에서 부여를 발견하게 된다.

어쩌면 부여가 있었기에, 부여가 애써 일구었던 기틀이 있었기에 그것을 바탕으로 고구려, 백제의 씨앗이 무럭무럭 자라날 수 있었던 것이다. 그런 의미에서 삼국 시대의 나라들은 부여의 자식이기도 했다. 그리고 많은 것을 물려받았으리라.

이 자리에서 한국 역사상 부여사의 위상을 재평가하려고 하는 것은 아니다. 다만 부여라는 나라는 이제 멸망하고 자취가 없어졌어도, 그들의 관념과 지식은 생생히 살아 그들의 혈관과 기억으로 이어졌다. 피를 이은 부모와 자식이 그런 것처럼. 그리고 이것은 고구려와 백제의 뒤를 이은 나라들에게도 마찬가지이다. 신라, 발해, 고려, 조선, 그리고 지금에 이르기까지. 부여에서 벌어진 것은 까마득하게 먼 옛날의 일이니 이제 우리와 상관없다고 말할 수 있을까? 그렇다면 앞으로 먼 훗날의 사람들 역시 우리와 아무 상관없을 것이다.

다시 한 번 질문을 던져 보겠다. 부여는 어떤 나라인가? 날씨가 나빠질 때마다 왕을 죽이느니 살리느니 떠들어댔다는 야만적인 풍습과 흰옷을 좋아하는 평화로운 나라라는 사실은 극단적으로 안 어울린다. 하지만 중국인이 부여의 역사를 왜곡해서 기록했을 가능성은 크게 걱정

하지 않아도 된다. 가뭄이 들거나 혜성이 나타나는 등 유별난 천체 현상이 정치를 제대로 못하거나 간신이 들끓기 때문에 나타난 것이라고 해석하는 재이설(災異說)은 따지고 보면 중국이 원조인데다가 더욱 기괴하게 발달했으니 말이다.

그리고 이것은 중국만 그런 것도 아니고 세계적으로도 그렇다. 신화와 역사를 불문하고, 멀리 멜라네시아나 아프리카의 원시부족에서부터 자신들의 왕을 단두대에 올린 프랑스와 영국에 이르기까지, 백성들은 온갖 황당한 이유를 들어 왕을 비난하고 책임을 물었다. 마침내 정말로 왕을 죽이는 일도 간혹 있었다.

하지만 지금 우리가 왕의 살해라는 말에서 가장 먼저 느낄 수 있는 감정은 거부감일 것이다. 구체적으로는 불충(不忠)이나 하극상이 떠오른다. 무리는 아니다. 한 사회의 정점에 서 있는 지도자, 왕의 죽음이란 그만큼 큰일이고, 그만큼 큰 거부반응을 초래하게 된다. 하지만 그럼에도 백성들은 아주 오랫동안 자신들의 왕을 살해해 왔다.

신화학의 오랜 고전으로 프레이저의 《황금가지》라는 책이 있다. 장장 12권에 달하는 방대한 내용의 이 책은 고대 로마의 한 사제의 이야기에서 시작한다. 로마의 동쪽, 디아나 여신을 모시는 네미의 사제는 '숲의 왕'이라는 이름으로도 불렸다. 그는 성스러운 겨우살이 나무를 밤낮없이 계속 지킨다. 그러다가 누군가가 그 나무의 가지를 훔치면 사제와 '왕의 자리'를 놓고 결투를 벌이게 되며, 패자는 죽임을 당하게 된다. 잘린 나뭇가지, 이것이야말로 황금가지다. 황금가지를 놓고 벌어진 싸움에서 승리한 사람은 새로운 숲의 왕이 되거나 혹은 계속 왕으로서 나무를 지킨다. 다시 나뭇가지를 도둑맞기 전까지.

날씨가 나쁘다는 이유로 목숨을 위협받는 부여의 왕과 가지를 도둑맞아 살해당하는 황금가지의 왕. 상황과 시대, 장소는 다를지언정 이들은 모두 신하들에게 목숨을 위협받는 처량한 신세의 왕이라는 것은 동일하다. 이 외에도 나이가 들었다는 이유로 자살을 강요당하는 등 목숨을 위협받는 왕은 의외로 많이 있다.

때로 다른 나라의 역사를 읽는 와중에 우리와의 공통점을 발견할 때가 있다. 좋은 사람은 어디에서나 좋고 바보는 어디에서나 바보라는 것과 마찬가지로, 설령 지구 반대편에 살고 있다고 해도, 인간들은 어디서 본 듯한 어디서 들어본 듯한 공통점을 찾게 되는 것이다. 어쩌면 그것이야말로 인간의 본성일지도 모른다. 그래서 전혀 다른 시간에서 전혀 다른 시기를 살아왔건만, 비슷한 점은 끊임없이 발견된다.

황금가지를 지키던 숲의 왕은 왜 살해당했을까. 사람들이 야만적이니까? 인권, 아니 왕권이 허약했으니까?

'숲의 왕'은 네미의 사제에게 붙은 별명에 불과했지만, 그보다 이전 시기로 거슬러가면 진정한 왕이었을 것이다. 아주 먼 옛날의 왕은 통치자이면서 동시에 무당이기도 했다. 우리나라만 해도 인간과 곰 사이에서 태어났다는 단군왕검이 정치적이고도 종교적인 지도자를 겸하지 않았던가. 그럴싸한 용어로 말하자면 샤먼킹(shaman-king)인 고대의 왕들은 그저 정치적인 지도자였던 것뿐만이 아니라 하늘이나 신의 뜻을 받들어 사람들을 인도하는 정신적인 지도자이기도 했다. 이때의 왕은 신의 총애를 받아 특별한 힘을 가진 초인이면서, 이 세상에 풍요를 가져다 주고 백성들이 더 나은 삶을 살 수 있도록 인도해 준다.

지금이야 지도자가 솔방울로 수류탄을 만들고 가랑잎으로 태평양

을 건너갔다고 하면 콧방귀를 뀌겠지만, 옛 사람들에게 그건 진실이었다. 왕은 위대한 신의 대리자이며, 보통 사람은 가지지 못하는 신통력을 발휘한다고 믿었다. 그래서 백성들은 그를 칭송하며, 자신이 가진 것을 아낌없이 바치고, 왕이 엄청난 부귀와 사치를 누릴 수 있게 했다. 그가 가져다줄 번영과 행복을 기대하면서.

하지만 왕은 완벽하지가 않다. 차츰 늙어가고 힘이 없어지며, 때로는 실수를 할 수도 있다. 하지만 왕의 잘못은 그럴 수도 있다며 너그럽게 이해할 수 있는 게 아니다. 일반 백성의 잘못과는 비교도 안 될 만큼 크고 넓게 파급되며, 많은 희생을 초래한다. 특히 신과 인간을 연결하는 통로인 왕이 제 역할을 못하게 된다면, 백성들 역시 쇠퇴와 몰락의 길을 걷게 되며, 마침내는 나라 자체가 멸망할 수도 있다.

그래서 백성들은 왕을 살해했다. 잘못된 왕을 내버려두면 결국 사회 모두가 죽게 되는 것이다. 그러기 전에 왕을 죽이고 그를 대신할 젊고 활기찬 새로운 왕을 맞아들인 것이다. 이는 야만이나 불충, 혹은 정치적인 야욕과는 상관없이 나라와 백성 모두가 살아남기 위해 왕 한 사람을 희생하는, 당시 기준으로 당연하고도 합리적인 선택이었다.

그래서 전 세계의 사람들은 자신들의 왕을 살해했다. 사람들은 왕을 옥좌에서 끌어내어 그가 두른 값비싼 옷을 벗기고, 그의 머리에서 황금 관을 벗겨내며, 가장 비참한 죄수로 만들어 형장으로 끌고 간다. 그의 목이 잘리고, 피가 땅에 뿌려지는 순간 조금 전까지 그의 백성이었던 이들은 환호하고 기뻐한다. 이들이 무자비해서가 아니다. 세상의 존속과 안정을 위한 희생제의이다. 왕의 피가 제단에 뿌려짐으로써 이 세상의 모든 재앙은 사라지고 희망찬 새 시대가 오는 것이다. 왕은

가장 훌륭한 희생제물이었다. 그런 의미에서 부여는 나라와 백성의 존속을 위해 왕을 희생시켰을 뿐, 그리 특별하지도 별나지도 않은 나라였다.

하지만 신화의 시대가 지나가고 차츰 시간이 흐르면서 많은 것이 바뀌었다. 왕권과 종교는 분리되고, 나라의 조직은 복잡하고 치밀해졌으며, 왕의 권위는 크게 올라가고 또한 견고해져서 수많은 신하들을 거느리며 막대한 권한을 가지게 되었다. 왕은 일개 무당의 지위를 벗고, 스스로를 하늘의 아들, 살아 있는 신이라는 등의 이야기로 치장하고, 수많은 신하들과 군대까지 거느려서 막강한 권력자가 되었다.

이렇게 더 많은 권한을 가지게 되었지만, 여전히 왕은 완벽하지 않았다. 그래서 역사의 시대가 되면서, 그 전에는 없었던 새로운 문제가 생겼다. 인간 사회는 훨씬 복잡해지고 체계화되었으며, 왕은 훨씬 더 많은 권한과 힘을 가지게 되었다. 이걸 잘 활용해서 성군이 될 수 있다면 참 좋겠는데, 왕은 여전히 완벽한 존재가 아니었다. 오히려 왕이 잘못된 판단을 내리거나 고집을 부릴 경우 강력해진 왕권을 제어하기 어렵게 되어 폭주할 위험이 더욱 커졌다. 이제 비가 오지 않는다거나 신성한 나뭇가지를 빼앗겼다는 사소하고도 불합리한 '미신'이 아니라 정말 왕이 잘못해서, 잘못된 정책을 벌인 탓에 나라를 망치거나 백성들을 괴롭히는 폭군이 등장하게 된 것이다.

비난당한 왕들

인간이 역사를 시작한 이래, 많은 왕조가 만들어지고 또 무너졌다. 나라는 무엇으로 망하는 걸까. 심각한 전염병의 유행? 부패한 정치? 지독한 경제난? 반란과 적국의 침략? 이 중 하나가 원인이 되기도 하고, 여러 개가 뒤섞이기도 한다. 하지만 여기서 특별한 한 가지를 골라 본다면 바로 포악하거나 어리석은 왕이 다스리는 것이다.

전설상 중국의 첫 왕조였다는 하·상·주는 이런 정석을 차근차근 밟아 멸망했다. 한창 번영하던 왕조는 잔인하고 지지리도 못난 폭군이 들어서서 백성을 괴롭혔고 마침내 나라를 망쳤다.

하나라의 마지막 왕인 걸왕이 폭군이었고, 상나라는 주왕이, 그리고 주나라는 유왕이 왕조를 결딴냈다고 한다. 이들의 레퍼토리도 대단히 다양하며, 엽기적인 일도 대륙적인 스케일이다. 잔소리하는 충신을 감옥에 가두거나 가슴을 갈라 심장을 꺼내 죽이기도 했고, 사랑하는

총비 말희가 비단 찢는 소리를 좋아한다며 산더미 같은 비단을 찢어 대었거나(걸왕), 고기를 나무에 걸어두고 연못을 술로 채우는 주지육림(酒池肉林)을 만들었다(주왕). 마찬가지로 웃지 않는 총비를 웃게 하겠다며 봉화를 시도 때도 없이 올려 신하들을 골탕 먹이는 양치기 소년이 되었던 왕도 있었다(유왕). 그리고 이에 힘입어 나라는 망하고 새로운 나라(시대)가 들어섰다. ■ 그리하여 이 세 사람은 중국뿐만 아니라 세계적인 폭군의 전설이 되었다.

이들 세 왕의 이야기는 역사라기보다는 한없이 신화에 가깝다. 그래도 네미의 '숲의 왕'이나 부여의 왕과 달리, 날씨 같은 비합리적인 일로 생명의 위협을 받지는 않았다. 이들은 진정한 왕이었으며, 권력을 통해 자기 마음대로 나라를 쥐락펴락하다가 여기에 반발한 사람들에게 쫓겨나 목이 날아간 이들이다. 그래서 폭군인 것이다. 이들의 몰락과 더불어, 찬란하던 왕조는 썩은 나무처럼 주저앉았다. 한때 눈부시게 발전하던 나라들은 왜 멸망했는가? 나라가 망하는 데 어떻게 이유와 핑계가 없겠는가. 하지만 이 왕들의 이야기가 전하는 메시지는 곧 '나쁜 왕이 나라를 망친다'라는 것이다.

이것은 중국만 그런 게 아니다. 아는 것이 많은 우리나라의 역사에서부터 생각해 보자. 신라가 멸망할 즈음 그리고 고구려, 백제, 고려, 조선까지. 나라가 망하기 직전을 살펴보면 대체로 사회고 경제고 멀

■ 이런 이야기들은 역사적 사실이라기보다는 신화에 가깝다. 고고학자들이 갑골문을 열심히 연구한 덕분에 주왕은 그렇게까지 막 나갔던 왕이 아니었으며, 오히려 국정에 힘을 쓰고 외국을 정벌했다는 사실이 밝혀졌다. 그래도 여기에서는 이미지만을 생각해 보자. 상나라의 주왕은 수천 년간 폭군의 전형으로 믿어졌고, 계속 반복되며 역사적 사례와 교훈으로 활용하며 사람들에게 각인되었다. 그것만으로도 역사적 가치를 지닌다.

쩡한 것 하나 없다. 그리고 또 하나의 조건이 있다. 마지막 왕은 폭군이거나, 어리석고 우둔하기 짝이 없는 인물이라는 것이다. 물론 한 왕조의 마지막 임금이 유능하면 그것도 이상한 일이겠지만. 이런 왕들의 실패담을 모으다 보면 보는 것만으로도 복장을 터지게 하는 답답한 무언가가 있다.

백제의 마지막 임금은 의자왕이다. 660년, 신라는 당나라와 손을 잡고 각각 3만, 5만의 군대를 동원하여 백제를 협공했다. 결국 백제는 멸망하고 의자왕은 포로가 되어 중국으로 끌려가게 된다. 여기까지는 역사적인 사실이다. 그런데 《삼국사기》는 백제가 멸망하기 직전인 660년, 그러니까 의자왕이 백제의 왕이 된 지 20년 되던 해, 나라의 곳곳에서 이상한 징조가 나타났다고 적고 있다.

갑자기 백제 도성의 우물과 강의 물이 핏빛으로 변하거나 벼락이 치고, 갑작스레 돌풍이 불거나 개를 닮은 괴상한 괴물이 나타났다. 여기까지는 어떤 유별난 자연현상이라고 애써 넘길 수 있을지도 모르겠다. 하지만 어느 날엔가 귀신이 궁궐로 들어와 "백제가 망한다, 백제가 망한다."라고 거듭 외쳤다. 이윽고 귀신은 땅 속으로 들어가 홀연히 사라졌고, 의자왕이 그곳의 땅을 파보게 했더니 세 척(尺), 그러니까 대략 1미터 아래에서 거북이 한 마리가 나왔다. 그런데 거북의 등에는 '백제는 둥근 달과 같고, 신라는 초승달과 같다' 라는 글이 쓰여 있었다. 귀신이 나타난 것도 그렇거니와 거북의 등에 쓰인 글귀는 어떤 의미를 가지고 있었을까. 의자왕은 이 말의 뜻이 무엇이냐고 무당에게 물었다.

무당의 대답은 이랬다. 둥근 달, 만월은 곧 기운다는 것이고 초승달

은 아직 차지 않은 것이다. 차지 않은 것은 점점 가득 차오르게 될 것이다. 이 말은, 즉 백제는 점점 쇠퇴하게 되고 신라는 발전하게 된다는 말이다. 귀신이 백제의 멸망을 외쳤던 것을 생각하면 꽤나 그럴 듯한 해석이었다(실제로 망하기도 했으니). 이 말을 들은 의자왕은 크게 화를 내며 무당을 죽였다. 하지만 거북이의 글귀는 우리가 잘 아는 역사의 사실이 되었다.

여기까지는 그나마 전설이라고 하자. 백제 멸망과 관련된 이야기로 또 하나 유명한 것이 바로 성충(成忠)의 권고였다. 집권 말년 환락에 빠진 의자왕은 앞서 중국의 세 폭군과 마찬가지로 간언을 하던 충신 성충을 감옥에 가두었고, 그는 단식 끝에 숨을 거두었다. 하지만 성충은 죽기 직전 마지막 권고를 했다. 만약 전쟁이 벌어지면 전략적 요충지인 탄현과 기벌포를 막으라고. 당연히 의자왕은 귀담아 듣지 않았고, 이것은 신라군과 당나라 군대가 침입했을 때 제대로 막지 못했다는 결과로 연결된다. 그래서 당나라 군대를 피해 달아나던 의자왕은 "성충의 말을 듣지 않아 이 지경에 이른 것을 후회한다."라는 말을 했다고 한다.

그런데 앞서 말한 설화들의 밑바탕에는 은근슬쩍 이런 마음이 깔려 있지 않다. 만약 의자왕이 하늘의 경고를 현명하게 알아차렸더라면? 그리고 성충의 말에 따라 계백을 시켜 탄현과 기벌포를 막았더라면? 그러면 백제는 멸망하지 않았을지도 모른다는 기대와 소망이 은근슬쩍 배어 있는 것이다. 결국 이 모든 이야기들은 백제의 멸망에 짙은 아쉬움을 표하는 한편, 이 모든 결과의 책임이 의자왕에게 있다고 돌리고 있는 것이다. 의자왕이 충신의 말을 듣지 않았기에 백제가 망했다,

이 말은 곧 의자왕 한 사람의 잘못으로 백제가 망했다는 결론으로 이어질 수 있다.

그런데 머리를 식히고 생각해 보자. 어쩌면 부당하고도 불공정한 이야기일 수도 있다. 설령 의자왕이 성충의 말을 따랐다고 해도 전쟁에서 이긴다는 보장이 어디에 있는가. 백제는 의자왕이 즉위하기 전부터 많이 쇠락한 나라였다. 먼 옛날 개로왕 때 한강 유역이라는 노른자위 영토를 고구려에게 빼앗겼고, 신라의 진흥왕에게 성왕이 살해당하기도 했다. 내부 정치 세력의 분열도 심각해서 귀족들의 정권다툼으로 왕이 여러 차례 암살당했다. 이미 백제는 이모저모로 어지럽고 힘없는 나라였던 것이다. 그럼에도 백제의 멸망을 전하는 설화들은 의자왕의 무능함을 본격적으로 강조한다.

과연 나라는 왕 한 사람 때문에 망할 정도로 빈약한 것일까? 왕이라고 해도 결국 평범한 사람이다. 아무리 불세출의 영웅이 있다 한들 현실은 시궁창이다. 혼자서 나라를 구할 수는 없다. 마찬가지로 나라 하나를 혼자서 망칠 수 있다면, 그건 슈퍼맨일 것이다. 아무리 왕이 무능해도 더 유능한 신하들이 있을 수 있고, 수십만, 아니 그보다 더 많은 백성들이 있고, 수많은 신하들이 기계의 톱니바퀴처럼 체계적으로 배치된 사회시스템도 정비되어 있다. 그런데도 왕 한 사람의 잘못으로 나라가 위기에 처하는 것은 납득이 안 갈 수도 있다. 더군다나 설화라는 것이 늘 그렇듯이 듣기에는 재미있지만 정말인지 의심 가는 내용들도 많이 있다. 역사적인 사실에 근거가 있는 것보다는 '카더라' 통신이 출처일 경우가 상당히 많다.

하지만 의자왕이 쓴 누명(?)이 억울하다거나, 하늘의 징조, 성충의

일화가 꾸며낸 이야기라는 말을 하려는 것은 아니다. 적어도 성충의 간언을 의자왕이 저버렸고, 이로 인해 백제가 멸망의 길로 빠져들었다는 전개는 오랫동안 '사실'로 받아들여져 왔다. 사람들은 백제가 망한 것을 의자왕의 무능 탓으로 돌리고, 그에게 가장 무거운 책임이 있다고 여겼다. 중요한 것은 그것이다. 나라가 망하면 그 책임은 왕에게 있다는 것. 그런 생각이 후세의 사람들에게까지 널리 받아들여지고, 믿어져 왔다.

역사적 사실이 어떠하든, 사람들이 무엇을 생각하고 어떻게 받아들이든지 나름의 가치가 있다. 설화는 결코 객관적인 사실만을 전하지는 않는다. 그 내용을 전하는 사람들의 생각을, 원하는 소망을 담고 있기도 하다. 의자왕 무능 전설을 전하고 듣는 이들의 마음속에 이런 생각이 있을 수도 있지 않은가. 의자왕이 제대로 했다면, 성충의 충언을 들었다면, 하늘의 징조를 보고 의미를 깨달았다면. 그러니까 백제는 의자왕 때문에 망했다는, 단순하면서도 위험하고 비약됐으나 백성들의 입장에서는 지극히 당연한 '원망'을 듣고 있다. 그래서 의자왕뿐만이 아니라 멸망한 왕조의, 그리고 위기에 몰린 나라들의 왕들도 마찬가지로 매도당하곤 한다.

과연 이런 비난은 정당한 것일까? 때로는 왕이 어쩔 수 없는 나라의 병폐도 있는 법이다. 귀족들이 아귀다툼을 벌이거나, 아니면 나라 자체가 너무 오래되어 나쁜 관행이 굳어져 있을 수도 있다. 이건 왕의 잘못이 아니고, 그렇다고 해결하기도 어렵다. 새로운 왕이 즉위하여 무언가를 해결해 보려고 해도 이미 때가 늦었을 수도 있다. 그러니까 나라가 멸망할 때, 어쩌면 왕은 그 자신이 저지른 것 이상의 죄를 뒤집어

쓰기도 한다. 그리고 여기에는 공정함이나 이성보다는, 감정과 군중 심리가 강하게 작용한다. 이래서야 왕의 잘못 때문에 비가 오지 않으니 왕을 처형해야 한다고 외치던 부여의 사람들과 다를 바가 무엇인가. 이것은 시대에 뒤떨어진 신화 시대의 구습인 걸까?

솔직히 나라의 멸망이나 쇠퇴를 놓고 왕의 탓을 하면 간단하고 이해하기 쉽다. 당나라 현종 때 벌어진 안녹산의 난(안사의 난)을 예로 들어보자. 젊어서는 '개원의 치세'를 이룩한 성군으로 이름을 날리던 당 현종이었지만 늘그막은 파란만장했다. 하동 절도사였던 안녹산이 일으킨 반란은 장장 755년에서부터 763년까지 이어졌으며, 결국 진압되기는 했지만 당나라에 막대한 피해를 입혔다. 당나라 현종은 멀리 서쪽의 촉 땅으로 피난을 갔고, 백성들은 피난을 가거나 전쟁에 휘말려 살해당하거나, 아니면 그전에 굶어 죽었다.

역사학계에서는 안사의 난이 벌어진 원인을 당시 당나라의 상황에서 찾는다. 당나라 서쪽 변경에 위치했던 위구르족이 세력을 확장하면서 군사적 충돌이 거듭되었고, 농민 경제가 붕괴하여 각지에서 유민이 발생하고 사회가 불안해졌다. 또한 재정 악화로 국가 군대 제도의 근간이었던 부병제가 유명무실해졌고, 이것을 보완하기 위해 지방 절도사들의 권한이 증가했다. 절도사들은 자신의 부하들과 부자 관계를 맺음으로써 결속력을 증진시켰고, 이렇게 형성된 자신의 세력을 토대로 당나라에서 분열하여 반란을 일으켰다는 것이다. 하지만 이보다는 '당 현종이 양귀비와의 로맨스에 빠져 나랏일을 내팽개치는 바람에'라고 하면 훨씬 간단하게 정리된다. 아주 틀리지도 않고, 무엇보다도 이걸 정말로 받아들이는 사람이 꽤 많다.

그렇다면 당 현종은 억울한 걸까? 왕이 잘못한 게 아니라 당나라의 관리들이 부패해 있었고, 체제의 한계 때문에 반란이 일어난 것이지 본인의 잘못은 없었던 걸까? 하지만 당 현종이 요즘의 시대처럼 기자 회견이라도 열어서 나라의 혼란이 자신의 잘못만은 아니라고 주장한다면, 과연 당나라 백성들의 반응은 어떨까.

이쯤에서 다른 이야길 해 보자. 당 현종의 시대에는 마침 두 명의 위대한 시인이 있었다. 한 사람은 이태백이요, 다른 한 사람은 시성(詩聖) 두보이다. "사람의 아비로서 어떻게 자식을 굶어 죽게 하느냐."라고 통곡했던 두보는 그 스스로가 지독한 가난과 고초에 시달리면서, 당시 백성들의 삶을 처절하게 묘사했다. 추운 겨울날 길바닥에 얼어 죽은 시체들이 널려 있는 풍경을, 그리고 그의 어린 아들이 굶어 죽은 일마저 시로 노래했다.

그의 또 다른 시 〈석호리(石壕吏)〉에서는 관리가 부역을 징발하려고 가난한 집에 들이닥치는 상황을 그렸다. 세 아들은 모두 전쟁터에 끌려가서 전사했고, 입고 나갈 치마마저 없는 며느리와 갓난 손자만 남아 결국 늙은 노파가 관리를 따라가는 내용이다.

〈석호리〉는 천 년 전에 지어진 시이지만, 지금 읽어도 처절함은 여전하다. 당시 당나라가 얼마나 어지럽고 백성들이 고통받았는지를 엿볼 수 있다.

그런데 이후 시대에 당 현종과 양귀비의 사랑을 소재로 해서 쓰여진 시가 있으니, 바로 백거이의 〈장한가〉이다. 지금 어느 시가 더 낫고 나쁘고를 말하자는 게 아니다. 다른 장르, 다른 목적의 시이니까. 하지만 두보의 시를 한참 읽다가 〈장한가〉를 읽으면 속이 불편해지고 답답해

진다. 가난 때문에 굶어 죽어가는 민초들의 삶을 보다가, 황금 궁궐에서 끊임없이 잔치를 벌이고 환락을 즐기며 '너 없이 어떻게 살겠느냐, 우리는 비익조 연리지'라고 외쳐대는 두 남녀를 본다면. 이 두 시가 같은 시대를 다루고 있다는 것을 생각하면.

백거이가 당 현종의 생활을 과장했을 수도 있지만, 두보는 시체들 너머 궁전에서 노랫소리가 울려 퍼지고 기름진 안주 냄새가 진동하는 사실을 기술했다. 물론 당장 현종이 양귀비와의 호화찬란한 연애를 자제하고 놀고먹는 예산을 줄인다 한들, 그 돈으로 백성 모두를 가난에서 구해 주거나, 재정난을 해결할 수는 없다.

그럼에도 두보의 시를 읽으면 씻을 수 없는 불쾌감이 남는다. 천국과 지옥이 담벼락 하나로 나뉘고 있었던 것이다. 정치적이거나 도덕적인 문제를 넘어서서 어떻게 이럴 수가 있을까. 그리고 이는 현종에게의 분노로 전이된다. 어떻게 왕이 그럴 수 있느냐고. 당대의 사람들도 그러했다. 비록 신화의 시대는 끝났을지언정, 백성들이 왕에게 거는 기대는 여전히 남아 있기 때문이다.

이러한 기대는 동서양을 막론하고 존재했다. 그리고 이를 저버린 왕은 어김없이 백성들에게 비난의 대상이 되었다. 앞서 말한 당 현종도 그랬지만, 서양에서는 프랑스의 왕비 마리 앙투아네트가 했다는 "빵이 없으면 과자(브리오쉬)를 먹으면 되지."라는 말이 유명하다. 이는 사실 그녀가 한 말이 아니라 왜곡된 것이라고는 하지만, 당시 가난에 시달리던 프랑스 백성들은 이 말에 왕비에게의 애정을 버리고 증오를 불태웠다. 그녀의 남편이었던 루이 16세도 마찬가지였다. 프랑스 혁명이 벌어지고, 파리 광장으로 끌려나온 위대했던 프랑스 왕은 목이

잘리기 직전 "나는 죄 없이 죽는다."라는 유언을 남겼다. 하지만 때늦은 하소연이었다. 프랑스의 백성, 혹은 군중들이 그 말을 듣고 연민을 느끼기에는 너무도 많이 분노해 있었다. 그리고 어떤 변명을 해도 루이 16세와 마리 앙투아네트가 잘못이 없는 억울한 희생양이었다고 할 수는 없다. 그들은 왕이자 왕비였고, 분명 그들의 나라에게 책임이 있었으니까.

다시 당나라의 이야기로 돌아가서 안사의 난이 벌어지고 황제가 피난을 갔을 때, 당 현종의 명령으로 양귀비는 자살했다. 하지만 이는 당 현종이나 신하들이 스스로 한 것이 아니라, 황제를 지키던 병사들이 사태의 책임을 양귀비에게 돌리고 그녀를 처형할 것을 요구했기 때문이었다. 그런데 이 모든 게 양귀비의 잘못 때문이었을까? 원래 아들 수왕(壽王)의 비, 그러니까 며느리였던 양귀비를 빼돌려 자신의 아내로 삼은 것도 현종이고, 그녀의 친척들에게 막대한 권한을 내려 주고 양국충을 등용한 것도 현종 자신이었다. 정말 목을 매야 했던 것은 당 현종이었을지도 모른다. 어쨌든 양귀비는 목을 매었고, 그녀의 희생을 뒤로 하고 피난 행렬은 평온을 되찾았다. 현종은 죽지 않는 대신 황제 자리에서 물러났으며, 그의 손자 덕종은 난을 진압하고 장안을 수복한 뒤 '대백성 사과'로 성난 민심을 달랬다.

당나라는 안사의 난과 그 혼란기를 가까스로 넘기고 이후로도 수백 년간 더 이어졌지만, 지난날의 영광을 완전히 되찾지는 못하고 쇠락의 길로 천천히 접어들었다. 아름다운 여인 때문에 나라가 망했다는 이야기는 어쩐지 로맨틱하게 느껴지는 모양이다. 그래서 나라를 망치게 할 정도로 아름다운 미인을 두고 경국지색(傾國之色)이라고 하건만,

사실 나라를 망하게 한 것은 여인이 아니다. 여인에 빠져 자신을 잃은 왕에게 진정한 잘못과 책임이 있다는 것을 잊어서는 안 된다.

　그래서 현종은 마냥 억울한 피해자인 것만은 아니다. 그는 잃은 것 이상으로 많은 것을 누렸다. 당나라 곳곳에 굶어 죽어가는 사람들이 있어도, 현종은 사치스러운 연회를 쉬지 않고 벌일 수 있었고, 반란군이 쳐들어왔어도 군사들의 호위를 받으며 안전하게 달아날 수 있었다. 그는 왕이었으니까. 반란이 진압된 뒤로 다시 장안에 돌아와서 황제는 아니더라도 상황(上皇)으로 대접받으며 잘 살았고, 죽어서는 황릉에 묻혔다. 죽을 때까지 왕이었으니까.

　그러나 현종의 삶이 성공적이었다고 말할 수는 없다. 왕에게는 막강한 권력과 부가 주어지지만, 역사 앞에서는 사회적인 그리고 도덕적인 책임도 따른다. 즉 권리에는 책임이 따른다. 나라를 망친 왕이 아무리 억울함에 사무쳐서 자신의 입으로 어쩔 수 없었던 이유를 나열한다고 해도, "당신은 왕이지 않느냐."라는 간단한 대꾸 앞에서 무너질 수밖에 없다. 왕은 군림하는 것뿐만이 아니라 백성들을 다스리며, 그들을 안전하고도 밝은 미래로 인도해야 하는 임무가 있다.

　시골 마을에 사는 촌부가 갑작스레 닥친 나라의 환란을 예견하지 못했다면 그건 큰 잘못이 아닐 수도 있다. 혹은 어쩔 수 없는 비극이었다고 동정받을 수 있다. 하지만 왕은 그렇지 않다. 왕은 웬만한 개인의 능력을 훨씬 뛰어넘는 재력과 권력, 정보망을 가지고 있다. 이를 충분히 잘 활용한다면 훨씬 정확하고 효과적인 판단을 내릴 수도 있는 것이다. 국가 멸망의 위기가 닥치더라도 그 사태를 해결할 가능성을 쥐고 있는 인물은 바로 왕이다.

왕은 나라와 백성을 이끌어가는 자이다. 더 나은 미래와 안정으로 백성을 인도해야 한다. 때문에 능력과 활용의 문제에서 그치지 않는다. 왕의 잘못된 판단을 어쩔 수 없는 실수로 이해하고 받아들이기에는 피해의 규모가 너무 크고 방대하다. 왕 자신의 몸을 망치는 것을 넘어 나라를 도탄에 빠지게 하고, 이로써 신하들은 물론 수많은 백성들마저도 불행하게 만든다. 그러니까 왕의 실수는 개인의 잣대로 재단하거나 용서받을 수 없다. 어쩔 수 없는 환란을 만났다고 해도, 그래서 저지른 잘못보다도 더 큰 오명을 쓰게 된다고 해도 왕은 자신에게 쏟아지는 비난을 변명할 처지가 아니다.

잘못을 저지른 나쁜 왕에게는 무수한 원망과 비난이 쏟아지지만, 여기에는 백성의 희망이 짓밟혀 있다는 것을 놓쳐서는 안 된다. 왕이라면 이런 어려움을 어떻게든 해결해 줄 수 있을 것이라는 기대가 바닥에 깔려 있는 것이다. 그리고 왕이 제대로 부응하지 못한다면, 좀 더 나은 미래로 이끌어가지 못한다면, 희망은 절망으로 바뀌고 마침내 원망과 증오가 된다.

지금이야 자유와 평등을 근간으로 하는 민주주의 덕분에 일정 기간이 지나면 국민들의 투표를 통해 지도자를 새로이 뽑게 된다. 이런 통치자는 태어나는 즉시 혈연과 왕권으로 다스렸던 지배자(ruler)와는 당연히 다르다. 그렇기에 지금 시대에 《한비자》나 《군주론》에 실린 동서양의 고전적인 제왕통치론을 들어 말하는 것은 대단히 시대에 뒤처진 것일 수도 있다. 하지만 과거의 일은 현재와 다른 상황에 놓여 있으니 아무 상관이 없다고 하면, 역사에서 배울 교훈은 없을 것이다.

게다가 과거와 현재를 나란히 놓고 비교해 보면 때때로 닮은, 심지어 좀처럼 변하지 않는 모습들도 보인다. 가끔은 인간이 정말 발전한 게 맞는가 의문을 던지고 싶을 만큼 어리석은 일이 반복되기도 한다.

지금 말하고 있는 것은 그중 하나인 파멸할 만큼 어리석은 지도자이다. 실패하거나 무능하거나 나라를 잘못 다스린 왕들이 걸었던 길을 조명해 보면, 신기할 정도로 닮은 모습들을 많이 찾을 수 있다. 자신에 대한 과신, 빈약한 현실 인식, 도움이 안 되는 측근들, 현실 도피의 자화자찬, 뻔히 보이는 위협 등등. 그래서 이들을 보다 보면 납득하게 된다. '아, 이러니까 그 나라, 그 왕은 망할 수밖에 없었구나'라고.

그러니까 역사 속 나쁜 왕들의 이야기를 공부해서 손해는 없을 것이다. 옛날의 나쁜 왕은 지금 시대에 대통령이 된다고 해도 마찬가지로 나쁜 대통령이 될 것이기 때문이다. 통치자로서 모자란 것을 넘어서서, 다른 누군가를 이끌어야 할 때 반드시 필요한 덕목들은 시대가 바뀌어도 크게 변하지 않으며, 그 반대의 나쁜 덕목들도 마찬가지이다.

그래서 영국의 시인 콜리지(Coleridge)는 "인간이 역사를 통해 배울 수 있다면 우리가 얻을 수 있는 교훈이 얼마나 많았겠느냐."라고 한탄했다. 아쉽게도 많은 왕들은 그렇지 못한 채 멸망의 절벽을 향해 전력으로 달려갔다.

왕들의 악덕

　좋은 임금이 백성을 사랑하고, 신하들을 아끼며 업적을 쌓아가는 것
만큼이나, 나쁜 임금이 반드시 저지르는 몇 가지 잘못들이 있다. 윗자
리에 있는 사람이라면 결코 저질러서는 안 되는 일들 말이다. 이것을
악덕(惡德)이라고 하자.

　종류는 굉장히 다양하다. 사치, 잔인함, 자기과신, 고집, 집착, 소수
만을 위한 정치, 광기, 의심, 불신, 무능함, 편애, 맹목, 변덕 등등…….
옥좌에서 쫓겨나거나, 사형대에서 목이 떨어지거나, 운 좋게 왕의 자
리를 지켰을지언정 후세에 나라를 망친 일등공신으로 비난을 받은 왕
들은 이 중 몇 가지 잘못을 거듭 범하면서 나라를 망쳤다.

　여기서는 나쁜 왕이 가장 저지르기 쉬운 악덕 중 두 가지만을 골라
서 말해 보자. 하나는 편애이고, 다른 하나는 자만심이다.

편애

왕은 혼자서 나라를 다스리지 않는다. 아무리 뛰어난 왕이라도 나라의 모든 것을 혼자 해결할 수는 없다. 나라라는 체제가 너무 크고 복잡한 것이 가장 첫 번째 이유이다. 그렇다면 백성이 100여 명 남짓이던 먼 옛날 부족 시대의 왕(이때는 부족장이라는 명칭이 더 어울리겠지만)은 그럭저럭 혼자서 꾸려갈 수 있었을까? 그것도 자신할 수 없다. 완벽한 인물이란 없다. 무슨 일이든 잘 하고, 무슨 문제든 정확한 판단을 내리는 사람은 존재하지 않는다. 그렇기에 나라를 다스리는 왕은 언제나 자신을 도와 결점을 보완해 줄 일손을 필요로 했다.

이때 가장 중요한 것은 수많은 백성들 중에서 어떤 인간을 어떤 방법으로 골라 어떤 자리에 앉히느냐이다. 당연히 특정 분야에서 가장 뛰어난 재주를 가진 사람을 골라 그 사람이 가장 잘할 수 있는 직책을 내려야 한다. 그건 기본이다. 하지만 현명하지 못한 왕은 언제나 사람을 골라 쓰는 데 서툴렀다. 이로써 나라에 심각한 피해를 끼치는 것은 물론 그들 스스로에게도 먹칠을 했다.

물론 왕도 사람이니 모두를 평등하게 대하기는 불가능하다. 좋아하는 사람이 있고 싫어하는 사람이 있을 것이다. 그리고 좋아하는 이에게 하나라도 더 집어 주고 싶은 것이 인간의 마음이다. 하지만 왕이 본능에 충실한 인선을 했다가 국가적 재난을 초래한 예는 굉장히 많다. 너무 많아서 하나하나 예를 들기 어려울 정도이다.

서기 1년 즈음, 중국에 한나라가 세워진 지 이미 200년, 슬슬 말기에

접어들고 있던 시기였다. 이때 한나라를 다스리던 12대 황제 애제(哀帝)는 그다지 적절하지 못한 뜨거운 로맨스로 역사에 이름을 남겼다. 그는 동성애자였고, 동현(董賢)이라는 미소년을 지극히 총애했다. 물론 사랑은 개인의 자유이자 취향이니 존중받아 마땅하며, 따라서 동성애라고 해서 비난할 수는 없다. 하지만 그 때문에 생긴 폐해가 온 나라를 말아먹을 지경이었기에 이들의 사랑은 불후의 로맨스가 아니라 국폐(國弊)로 역사에 기록되었다.

애제는 사랑하는 동현에게 많은 것을 내렸다. 꽤 높은 벼슬인 대사마(大司馬)의 자리를 내리고, 더 나아가 상서(尙書)의 권한도 주고, 그것도 모자라 집과 각종 보물을 듬뿍 선물했다.

그러던 중 흉노의 선우가 수도로 찾아와 황제를 만나게 되었다. 그런데 선우는 새파란(게다가 미소년이기도 했을 것이다) 동현을 보고 의아해하며, 어떻게 이런 젊은 사람이 높은 벼슬에 있느냐고 물었다. 그러자 애제는 친히 동현을 위한 변명을 했다.

"대사마는 나이가 어리지만, 대단히 현명하기 때문에 그 자리에 있는 것이다."

흉노의 선우는 그런 변명을 진심으로 믿은 모양인지, 황제가 현명한 신하를 둔 것을 축하했다고 한다. 만약 그게 사실이라면 애제 못지않게 선우 역시 얼간이였다는 소리다.

한나라의 신하들은 애제를 대단히 한심하게 생각했을 것이다. 오죽했으면 이 일을 역사서에까지 기록했을까. 애초에 황제가 변명할 만

한 일도 아니었다. 만약 동현에게 빈약하더라도 뇌라는 기관이 달려 정상적으로 작동하고 있었다면, 굳이 애제가 나서서 변명을 해 주지 않았더라도 자신이 알아서 답변했을 것이다. 신하들? 아무리 동현이 얄밉다고 해도, 북쪽 오랑캐라는 외부인에게 황제가 애인에게 고관자리를 내렸다는 사실을 밝히진 않았을 것이다.

그래도 애제가 했던 변명은 듣기에는 꽤나 그럴싸한 것이었다. 비록 나이가 어리다고 해도 그 사람의 능력이 뛰어나면 그에 걸맞은 자리와 권한을 주어 활용한다는 것 말이다. 여기에서 '나이'라는 항목에는 신분이나 집안 내력, 괴팍한 성격, 다른 신하들의 반대 등 다른 결점이 들어갈 수 있다. 어차피 완벽한 사람은 없는 법, 사소한 결점이 있더라도 그 사람 자체가 뛰어나면 좋은 자리를 줄 수도 있다. 이 말이 그저 변명이 아닌 것은 실제로 똑같은 이유를 들어 무리한 인사를 진행한 왕이 또 있었기 때문이다.

그 주인공은 바로 조선의 4대 왕 세종이다. 그는 원나라 출신의 기술자와 관기 사이에서 태어난 천민 장영실을 발탁했다. 재주가 뛰어나다는 이유 때문이었다. 그래서 천민 신분도 풀어 주고, 국비장학생으로 중국에 유학 보냈으며, 벼슬까지 내리는 등 웬만한 양반도 누리기 어려운 갖은 혜택을 베풀었다. 하지만 신하들, 특히 원칙을 중시했던 이조판서 허조는 기생을 어머니로 둔 천민에게 벼슬을 내릴 수 없다며 반대했다.

허조의 주장에도 일리는 있었다. 양반과 양인, 천민으로 나뉜 신분제도는 곧 조선 사회의 기반이자 질서를 유지하는 기틀이기도 했다. 아무리 뛰어난 실력이 있다고 해도, 그런 이유만으로 신분을 바꾼다면

사회의 근간이 통째로 뒤흔들리는 결과를 초래할 수도 있었다. 적어도 당시 조선 사람들은 그렇게 믿어 의심치 않았다.

이렇게 장영실의 신분 상승 프로젝트가 반대에 부딪히자 세종은 영의정 황희와 좌의정 맹사성을 불러놓고 그가 쓸 수 있는 최고의 핑곗거리, 아버지를 활용했다. 세종은 당시 이미 고인이었던 아버지 태종이 원래 장영실의 재주를 아꼈기 때문에 자신도 효도차원에서 그를 아끼고 있다고 말한 것이다. 또한 세종은 장영실의 다른 장점도 공개적으로 설명했다. 워낙 똘똘해 곁에 두고 내시 대신 심부름꾼으로 썼는데 참 싹싹하고 일 잘 하더라는 다소 낯 뜨거운 칭찬 등을 신하들 앞에서 구구절절 늘어놓았다. 결국 세종은 신하들의 반대를 누르고 장영실의 등용을 강행했으며, 마침내 정5품직인 상의원 별좌의 벼슬까지 내렸다. 그 결과는 측우기, 간의대 등으로 대표되는 세종 시대 과학의 발전이라는 신화로 남았다.

똑같이 무리한 등용을 강행했건만, 한나라의 애제와 조선의 세종 사이에 넘을 수 없는 엄청난 벽이 생기게 된 것은 어째서일까? 그 등용 대상이 정말 능력이 있느냐 없느냐의 차이일 것이고, 이는 곧 등용을 추진한 왕의 안목에서 비롯된다.

동현은 장영실과 비교할 것도 없이 딱할 만큼이나 이렇다 할 능력이 없던 사람이었다. 유일한 업적을 들자면, 함께 낮잠을 자다가 동현이 애제의 소매를 베고 잠들었고, 애제는 연인을 깨우지 않으려고 자기 소매를 칼로 자르고 일어난 일이 있었다. 여기에서 동성애를 뜻하는 말인 '단수지벽(斷袖之癖)'이라는 숙어가 만들어진 것 정도일까.

하지만 애제는 변함없이 동현을 총애했으며, 더 나아가 동현이 정말

로 뛰어난 인재라는 사실을 철석같이 믿은 것 같다. 애제는 동현의 친척들에게까지 좋은 벼슬을 내렸는데 개중 소부(小府), 요즘 식으로 말하면 재정경제부의 직책 하나를 내리기까지 했다. 이는 곧 나라의 재산을 마음대로 주무를 수 있는 자리였고, 동현과 그 친척들은 국정 운영보다는 나랏돈으로 자기 호주머니를 채우는 일에 탁월한 실력을 발휘했다. 하지만 애제는 그러고도 동현을 황후로 삼지 못했던 게 못내 아쉬웠던지 자신이 동현에게 해 줄 수 있는 가장 좋은 것을 선물해 주려고 했다. 바로 황제의 자리였다. 그래서 어느 날엔가 질펀하게 연회를 벌이던 중 애제는 동현에게 이런 말을 불쑥 꺼냈다.

"나는 요 임금이 순 임금에게 선위했던 법도를 하고 싶은데, 어떠냐?"

말인즉슨 자신보다도 덕이 있는 훌륭한 사람에게 왕의 자리를 물려주겠다는 것이다.

중국의 아주 먼 옛날 신화 시대에 그런 일이 있었다고 한다. 태평성대의 대표로 드는 요·순 시대란 뛰어난 군주였다는 요와 순이 다스리던 시대를 일컫는 말인데, 임금이었던 요는 신하인 순이 뛰어난 왕재라는 것을 알고 자신의 아들 대신 순에게 왕위를 양보했다고 한다(그러나 이 두 사람은 생판 남이 아니라 장인과 사위의 관계였다). 결국 애제는 동현에게 황제 위를 물려 주겠다는 뜻이었는데, 문제는 애제는 요가 아니었고, 동현 역시 순이 아니었다는 데 있다.

당시의 한나라는 이미 세워진 지 200년이 다 되어가는 나라였다. 역

사가 있고 전통이 있으며, 나라의 체계가 있었다. 황제가 아무리 강력한 힘이 있다 한들 자기 마음대로 다음 황제를 세울 수 있는 것은 아니었다. 어쨌든 동현은 애제의 제안을 거절하지 않은 듯하다.

그런데 이 두 연인의 행복한 미래설계에 훼방을 놓은 것은 당시 중상시(中常侍)였던 왕굉이었다. 그는 "한 고조(유방)가 얻은 천하이지, 나라가 무슨 네 사유물이냐!"라는 말로 애제에게 거세게 따지면서 함부로 허튼 말 하는 게 아니라고 간언했다. 애제는 다시는 선위 이야기를 꺼내지 않았지만, 그렇다고 잘못을 깨달은 것도, 포기한 것도 아니었다. 그리고 몇 년 뒤, 애제는 병으로 죽어가면서 황제의 옥새를 동현에게 건네며 굉장한 유언을 남겼다.

"너와 함께이니 후회가 없다."

연인 사이였던 애제와 동현에게는 '죽음이 우리 사이를 갈라놓을지언정' 감동적인 이별이었을지도 모르지만, 애제의 이 말은 상당히 심각한 정치·사회 문제가 될 수밖에 없었다. 애제는 정식 황후를 두었건만 자신의 성 정체성에 지나치게 충실했던 탓인지 자식이 태어나지 않았다. 그렇다고 양자를 들이거나 다른 후계자를 지목하지도 않았다. 이런 와중에 애제가 죽고 동현이 옥새를 받아든 것이다. 덕분에 주변 신하들은 동현이 황제라도 될까 봐 새파랗게 질렸는데, 이를 알게 된 왕굉은 당장 달려와 동현에게 일갈했다.

"황제가 승하해서 나라의 후계자가 아직 없고, 공은 은혜를 받은

게 깊고도 무거운데, 마땅히 엎드려 울고 있어야 하지 무슨 꿍꿍이속이 있어 옥새를 오래 가지고 있는 겁니까!'

그러자 동현은 겁을 집어먹고 슬그머니 옥새를 건네 주었다. 왕굉은 받아낸 옥새를 애제의 할머니 부태후에게 바쳤고, 덕분에 한나라는 좀 더 명맥을 이어나갈 수 있었다.

그러니 동현에게 애제밖에 알지 못했던 숨겨진 재능이 있었을 거라는 기대는 하지 않는 게 좋다. 동현은 황제의 총애를 믿고 오만방자했으며, 툭하면 주변 사람들을 무시해서 인심 역시 얻지 못했다. 게다가 염치는커녕 눈치도 없이 황제가 내린 특권을 탐닉했을 뿐이다.

아무리 뛰어난 인재라고 해도 황제의 총애를 받으면 반드시 시샘을 받게 된다. 하물며 밤 기술 외에 별 다른 능력도 없는 사람이 높은 자리에 오른다면, 술자리에서 질겅질겅 씹히는 안줏거리가 되는 것은 당연한 수순이다. 여기에다 오만하기까지 했다면 설상가상이다. 그래서 동현의 사정을 두고 《한서》는 이렇게 적었다. '천하부종(天下不宗)', 천하가 제대로 된 일로 여기지 않았다는 뜻이다.

정말로 딱한 것은, 동현이 애제가 죽은 이후 무엇을 어떻게 할 것인지의 생각은 요만큼도 하지 않았던 골빈 남자였다는 데 있다. 물론 애제가 맡긴 옥새를 휘두르며 황제로 즉위했다고 해도 동현의 미래가 그다지 밝진 않았겠지만, 엄청난 재산을 활용해서 주변 사람들의 환심을 사거나, 하다못해 재산을 짊어지고 도망갈 생각조차 하지 못했다.

실력도 없고 배짱마저 없었던 동현의 말로는 비참했다. 애제가 죽은 뒤 고작 1년도 지나지 않아, 동현은 황제를 제대로 간호하지 않았다는

죄목으로 가진 재산을 모두 몰수당하고 아내와 함께 자살했다(놀랍게도 아내가 있었다). 한때 황제의 총애를 받으며 부귀영화를 누리던 남자는, 그렇게 관도 없는 비참한 벌거숭이로 땅에 묻혔다. 이때 그의 나이는 22세였다.

《한서》의 저자 반고는 동현의 이야기를 정리하면서 총애를 받고서도 소임을 다 하지 못한 신하에게 죄가 있다고 적었지만, 그건 어디까지나 핑계다. 동현에게는 물론 과분한 총애와 특혜를 받고도 겸손하지 못했던 잘못이 있다. 하지만 여기서는 동현의 잘못을 따지기보다는 애제의 모자람을 살펴야 한다.

동현의 등용을 강행하면서 애제는 흉노의 선우에게 했던 변명을 수없이 반복했을 것이다. 동현은 매우 현명하고 똑똑한 인재인데, 너희들이 모를 뿐이다. 하지만 나는 안다고. 하지만 그것은 사리사욕의 발로였다.

한나라의 신하들 중에도 조선의 허조 같은 사람은 분명 있었으니, 승상 왕가(王嘉)는 동현의 등용을 강하게 반대했다. 그러자 애제는 사소한 트집을 잡아 그를 감옥에 가두었고, 결국 왕가는 20일을 단식한 끝에 피를 토하며 죽었다.

사람 대하는 게 이 지경인데 나라 운영도 별 것이 있겠는가. 그 당시 한나라의 경제 불균형은 심각한 수준에 이르렀기에 황제는 빈부 격차를 줄이기 위한 조치를 취하기도 했다. 그러나 애제 자신이 동현에게 온갖 특혜를 주고 선물을 내렸으니 실효를 기대하기란 어려웠다.

애제가 일찍 세상을 뜬 것은 그나마 '본인에게는' 다행이었다. 만약 그가 좀 더 오래 다스렸다면 자신의 시대에 나라가 무너지는 꼴을 직

접 볼 수 있었을지도 모른다. 애제가 죽은 뒤 한나라는 크게 쇠약해졌고, 고작 10년도 지나지 않아 망했다. 마키아벨리가 그랬던가? 지도자의 자질은 그 부하를 보면 안다고. 그런 의미에서 애제와 동현은 참으로 많이 닮은 바퀴벌레 한 쌍이었다.

이 외의 또 다른 극단적인 편애의 예로 같은 중국, 하지만 훨씬 후대의 인물인 명나라의 만력제가 있다. 만력제, 곧 신종(神宗)은 임진왜란이 벌어지자 조선에 원군을 파견한 황제로 우리나라와도 꽤 인연이 깊은 인물이다. 동시에 그는 수백 년 역사의 명나라를 자신의 대에 결딴냈다고 해도 과언이 아닐 만큼의 혼군(昏君)이었다.

만력제가 편애해 마지않았던 대상은 셋째 아들인 복왕(福王) 주상순(朱常洵)이었다. 만력제는 사랑하는 셋째 아들을 황태자로 만들고 싶어 했는데, 유교의 원칙은 적장자 계승인만큼 첫째 아들 주상락(朱常洛)이 있는 한 이룰 수 없는 꿈이었다. 하지만 만력제는 셋째 아들의 책봉을 밀어붙였고, 그러자 신하들은 큰아들을 태자로 세워야 한다고 주장하며 격렬하게 반대했다.

엄밀하게 따진다면 적장자 계승은 제대로 지켜지지 않는 원칙이기는 했다. 역대 왕조는 물론이거니와 심지어 명나라 안에서도 장자가 아닌 아들이 다음 황제가 된 예가 있었다. 그런데 셋째 아들은 다른 아들들을 뛰어넘는 능력을 가지기는커녕 아주 변변치 않은 인물이라서 곤란했다. 만력제는 그리 생각하지 않았겠지만.

결과부터 말하자면, 1601년 만력제는 마침내 고집을 꺾고 첫째 아들을 황태자로 세웠다. 그동안 황제의 '떼'를 막기 위한 신하들의 노력

은 차마 말로 표현하기 어려울 정도로 길고도 비장했으니, 이것은 무려 15년간 이어진 말싸움으로 '국본론(國本論)'이라고 명명되었다. 결국 만력제는 셋째 아들을 황태자로 세우지 못했고, 제대로 대접을 받지 못했던 불우한 황태자는 15대 황제인 태창제(泰昌帝)로 즉위하게 된다.

그래도 만력제는 셋째 아들에게 해줄 수 있는 모든 것을 마련해 주었다. 황태자로 만들어 주지 못한 대신 나라의 보물창고를 톡톡 털어다가 전대미문의 화려한 결혼식을 치러 주고, 선물도 잔뜩 떠안겼던 것이다. 그런데 이때 쓴 비용은 그냥 나온 것이 아니었다. 만력제가 가진 많은 단점 중 하나는 바로 끔찍한 구두쇠 기질이었다. 명색이 황제이면서 신하들에게 경비를 주지 않는 것은 물론, 녹봉마저 떼먹었다. 각종 국가 행사들마저 생략하고 비용을 빼돌리기도 했다. 신하들에게 그렇게 인색했으면서, 셋째 아들에게만은 아낌없이 주는 나무였다는 말이다.

이처럼 아버지, 그것도 황제의 가없는 사랑을 받은 것은 셋째 아들에게 굉장한 복이었으리라. 그렇게 받은 애정과 재물로 사회정의를 실천한다거나 그도 아니면 황제의 자리를 노리는 등의 생산적인 일을 했으면 좋으련만, 복왕은 그만한 그릇이 아니었다.

명나라를 실질적으로 멸망시킨 것은 오랑캐인 청나라가 아니라, 이자성이 이끄는 농민반란군이었다. 1641년, 이자성의 군대는 복왕이 있던 낙양을 점령했다. 타고난 탐욕과 포악함 때문인지, 넘치는 아버지의 사랑을 받은 덕분인지 중년이 된 복왕 주상순은 굉장한 비만으로 체중이 300근 가까이 되었다고 한다. 《명사(明史)》에 따르면, 이자

성은 복왕을 잘게 썰어 사슴고기와 함께 요리해서 이것을 복록주(福祿
酒)라고 부르며 안주로 먹었다고 한다.

상당히 충격적인 내용이라 곧이곧대로 믿기는 어렵지만, 복왕이 대
단히 비참하게 죽었다는 사실만은 분명하다. 즉 아버지 황제에게 지
극한 사랑을 받았지만, 백성들에게는 증오의 대상이 되었다는 말이
다. 당시 유행했던 소설에서 복왕이 곧잘 악역으로 등장하는 것을 보
면, 백성들에게 굉장한 미움을 받았다는 것을 알 수 있다. 복왕은 실제
로 성격이 나빴던 것일까? 하지만 죽은 만력제에게도 이런 사태의 책
임을 분명히 물어야 할 것이다. 아버지이자 명나라의 황제 어느 쪽으
로나.

이야기는 여기에서 끝나지 않는다. 만력제의 셋째 아들 편애는 나라
안뿐만 아니라 이웃나라 조선에까지 불똥이 튀게 만들었다. 잘 알려
진 대로 조선의 14번째 임금인 선조는 늘그막에 이르기까지 적자를
얻지 못했다. 하지만 꽤나 많은 후궁들을 두었고, 그만큼이나 많은 자
식을 두었다. 나중에 세자가 되고, 선조의 뒤를 이어 왕이 된 것은 둘
째 아들인 광해군이었다.

여기에도 복잡한 사연이 있다. 임진왜란이 발발하자 선조는 파죽지
세로 밀고 올라오는 왜군의 진군에 한양을 버리고 몽진을 가기 전, 급
히 아들 중에서 가장 총명했던 둘째 아들 광해군을 세자로 세웠다. 이
는 선조가 했던 조치 중에서 가장 훌륭한 것인 동시에 가장 어리석은
것이었다. 하루아침에 세자가 된 광해군은 아버지와 떨어져서 분조
(分朝), 즉 임시 정부를 세우고 조선 각지를 돌아다니며 의병을 모집하

고 왜군에게의 항전을 독려하는 등 혁혁한 공을 세웠다. 그리고 이 때문에 아버지의 눈밖에 나게 되었다.

광해군의 계승에서 더욱 큰 문제는 그 자신이 둘째 아들이었고, 첫째 형인 임해군이 두 눈 멀쩡하게 뜨고 살아 있었다는 것이다. 하지만 임해군은 조선 사람들이 세자를 정할 때 그를 아예 없는 것처럼 취급했을 정도로 패악질 부리는 문제아였다.

명나라는 광해군을 세자로 인정해 달라는 조선의 요청을 트집 잡으며 미뤘다. 자신의 나라에서 셋째 아들을 세자로 세운다며 십수 년간 난리법석이 벌어졌으니 조선에도 예외를 인정해 줄 수 없었던 것이리라. 단순한 심술이었을까? 아니면 가까스로 잠재운 국본론이 다시 자신들의 나라에서 일어나지 않게 하기 위해서였을까?

늘그막의 선조는 심사가 뒤틀어질 때마다 광해군에게 "중국에서 인정도 받지 못했는데 무슨 세자냐."라는 폭언을 하기도 했다. 누구보다도 먼저 아들의 권위를 인정해야 할 아버지가 이 모양이었으니, 선조는 제멋대로였던 만력제와 정신적인 형제이자 좋은 친구가 될 수 있으리라.

그래서 애꿎은 광해군은 아버지의 구박 때문에 어마어마한 정신적 스트레스에 시달리며, 이후로도 엄청난 뇌물을 명나라에 떠안기지 않으면 안 되었다.

만약 만력제가 셋째 아들을 편애하지 않았더라면? 사랑하더라도 절제할 줄을 알았다면? 남의 나라 세자 선정에 참견을 끊었더라면? 그랬다면 선조가 아들에게 트집 잡을 구석이 하나는 줄어들었을 테고, 광해군이 형 임해군과 동생 영창대군을 죽이지 않아도 됐을지 모른다.

역사에 '만약'이 없다곤 하지만, '만약'을 생각하지 않는 역사가 무슨 재미가 있겠는가?

만력제 이후 명나라는 빠르게 쇠락의 길로 접어들었고, 조선 역시 왕위 교체의 시련을 겪었다. 이 모든 일이 만력제가 셋째 아들을 편애한 탓이라고 단정 짓는다면 너무 성급한 결론이겠지만, 결국 그 덕분에 이웃나라 왕자가 괴로움에 피를 토해야 했고, 백성들은 명나라에게 바칠 뇌물을 마련하기 위해 고생했다.

시대가 훨씬 흘러 만력제의 능은 고고학자들에게 발굴되었고, 잘 보존된 만력제의 시신도 발견되었다. 그런데 문화대혁명 때 홍위병이 무차별적으로 문화재를 파괴하면서, 만력제의 시신에 휘발유가 뿌려져 뼛조각 하나 남지 않고 깡그리 불탔다. 역사적 유물의 안타까운 손실이라는 생각과는 별개로, 천벌이라는 생각을 하게 된다.

한 사람의 왕이 얼마나 많은 고통과 괴로움을 초래했는가. 왕의 편애는 나라와 사랑하는 이를 크게 위협에 빠뜨리는 것은 물론이거니와, 어쩌면 좋게 될 수 있었던 것마저 모조리 나쁜 것으로 만드는 끔찍한 마력을 발휘하는 법이다.

왕은 나라를 잘 다스리기 위해 인재를 등용해야 한다. 단 공정함을 잃어서는 안 된다. 특정한 인재의 재능이 오로지 왕에게만 보인다면, 그건 본인의 눈이 잘못된 것이다. 그러나 언제나 어리석은 임금은 제 눈의 두터운 안경을 발견하지 못하곤 한다. 자신이 죽거나 나라가 망하기 전까지는. 아마 미래의 나쁜 지도자도 그러하리라.

자만심

　자만과 자신감은 사실 종이의 양면이라고 할 만큼 구분하기 어려운 것이다. 어리석은 왕들은 도저히 변명이 불가능할 정도로 자신감이 아닌 자만이 넘치곤 한다. 물론 왕이라는 자리 자체가 자만심을 가지기 쉬운 곳이기도 하다. 그것은 본인의 능력보다는 '자리'가 가지는 힘이지만, 자기를 망치는 왕은 흔히 이를 알지 못한다.

　초 패왕 항우라고 하면 흔히 패왕별희, 장국영의 영화에서도 다뤄진 우희와의 로맨스를 떠올리기 쉽다. 그는 진 시황이 죽고 천하가 혼란스러워지자 군사를 모아 뛰어난 무예와 전공으로 이름을 날렸다. 그러나 전쟁터에서 사랑하는 여인을 잃고, 그 자신도 스스로 목숨을 끊었던 비극의 영웅이다.

　하지만 그 내실을 톡톡 털어 보면 항우만큼 못난 바보도 없었다. 항우에게서 영웅이라는 껍질 하나를 걷으면, 우리 주변에서도 가끔 발견할 수 있는, 좋은 집안에서 태어났지만 철이 없어서 가산 다 말아먹는 부잣집 도련님의 모습이 연상된다. 여기서 항우를 좋아하는 사람들이 이의를 제기할 수도 있겠다. 그러나 항우가 그의 눈부신 성공만큼이나 극적으로 몰락했던 것은 틀림없는 사실이며, 지금 여기에서 말하려는 것은 항우의 철저한 몰락 및 밴댕이를 능가하는 옹졸함이다.

　생각해 보면 항우는 일세의 영웅이 될 수 있는 천혜의 조건들을 모조리 가지고 있었다. 초나라의 명문가계 출신으로 집안도 빵빵했으며, 여기에 더해 본인의 무예는 '산을 뽑을 만큼' 훌륭해서 무술로 누

군가와 싸워 진 적이 없었다. 성격마저 담대하고 겁이 없었다. 어린 시절 항우는 길에서 진 시황의 화려한 행렬을 보고, "저놈의 자리에 내가 앉겠다."라는 말을 해서 곁에 있던 삼촌이 깜짝 놀라 입을 틀어막았다고 한다. 항우의 라이벌로 잘 알려진 유방이 진 시황을 보고 "남자라면 저 정도로 성공은 해야지!"라고 탄복했던 것에 비하면, (좋게 말해서) 기개와 배짱이 있었다. 심지어 글과 검술 공부를 흥미 없다며 때려치우면서 이런 말까지 했다.

> "글은 자기 이름을 쓰면 되고, 검술은 한 사람과 싸우는 것으로 족하다."

그러면서 자기는 만인과 싸워 이기는 법을 배우겠다는 포부를 드러내기까지 했다. 고작 공부를 땡땡이치는 핑계치고는 꽤나 굉장한 스케일이기는 하다. 하지만 이 말은 어떤 의미에서 항우의 주관을 보여준다. 결국 '나는 잘났으니까 이딴 것은 배울 필요 없다'라는 항우의 독자적인 판단을 기저에 깔고 있는 것이니까.

아무튼 초반에는 항우의 이런 생각이 잘 먹혀들어 갔다. 진 시황이 죽고 너도 나도 군사를 모아 각축전을 벌일 때, 항우는 당장 두각을 나타냈다. 본인 실력도 충분했고 집안의 뒷받침도 있었다. 그는 사업(?)을 시작할 때 잘 훈련된 병사 8천으로 시작했으니, 어중이떠중이를 긁어모아 겨우 3천을 거느렸던 유방과는 천지 차이였다. 이후 항우는 40만의 군대를 거느렸으며, 진나라를 멸망시키고 초 패왕(楚覇王)을 자칭하기까지 했다.

항우는 빠르게 결정을 내리고 정력적으로 추진하는 인물이었다. 이를테면 불리한 상황에서 진나라의 대군과 맞설 때, 항우는 군량을 버리고 솥을 깬 뒤 배수진을 치는 과감한 전법을 썼다. 먹을 것도 달아날 곳도 없는 극한 상황을 만들고 군사들이 온 힘을 다해 싸우게 만들어 기적적인 승리를 이끌어냈던 것이다. 하지만 이것은 그에게 성공의 요인인 동시에 멸망의 이유이기도 했다.

빠른 결단력은 전쟁에서의 승리를 이끌어낼 수 있었지만, 그만큼 무자비한 결과를 가져왔다. 항우는 이미 항복했던 진나라의 2세 황제[■]를 살해하는 한편, 투항한 병사 20만 명을 산 채로 파묻는 비인간적인 일도 과감하고 거침없이 실행했다. 당시 인권 문제가 중요치 않았던 것이라고 해도, 이미 항복한 사람을 살해하는 것은 참으로 비정한 일이다. 누군가가 그를 비난했다고 해도 항우는 눈 하나 깜짝하지 않았을 것이다. 변명을 한다 해도 큰일을 위해서라면 자잘한 희생은 어쩔 수 없다고 말했을 것이다.

항우는 어떤 전투에서도 진 적이 없고 매번 승리했다. 그럼에도 어느 날엔가 정신을 차리니 사면초가, 사방에서 한나라 소리가 들려오도록 포위당한 신세였다. 그래서 더욱 극적이고, 어쩌면 신기하기까지 하다. 하지만 항우는 어느 날 갑자기 망한 것이 아니었다. 처음 그에게는 감히 맞서 싸울 적이 없어 보였다. 자신의 가장 큰 라이벌인 한 고조 유방을 가볍게 능가했고, 몇 번이고 궁지에 몰아넣었으니 말이다.

[■] 진 시황은 중국을 최초로 통일한 뒤 황제라는 칭호를 만들어 자칭했다. 자신을 처음의 시始 황제로 칭하였고, 그 다음은 2대, 3대로 영원히 이어지기를 소망했다. 그러나 고작 2대 만에 망했고, 덕분에 왕호는 좀 더 세련되어졌다.

하지만 전쟁이라는 거국적인 측면에서 보면 그는 결코 유리한 입장이 아니었다. 누군가가 있으면 무슨 일이든지 해결된다는 것은, 살짝 비틀어서 말한다면 그가 없으면 될 일도 안 된다는 것이다. 항우의 상황이 바로 그랬다.

항우가 있으면 싸움에서 이겼다. 하지만 그가 없는 다른 곳에서의 전황은 나쁘게만 돌아갔다. 항우가 승리해 굴복시킨 곳조차 그가 떠나면 배신하고 한나라에 투항했다. 이것이 거듭되다 보니 초나라의 세력은 나날이 쪼그라들었고, 항우의 어깨 위에 놓이는 부담은 점점 더 커졌으며, 마침내 그가 있어도 해결이 안 되는 지경에 이르렀다.

어쩌다 이렇게까지 비효율적이 된 것일까? 가장 큰 원인은 항우의 자신감이었으며, 동시에 자만이었다. 뛰어난 군사적 재능과 휘황찬란한 조건들을 갖춘 항우의 입장을 생각하면 그가 보통 사람보다 조금 과한 자부심을 가졌다고 해도 딱히 이상하지는 않다. 집안 좋지, 돈 많지, 사람들이 알아서 모셔 주지, 여기에다 무술 실력마저 뛰어났다. 속된 말로 하면 '엄마 친구 아들'인 셈이다. 그런데 잘난 게 지나치면 사회 생활에 문제가 생긴다.

항우의 판단 기준은 바로 '잘난' 자기 자신이었다. 앞서 결단이 단호하고 추진이 빠르다고는 말했지만, 그 내실을 잘 살펴보면 이는 모두 항우 자신이 기준이었다. 그러니 자기가 생각하기에 급한 거라면 즉시 실행했고, 그렇지 않다고 여기면 옆에서 누가 닦달을 해도 끝끝내 듣지 않았다. 이것이 홍문의 연회에서 항우가 절호의 기회를 잡고도 유방을 죽이지 않았던 이유였다.

문제는 이것뿐만이 아니었다. 자만심은 단순히 자신의 콧대를 높이

는 것에서 끝나지 않고, 타인을 무시하거나 그들의 능력을 질투하는 데까지 치닫게 된다. 물론 본인이야 '이렇게 잘난 내가 남을 질투할 거 같으냐?'라고 생각하겠지만, 나의 잘남을 입증하기 위해 서슴없이 타인을 비하한다면 그건 가장 저열한 형태의 질투이다. 세상의 중심에 자기 자신을 턱 하니 갖다놓고 모든 것을 제멋대로 처리하는, 그리고 그런 생각을 밑바닥까지 빤히 드러내 보이는 천박한 인물과 함께 일하고 싶은 사람이 몇이나 될까.

더욱 곤란한 문제는 항우가 현실 도피의 귀재였다는 점이다. 시궁창 같은 현실을 만났을 때 자신의 과오를 인정하거나, 타인의 지적을 받아들이기에는 그의 자존심이 너무도 강했다. 그래서 잘못을 반성하는 대신 끝내 남 탓과 세상 탓을 했고, 신하들은 차례차례 배신해서 한 고조 유방의 편으로 들어갔다. 마침내 군사도 줄고 군량도 떨어져서 궁지에 몰렸을 때, 항우는 〈역발산기개세(力拔山氣蓋世)〉라는 유명한 시를 지었다.

> 힘은 산을 뽑을 것 같고, 기개는 세상을 덮건만
> 때가 불리하니, 추(항우의 말)는 나가지 못하는 구나.
> 추가 나가지 않는데 이를 어쩌랴.
> 우미인아, 우미인아, 너는 어찌할 것이냐.

이 노래를 들은 부하들은 다들 눈물을 흘렸다고 하건만, 곧 죽어도 자기 탓은 하지 않는 지도자의 옹졸함 앞에서 미래가 막막한 나머지 눈물을 흘렸을 가능성이 좀 더 높아 보인다. 이제까지 꾸준히 위기가

찾아왔고, 몰락의 조짐도 충분히 있었다. 항우 자신이 알아차리지 못해 이 지경이 되었건만, 그저 때를 잘못 만난 탓으로 여긴 것이다.

항우가 운이 없었다고 치자. 그렇다면 한바탕 크게 지는 바람에 부인을 인질로 잡히고, 자식마저 수레에 내던져가며 꼴사납게 도망갔던, 그럼에도 다시 일어나 반격을 했던 유방은 뭐란 말인가?

유방은 실패의 바닥에서 몇 번이고 일어섰지만 항우는 그렇지 못했다. 계속 되는 한나라 군대의 집요한 추격을 받아가며, 고작 28명의 병사만 남았을 때도 항우의 처절한 자만은 이어진다. 자신이 군사를 일으킨 지 8년이고 그동안 70차례 싸워 모두 이겼다며, 지금 이렇게 궁지에 몰린 것은 하늘이 자기를 망하게 하려는 탓이지 자기 탓은 아니라는 걸 입증하겠다고 큰소리 친 것이다.

그래서 항우는 신출귀몰한 병법을 발휘하여 자신을 포위하고 있던 한나라 군대를 추풍낙엽처럼 쓸고, 백여 명을 참살하고 지휘관도 죽였다. 항우의 군사에서는 두 사람의 인명 피해만 있었을 뿐이다. 여기까지는 좋다. 그런데 항우는 남아 있는 26명의 신하들에게 물었다.

"자, 내가 한 말이 어떠하냐?"

그러니까 하늘이 자신에게 기회를 주지 않았을 뿐이지, 자기는 정말로 잘 싸우지 않느냐는 물음이다. 병사들은 모두 입을 모아 말했다.

"과연 대왕의 말씀이 맞습니다."

이 지경이 되어서까지 자기 잘못이 아니라는 사실을 타인에게 인증받고 싶어 한 항우는 참으로 처절해 보인다. 초 패왕은 이제 자기가 몰락하고 있다는 사실을 부정할 수 없을 만큼 궁지에 몰렸다. 그러니 불과 수십 명만 남은 부하들에게 하소연했던 것이다. 이건 절대로 내 잘못이 아니라고.

결국 항우의 질문은 신하들을 설득하기 위해서가 아니라 자신을 위해서였을 것이다. 이 정도면 인지부조화의 최악의 사례로 전설이 될 수 있다.

계속해서 한나라의 병사들에게 쫓겨 다니는 와중 누군가가 배를 마련해 주고 강을 건너 강동으로 달아날 것을 권유하자, 항우는 또 하늘 타령을 했다. 하늘이 날 망하게 하려는데 강동에 가 봐야 무슨 소용이냐는 것이다. 또한 자기가 처음 강동에서 데려간 병사들이 다 죽었으니 그 유족들을 만나 보기가 민망하다고도 했다. 그렇게 정이 많은 사람이 생매장당한 진나라 병사 20만 명이나 진나라의 2세 황제, 초회왕에게는 그리도 매정했던가. 그냥 핑계다. 옛 지인들에게 자신의 초라한 몰골을 보여 주기 싫었기 때문이리라. 그는 자만심으로 넘치는 사람이었고, 그걸 무너뜨리느니 차라리 죽음을 택할 것이었으며, 실제로도 그랬다.

항우는 강을 건너지 않았고, 한나라 군대의 추적은 이어졌다. 아무리 뛰어난 무술을 가진 사람이라고 해도 결국 하나의 인간에 불과한 법. 한나라의 인해전술에는 당해낼 도리가 없었다. 마침내 최후의 순간이 다가왔다. 추적대와 싸우다가 신하들을 모조리 잃고, 홀로 남아 온몸이 상처투성이가 되어 기진해 있던 항우의 눈에 한나라의 기사마

(騎司馬) 여마동(呂馬童)이 보였다.

"너는 옛날 내 신하가 아니냐?"

항우가 옛 신하를 알아보았으니 옛 신하도 항우를 몰라볼 리 없다. 하지만 배신을 부끄러워한다거나, 마지막 남은 의리를 발휘하여 그를 숨겨 준 멋진 이야기는 전혀 없었다. 여마동은 주변의 사람들에게 "저게 바로 초 패왕이다."라고 손가락질을 했다. 최후의 순간임을 직감했는지, 항우는 단검을 뽑아들고 비장하게 외쳤다.

"내가 듣기에 한나라 왕이 내 목을 천금의 재산과 넓은 영토로 산다고 했다. 내가 너희들에게 은혜를 베풀어 주겠다!"

그러면서 항우는 단검으로 목을 찌르고 쓰러졌다. 마지막 유언까지도 자만심에 넘치는 것이었다. 그래서 더욱 그다운, 나름대로 무장답게 기개 있는 죽음이기도 했다. 이것이 드라마나 영화라면 비록 적이라도 영웅의 비장한 죽음에 사람들이 눈물을 흘리고 시신을 고이 거두어 한 고조 유방에게 가져갔을 것이다. 하지만 현실은 그리 멋지지 않았다.

항우가 목에서 피를 흘리며 주저앉자, 손이 빠른 사람이 제일 먼저 달려가 항우의 목을 베어 제 것으로 차지했다. 이윽고 뛰어든 항우의 옛 신하 및 다른 사람들은 시체를 차지하려고 난투를 벌였고, 결국 항우의 몸뚱이는 다섯 조각으로 갈기갈기 찢겼다.

그리고 유방은 갈가리 찢겨진 옛 라이벌의 시체를 보고 처연함에 눈물을 흘릴 만큼 로맨티스트가 아니었다. 그는 시체를 가져온 다섯 사람을 모두 제후로 봉했고, 그 자신은 중국의 황제가 되었다.

　　유방은 인간적으로는 대단히 재수가 없는 인물이었지만, 통찰력만은 굉장했고, 또한 (평가만은) 공정했다. 먼 훗날 한나라의 고조가 된 그는 자신이 가진 능력은 별 것 아니었다고 솔직하게 고백했다. 잘난 항우보다 능력이 떨어지는 대신 그에게는 세 명의 전문가가 있었다. 정치의 장량, 재무의 소하, 전쟁의 한신. 그리고 그 아래에 더 많은 인재들이 포진하고 있었다. 뒤집어 생각하면 그렇게 잘난 사람들이 왜 못난 유방을 섬겼는지 의문이 생길 수도 있지만, 그것이야말로 유방의 재능이자 지도자가 갖춰야 할 덕목이었다.

　　유방은 직접 나서는 대신 전체 관리자의 역할에 집중했다. 어떤 일을 할 때면 그에 가장 뛰어난 능력을 가진 전문가를 찾아내고, 그 사람이 마음껏 일할 수 있도록 배려했다. 인재를 찾아 가장 효율적으로 활용할 수 있는 위치에 두고 시스템을 구축했다는 말이다. 그래서 항우는 혼자였지만, 유방은 여럿이었다. 그런 의미에서 《초한지》를 항우와 유방의 대결로 보는 것은 유방의 손발이 되어 함께 일했던 인재들에게 매우 실례되는 발언일 수도 있다. 이래서야 승패가 빤하지 않은가.

　　애초에 정치가 생기고 통치 시스템이 생긴 것은 왕 혼자서 모든 일을 도맡는 것보다는 여럿이서 일을 나누는 편이 효율적이기 때문이다. 하지만 항우는 자신이 전쟁을 잘하니 외교나 재무 문제도 전부 잘해낼 수 있으리라고 착각했을 것이다. 이는 역설적이지만, 신하들을 질투했기 때문이기도 했다. 자만심이 강한 상사가 설령 자신의 잘못

을 깨달았어도 계속 추진하는 이유가 여기에 있다. 네가 없어도 뛰어난 내가 모든 걸 잘할 수 있다는 자부심, 아니 속 좁음 덕분이다. 그 결과는 굉장한 행운이 따르지 않는 한 파멸이다.

하지만 항우로부터 수백 년 이후, 교훈을 배우지 못하고 똑같은 실패의 길을 걸은 왕이 등장했다. 바로 수나라의 두 번째 황제인 양제이다. 수 양제는 고구려를 정벌한 일로 우리나라에서 그다지 인기가 없는 인물인데, 이는 중국에서도 별반 다를 바 없다. 온갖 사치를 부리거나 토목공사를 일삼아 백성들을 괴롭혔고, 외국과의 전쟁에서 패했으며, 결국 신하에게 살해당한 어리석은 임금이었다.

그런데 수 양제 양광도 따지고 보면 항우 못지않게 타고난 복이 많은 사람이었다. 그는 5호 16국 시대의 환란이 거의 끝나갈 즈음, 명문 양씨 가문의 둘째 아들로 태어났다. 아버지 양견(楊堅)은 북주를 무너뜨리고 중국의 북쪽 지역을 아우르는 나라를 세운 뒤 마침내 수백 년 만에 중국을 다시금 통일하는 위업을 달성했다.

불과 13세에 진왕으로 봉해졌던 수 양제는 10세에 책을 줄줄 외울 정도로 머리도 좋았다. 뿐만 아니라 무(武)에도 재능이 있어서, 아버지를 도와 남쪽의 진(陳)나라를 멸망시키는 데 혁혁한 공을 세우기까지 했다. 최소한 청년 시절에는 사치를 하지 않고 품행도 곧발랐다. 그래서 수 양제는 둘째 아들이었지만 형이었던 태자를 제치고 새로운 태자로 임명되었다. 하지만 그 이후로는 나락이었다. 황제의 자리를 노리고 아버지를 암살했으며, 태자의 자리에서 쫓겨난 형까지 살해하고 수나라의 두 번째 황제가 되었다. 이런 수 양제가 다스린 14년 동안 수

나라는 급격한 멸망의 길을 걸었고, 그 자신 역시 부하에게 살해당하는 비참한 결과를 맞이했다.

그래서인지 수 양제는 폭군의 대명사가 되었고, 처음부터 끝까지 음험했던 악당이라는 평가가 내려졌다. 한때는 방탕한 태자를 대신해서 나라를 이끌어갈 인재로 일컬어졌음에도 말이다. 설령 수 양제가 위선자 짓을 해서 형을 몰아내고 권력욕을 위해 아버지를 죽였다는 말이 사실이라고 해도, 그는 수나라를 멸망시키려고 황제가 된 것은 아닐 것이다. 나름대로는 자신이 형보다도, 아버지보다도 뛰어난 임금의 재목이었기에 이렇게 썩을 수는 없다는 판단을 내리고, '어쩔 수 없이' 혈육을 죽이는 용단(?)을 저질렀을 것이다. 수 양제 자기 생각으로는. 바로 그게 문제였다. 수 양제의 행동은 바로 자신의 판단을 기준으로 했던 것이다. 이는 오만의 발로였다.

수 양제의 가장 큰 잘못인 동시에 업적이라고 할 수 있는 것이 바로 대운하이다. 대운하를 건설하기 위해 수많은 백성들이 동원되었고, 가혹한 노동 끝에 물에 담근 허리를 빼낼 겨를도 없다 보니 살아 있는 사람의 몸에 벌레가 슬고 썩어 갔다는 무서운 이야기들이 전해진다. 상황이 이런데 죽은 사람의 수는 셀 수도 없었으리라.

하지만 수 양제와 대운하 사업을 무조건 '무식한 돈지랄'이라고 욕하기에는 몇 가지 문제가 있다. 우선 운하를 처음 만든 것은 아버지 문제였다는 것, 또 하나 가장 큰 문제는 대운하가 나중에는 꽤나 이익을 거두었다는 점이다.

흔히 수 양제의 대운하는 황하와 양자강을 직통으로 잇는 인공수로라고 생각하기 쉽지만, 완전한 정답은 아니다. 중국은 원래 무식할 정

도로 넓은 땅덩어리이고, 황하와 양자강만 강이 아니다. 곧 수 양제의
운하는 여러 개의 강을 차례차례 잇는 연계공사였다.

> 605년, 통제거(通濟渠) 개통(낙양－회수 구간)
> 　　한구(邗溝) 개통(산양(현재의 회안)－양자강 구간)
> 　　대흥(大興)－강도(江都) 개통
> 608년, 영제거(永濟渠) 개통(황하－탁군(현재의 북경) 연결)
> 610년, 강남하(江南河) 개통(진강－항주 연결)

　그런데 이런 운하들은 맨 땅에 부딪혀 만든 게 아니라, (진 시황의 만
리장성이 멸망한 나라들의 성벽을 이어서 만들어진 것처럼) 전부터 있었던
하천이나 운하들을 수리한 것이다. 그렇다고 해도 어마어마한 물량·
속도전이었던 것은 변함이 없다. 통제거를 만드는 데 100만 명을 동원
했다는 말이 나올 정도로 어마어마한 인부가 동원된 것은 틀림없다.
자, 그러면 이 운하에 어떤 효용이 있었을까.
　당시 중국은 400년 가까이 이어진 5호 16국 시대라는 대혼란의 와중
남과 북의 왕조로 분열되었고, 따라서 이질적인 성향이 뚜렷해졌다.
운하가 만들어지자, 이것을 통해 남과 북은 교류를 하고 훗날 하나의
중국으로 통합했다고 한다. 실제로 운하가 가져다주는 경제적 이익도
상당한 것이었다. 훗날 강남의 비옥한 토지에서 나온 곡식은 운하를
통해 북쪽으로 옮겨졌고, 그 덕에 당나라는 막대한 수익을 얻고 이로
써 제국을 건설했다. 하지만 운하의 덕을 본 것은 당나라이지 수나라
가 아니었다. 이렇게 되면 재주는 곰이 넘고 돈은 사람이 챙긴 것이니

수나라는 남 좋은 일만 한 것이다.

그리고 운하를 통해 당장 중국의 대통합이 가능했을까? 첨단기술과 교통이 발달한 지금까지 중국은 지방끼리 사이가 좋다고는 할 수 없는데, 그 먼 옛날 운하 하나 뚫렸다고 대중국 통합이 가능했다고 생각하면 너무나 순진한 생각이다. 무엇보다 운하는 건설 이상으로 관리에 많은 노력과 비용이 든다. 당나라가 빠르게 들어서지 못했다면, 그리고 꾸준히 관리를 못했다면 운하는 수 양제의 다른 업적들처럼 쓸모없어졌을 것이다.

결국 대운하는 대단히 미래지향적인 계획이었지만, 수 양제가 벌인 다른 사업들을 생각하면, 깊이 생각한 결과는 아닌 듯하다. 실제로 수 양제는 대운하 외에도 장안을 리모델링하여 거대한 도시를 건조했는데, 고작 9개월 만에 완성했다. 또한 낙양에 새로운 수도를 건설하며 운하 기슭에 40여 채의 이궁(離宮)을 짓기도 했다. 건설뿐만이 아니라 외국 정벌까지 했다. 운하의 건설이 끝난 직후인 611년부터 수 양제는 고구려 정벌에 몰두했던 것이다.

612년, 고구려 1차 정벌―군사 113만 명, 인부 300만 명 동원.
　　　　30만 군대 중에서 2천여 명만 살아남는 대패를 당함(살수대첩).
613년, 고구려 2차 정벌. 양현감의 반란으로 회군.
614년, 고구려 3차 정벌. 실패.
618년, 4차 정벌 계획을 세웠으나 실행되지 않았으며,
　　　　수나라는 사실상 멸망.

이처럼 수 양제는 보통 한 왕조 전체에서 벌어질까 말까 한 일을 자신의 치세, 그것도 엄청나게 짧은 시간에 시행했다. 이렇게만 보면 그가 다스리고 있던 시기의 수나라에는 삽질 소리와 군대의 외침이 그치지 않았을 것이다.

이제까지의 내용들을 정리해 보면, 수 양제의 프로젝트란 이런 것이다. 아름다운 수도를 건설하고, 대운하를 뚫는다. 그리고 오랑캐(고구려)를 정벌한다. 그 다음에 자축한다. '이 모든 게 내가 왕이 된 덕분이다, 그래서 수나라가 이렇게 발전한 거다'라고.

이런 무모한 정책들을 밀어붙일 수 있었던 것은 젊었을 때 천재로 이름을 날린 수 양제의 자신감, 다른 한편으로는 조바심이 깔려 있었기 때문이리라. 추측컨대 아버지나 형보다 훌륭한 왕이 되어야 한다는 압박을 가장 강하게 느꼈던 것은 수 양제 자신이었고, 자신이 뛰어나다는 자만심은 엄청난 규모의 사업들을 밀고 나갈 수 있게 했다.

그러나 나라와 백성은 참깨가 아니다. 무조건 짜낸다고 좋은 기름이 나오는 것도 아니고, 반발이 일어나게 된다. 나라 안에 심각한 가뭄이 들고 도탄에 빠진 백성들이 반란을 일으키자, 수 양제는 반성하고 해결 방안을 찾는 대신 현실 도피의 길을 선택했다. 자신이 가장 잘 나가던 시절의 업적이었던 운하를 통해 남쪽 강도의 궁전으로 옮겨갔고, 그곳에서도 흥청망청 향락에 빠졌다. 마침내 당나라의 시조가 된 이연이 장안을 점령하고, 양제의 손자를 새로운 황제로 세운 후에도 수 양제의 향락은 그칠 줄을 몰랐다. 아마도 수 양제는 자신의 자긍심과 조급함, 그리하여 엉망진창이 된 현실이 너무 괴로운 탓에 현실 도피한 것이리라. 하지만 여기에 휘말린 신하들은 그를 동정하거나, 함께

고통을 나눌 만큼 순진하지 않았다. 결국 수 양제는 신하였던 우문화급에게 살해당했다.

수 양제는 결코 바보가 아니었다. 오히려 너무 똑똑해서 탈이었다. 자신이 유능했으니까 자부심을 가졌고, 이것으로 야심을 가졌으며, 마침내는 오만해졌다. '어떻게든 잘 해 보자'라는 의욕이 넘쳐난 나머지 '잘못된 정책'을 전력투구로 밀고 나갔던 것이다. 추진력이 막강하다는 것은 그 이점만큼이나 위험하다. '잘못된 방향', 절벽을 향해 전력 질주할 수 있기 때문이다. 이로 인해 실패가 거듭되고 반란이 일어나자, 수 양제는 자신의 실수를 인정하는 대신 현실에서 도망쳤다. 그래서 그에게는 양(煬)이라는 희귀한 시호가 붙었다. 이 한 글자에는 여색을 밝히고, 예를 어기며, 하늘을 거슬러 백성을 괴롭혔다는 많은 뜻이 함축되어 있다.

항우와 수 양제. 그들은 다른 점도 있고 정점에서 몰락까지의 양상도 다르지만, 한편으론 닮은 구석도 많이 있다. 강렬하고 정열적인 그들은 어쩌면 좋은 왕이 될 수 있었을지도 모른다. 그들에게 진실로 필요했던 것은 성실하게 비판해 주는 조언자였다. 그러니까 왕을 추켜세우고 아부하지 않으며 그렇다고 무조건 반대하는 것도 아닌, 낙관론자들이 애써 못 본 척하고 있는 결점을 꾹 짚어내는 이를테면 '애정을 가지고 까주는 사람'이 있어야 한다는 것이다. 그런 이가 세종에게 황희였고, 당 태종 이세민에게는 위징이었다.

하지만 수 양제와 항우에게는 그런 인물들이 없었다. 운이 나빴던 게 아니라 들을 귀가 없었기 때문이다. 잘못을 지적하는 거슬리는 말

을 듣기에는, 그리고 자신이 잘못을 저지를 수도 있다는 것을 인정하기에는 드높은 자존심이 용납할 수 없었던 것이리라.

자존심이라는 게 나쁜 것만은 아니다. 나라의 왕씩이나 되는 사람에게 자부심이 없다면 그것 역시 곤란하다. 하지만 그것보다 더욱 중요한 게 있다고 판단되면 기꺼이 숙이는 유연성도 필요하다. 하지만 때로 어떤 곤란한 왕은 자신의 자존심을 나라의 것으로 착각해서 사달을 냈다. 정말 곤란한 것은 자기 개인의 자존심을 나라의 것으로 착각하는 왕들이리라.

인간의 역사 속에서 가장 쓸데없는 지도자가 있다면 처절하게 무능한 주제에 자의식은 하늘을 찔러 위대한 임금이 되고 싶어 하는 왕들일 것이다. 그들은 위대한 왕으로 남고자 했고, 이를 위해 앞뒤 사정은 생각하지 않고 국력을 쏟아 부었다. 무모한 전쟁을 벌이거나, 쓸데없이 화려한 행사를 열었고, 지나친 토목공사 등이 줄을 이었다. 그 결과 나라는 거덜나고 백성들은 죽어났다. 그리고 세상이 어지러워지면 야심가들은 반란을 일으켰다. 그렇게 되면 어리석은 군주들은 언제나 남탓을 하며 폭군 리스트의 가장 아랫줄에 자신의 이름을 적어넣었다.

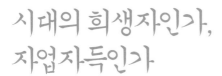

시대의 희생자인가,
자업자득인가

　때로는 실패한 왕들을 위한 변명이 나오기도 한다. 그들은 억울한 누명을 썼을 뿐이라고. 역사는 승리자들의 역사인 법이고 패배자는 언제나 잘못이 과장되어 원래보다 더 나쁘게 기록된다고. 그러다 보니 억울하게 폭군이 된 좋은 왕들도 있다는 주장이 나온다. 이 말에 납득할 수 있는 부분이 없는 것은 아니지만, 아무리 조작을 한다 한들 죄 없는 성군을 폭군으로 조작하는 것은 불가능하다. 이제까지 역사를 조작하려고 해서 성공한 사람은 별로 없었다. 오히려 그러려고 했다는 사실이 후세에 전해져 쓸데없는 일에 돈과 시간과 노동력을 낭비했던 바보로 기억될 뿐이다.

　예를 들어 보자. 진 시황은 정말로 강력한 황제였고, 수백 년간 중국이 조각조각 나누어져 싸움을 계속했던 춘추전국 시대를 자신의 대에서 끝장내고 거대한 제국을 만들었다. 그러면서 각 나라 별로 달랐던

문자와 화폐가치를 통일하는 한편, 역사책들도 태워 없애게 했으니 이것이 분서(焚書)였다. 이로써 사상과 생각을 통제하여 현실 정치를 비판하는 유학자들의 입을 틀어막을 수 있으리라고 생각했기 때문이다.

하지만 노(魯)의 유학자들은 집의 벽 속에 역사책을 숨겨놓는 근성을 발휘했으니, 이것이 바로 《고문상서(古文尚書)》이다. 혹은 책을 통째로 달달 외워서 진나라가 망한 뒤 책의 내용을 세상에 전한 사람도 있었다. 뿐만 아니다. 최근 중국에서 발굴된 진한 시대의 무덤에서는 《마왕퇴백서(馬王堆帛書)》를 비롯하여 《곽점초간(郭店楚簡)》, 《상박초간(上博楚簡)》 등 각종 옛 책들이 쏟아져 나오고 있다. 이래서야 과연 악명 높은 진 시황의 명령이 '허당'이었던 게 아닌가. 그런 의미에서 역사는 사람들이 상상하는 것보다도 의외로 공정하다.

사실이 그렇다. 왕의 명령이 아무리 지엄하고 강력할지라도, 사람들은 언제나 빠져나갈 구멍을 찾아냈다. 그래서 역사를 철저히 은폐하거나 선량하고 훌륭한 왕을 음모로 몰아내고 역사를 조작하여 폭군으로 윤색하기는 정말로 어려운 일이다. 왜냐고? 역사가 과거의 현실이기 때문이다.

세상을 크게 뒤흔든 사건들은 모두 원인이 있고, 여러 과정을 거쳐서 그런 결과가 나올 수밖에 없었던 인과의 사슬에 묶여 있다. 이렇게 복잡하게 얽힌 것들을 억지로 조작한다고 해도 그것은 아주 작은 일부분을 덧칠할 뿐이다. 커다란 강물 같은 역사에 고작 돌멩이 하나 던져서 흐름을 완전히 엉뚱한 방향으로 바꿀 수는 없다. 하물며 등신대의 흙 인형 군대인 병마용갱과 만리장성을 만든 진 시황마저도 '역사의 근절'에 실패했거늘, 대체 어느 권력자가 역사를 숨기거나 바꿀 수

있겠는가? 조금은, 잠깐은, 거짓이나 침묵으로 덮을 수도 있겠지만, 전혀 다른 거짓된 조작으로 역사의 빛을 가릴 수는 없다.

게다가 어떤 상황이라도 왕은 자신이 억울한 피해자라고 변명할 처지가 되지 못한다. 왕이 왕으로서 누리고 있는 것은 너무나도 많기 때문이다. 흔히 왕의 복록으로 아름다운 여인들과 산해진미, 금은보화를 생각하겠지만, 그 이상으로 중요한 것은 그를 왕으로 섬기는 백성들, 신하들, 그리고 나라의 역사와 군주의 권위이다. 그래서 왕은 자신의 생각을 현실로 바꿀 힘을 가지고 있으며, 그의 말은 언제나 존중받는다. 보통 사람이 말하면 헛소리로 끝날 허황된 소리도, 왕이 말하면 수많은 사람들이 주의를 기울여 듣고 이로써 사회에 강력한 영향력을 미치게 된다.

이것은 왕이 아닌 지도자에게도 마찬가지이다. 중국의 모택동은 언젠가 농사에 피해를 주는 네 가지 해악을 거론하며, 그중 하나로 참새를 지목했다. 그러자 농민들은 농사일을 팽개치고 참새를 잡아대어 참새가 멸종 직전으로 치닫게 되었다. 그러자 참새의 먹이였던 해충들이 들끓게 되어 지독한 흉년이 왔고, 마침내는 수많은 사람이 먹을 것이 없어 굶주리는 끔찍한 사태가 초래되었다. 이런 질 나쁜 농담 같은 일이 정말로 벌어졌다는 사실은 왕 혹은 지도자의 권위가 얼마나 강력한지, 그리고 이것이 잘못 발휘되었을 때 어떤 난리가 벌어지는지를 단적으로 보여 준다. 많은 사람들이 굶어 죽었던 대약진운동이나 문화대혁명 역시 위정자가 잘못 발휘한 권위의 연장선상에 있다.

이것을 그저 모택동이나 중국인들이 맹목적이었고 아둔했다고 탓할 수 없다. 여기에서 말하고 싶은 것은 때로 사람들은 왕이 명령했다

는 이유만으로 빤히 보이는 불구덩이에 뛰어들 수도 있다는 것이다.

지도자나 왕은 충성이라는 이름의 막강한 권한을 가지고 있다. 아주 오랫동안 왕의 권력과 권위는 법은 물론이거니와 때로 생활 규범으로까지 채택되고 엄수되었다. 사람이 살아가면서 응당 지켜야 할 도리에는 무엇이 있는가? 옛날을 기준으로 하면 흔히 삼강오륜(三綱五倫)이 있었다. 그중 삼강의 첫 번째는 군위신강(君爲臣綱)이다. 임금과 신하 사이에서 지켜야 할 도리인데, '신하는 임금을 섬겨야 한다' 라고 해석된다. 이는 유교가 발달한 동양에서만 강조된 것이 아니라, 전 세계의 신하들에게는 왕을 섬기고 충성을 바칠 책임이 당연하게 요구되었다.

그와 동시에 충신들의 일화가 각종 찬사와 함께 널리 전파됐다. 그들은 설령 왕이 위기에 빠지거나 처참하게 몰락하더라도 변함없는 충성을 바쳤고, 때로 하나뿐인 목숨마저 기꺼이 내던지기도 했다. 멀쩡하게 돌아가는 머리가 달려 있고 생각이라는 것을 할 수 있음에도, 가장 현명한 신하가 가장 어리석은 왕의 명령을 충실하게 시행하여 함께 멸망한 사례는 꽤나 흔하게 찾아볼 수 있다.

우리나라의 사육신이 바로 그런 대표적인 예가 될 것이다. 성삼문, 박팽년을 비롯한 사육신들은 단종의 복위를 목표로 세조를 암살하려 했다. 하지만 역모라기에는 꽤나 조잡했던 그들의 계획은 한명회 덕분에 틀어졌으며, 동료의 밀고로 발각되었다. 그런데 얄궂은 사실은 세조가 수양대군 시절부터 집현전의 인물들과 어울려서 함께 일했다는 것이다. 우연의 일치로 성삼문과 신숙주는 각각 수양대군보다 한 살 어리거나 동갑이었다. 단종이 아무리 총명하다고 해도 아직 어린 아이였고, 세조는 이미 장년의 나이인데다가 정치적인 역량도 인정받고 있었다. 어쩌면 수양대군이 더욱 믿음직한 왕의 재목이라고 판단을 내렸을 수도 있으리라. 또 사육신들도 젊은 시절의 인연이 있었으니 그쪽에 붙는다면 출세할 가능성이 훨씬 높았을 것이다.

하지만 사육신들은 이루어지지 않을 꿈, 단종 복위에 자신의 모든 것을 걸고 반역을 도모했다. 실록은 성삼문이 고작 곤장 한 번 맞고 역모 사실을 술술 불었다고 대단히 간단하게 기록했지만, 야사는 여기에 대해 훨씬 자세한 살을 붙여서 전한다. 세조는 성삼문을 국문하면서 자신과 오래 알고 지냈고, 잘 대해 줬는데 어떻게 이럴 수 있느냐고 배신감에 치를 떨었다. 이에 사육신은 세조를 임금으로 생각하지 않았다고 당당하게 고했다고 한다. 결국 그들은 살이 태워지는 고문과 심문을 당한 뒤 사지가 갈가리 찢겨 죽었다.

정사가 맞을까, 야사가 맞을까? 야사의 이야기가 사실이든 아니든, 사육신은 세조와의 우정 대신 단종에게의 충성을 택한 것만은 분명하다. 세조는 사육신의 반역에 무시무시한 분노로 응대했다. 무자비한 심문과 처형이 이어졌고, 관련자의 일가친척들을 마구 잡아들였으며, 그들의 아내와 딸들을 마치 물건처럼 공신들에게 나누어 주었다. 그냥 본보기로 삼는다기에는 도가 지나치다 보니, 세조가 가진 마음의 상처가 작용한 게 아닐까 하는 생각이 들 정도이다.

그런데 사육신은 세조는 물론 그의 후손들에게 역모를 꾸민 배신자였지만, '선비는 두 임금을 섬기지 않는다'라는 충성의 원칙을 지킨 충신이었다. 그래서 공식적으로는 역신이지만, 사회적으로는 충열의 화신이자 존경의 대상이 되어 이후로도 그들의 명성은 이어졌다.

이런 충신의 신화가 한국에만 있는 것은 아니다. 중국의 개자추는

나라에서 쫓겨나 방랑하던 중, 굶주려서 죽어가는 공자 중이를 위해 자신의 넓적다리 살을 잘라 먹였다. 이후 중이가 진문공으로 즉위하고 개자추의 충성을 까맣게 잊었지만, 개자추는 그럼에도 원망하지 않고 산야에 숨어들었다는 이야기 역시 충신의 다양한 변주곡 중 하나이다. 일본에서도 천황의 명령으로 자살했던 주군의 복수를 위해, 원수의 목을 베어 주군의 무덤에 바쳤던 낭인들의 이야기 〈추신구라(忠臣藏)〉가 널리 유행하며 인기를 끌었다. 서양이라고 별다를 건 없다. 로빈 후드만 해도 사자심왕 리처드에게 충성을 바치며 찬탈자인 존 왕의 음모를 분쇄하는 이야기가 아니었던가(역사적인 리처드는 소설 속의 군주와는 좀 달랐다고는 하지만).

때로 충성은 맹목으로 흐르기도 한다. 설령 왕이 불합리한 명령을 내리거나 상황이 끔찍하게 불리하더라도, 명령을 거역하거나 배신을 하기는커녕 바로 그런 왕을 위해 죽어가기도 하는 것이다. 백제의 마지막 왕인 의자왕에게 최후까지 충언을 하다가 감옥에서 굶어 죽어간 성충이 그렇고, 어차피 패배할 전쟁이라는 것을 빤히 알고 처자식들을 죽이고 떠나간 계백도 그렇다. 왕의 불합리한 명령을 받았으나 거부하지 않고, 오히려 죽음으로 이행했던 것이다.

그래도 여기까지는 상식선으로 이해할 수 있다. 조금 엽기적인 예를 들자면, 춘추전국 시대의 일이 있다. 대략 기원전 600년 즈음 위(衛)나라에 의공(懿公)이라는 어리석은 군주가 있었다. 보통 위 의공이라고 하는 그는 어리석음으로 따지면 중국에서도 손꼽힐 만큼 얼간이였다. 그냥 놀기를 좋아하거나 사치를 부리는 게 아니라 중증의 학 마니아였던 것이다. 그는 궁궐 사방 천지에 학을 키우는 것도 모자라, 학을

수레에 태우기도 하고 벼슬까지 내렸다. 이 쓸모없는 취미생활에 국고가 탕진된 것이야 불 보듯 빤한 일이다.

그러던 와중 오랑캐가 위나라에 쳐들어오자 위 의공은 맞서 싸울 병사를 모으려 했다. 하지만 사람들은 "학에게 벼슬을 줬으니 학에게 싸우라 하십시오."라고 이죽대면서 위 의공에게 등을 돌렸다.

당연하지만 학이 사람을 상대로 싸울 수 있을 리가 없다. 결국 위 의공은 오랑캐들과 싸우다가 죽임을 당했으며, 그도 모자라 시체마저도 참혹하게 난도질당했다. 여기까지는 그나마 나쁜 왕의 불운한 말로라고 생각할 수 있겠다.

그런데 위 의공의 신하였던 대부 굉연(宏演)은 이 소식을 듣고 급히 전쟁터로 향했다. 마침내 발견한 위 의공의 시체는 이미 원래의 형체가 남아 있지 않았고, 오로지 간만이 성한 모습으로 남아 있었다. 굉연은 통곡하며 마치 살아 있는 임금을 대하듯이 간에게 인사를 올린 뒤, 주군의 관이 되겠다며 칼로 자신의 배를 가르고 몸 안에 위 의공의 간을 집어넣은 뒤 절명했다. 다른 백성과 신하들이 모두 외면한 군주를 위해서 스스로 하나뿐인 목숨을 버린 것이다. 이렇게 모자란 임금이라도 목숨을 걸고 마지막까지 섬기는 신하가 있을 수 있다. 하물며 다른 임금에게는 어떠하겠는가?

이런 충성의 일화는 몇 번이고 반복되어 말해지면서, 사회의 구성원들에게 그처럼 행동하는 것이 '좋고도' '옳은 일이라는' 선입견을 슬그머니 사람들에게 심어 넣는다. 그렇게 수천 년 동안 사람들은 충성이라는 관념에 길들여졌다. 아무리 덜떨어진 임금이 다스린다고 해도, 그래서 불만이 있고 잘못을 저질렀다고 해도, 불만을 토해내거나

고칠 것을 요구하기보다는 잠자코 숙이고 따르는 관성을 가지게 된다. 이것은 사람들이 게으르거나 어리석어서가 아니라, 통치자에게 충성스러운 것이 좋은 것이라는 관념이 깊숙이 각인되었기 때문이다.

그렇게 본다면 이렇게 '길들여진' 신하와 백성들이 왕을 원망하며 들고 일어날 만큼 정치를 못하는 것도 나름 굉장한 능력인 것이다. 물론 좋은 쪽이 아니라 나쁜 쪽이긴 하지만. 그런 의미에서 아무 잘못 없이 무고하게 희생된 '실패한 왕'은 없다고 봐도 과언이 아니다.

실패한 왕들의 마지막은 비참했다. 인간으로서는 최고로 영광스러운 자리에 당당하게 우뚝 서 있다가 어느 순간 바닥으로 끌려 내려온다. 백성들과 신하들의 욕설과 비난이 쏟아지고, 때로는 왕 자신의 목이 처형대에 올려지기도 한다. 그렇게까지 상황을 망가뜨리기도 어려운 일이기에, 이들의 마지막은 모두 특별한 역사적인 사건이 되었다.

한때 도덕군자로 불리며 한나라를 대신하여 새로운 나라를 세웠지만, 마침내 농민 반란군에게 찢겨 죽임을 당한 한나라의 찬탈자 왕망(王莽)이 있고, 파리의 광장에서 백성들의 원망을 들으며 단두대에서 목이 잘려 죽은 루이 16세가 있다. 영국의 찰스 1세도 비슷한 운명을 맞았다. 추방되거나 죽임당하는 왕은 왕조 시대가 끝난 이후로도 곧잘 나타난다. 이탈리아의 파시스트였던 무솔리니나 루마니아의 독재자 차우셰스쿠가 대표적이다. 그들은 왕이 아니었지만 한때 절대적인 권력과 영광을 누리다가 극적으로 몰락해서 살해당했다. 그래서 더욱 처량하고 비극적이며, 어쩌면 드라마틱하기까지 하다.

1945년 4월, 제2차 세계대전이 종전으로 치닫고, 연합군이 이탈리아로 진격했다. 한때 일 두체(Il Duce, 위대한 지도자)라고 추앙받던 무솔리니는 스위스로 달아났다. 하지만 탈출은 성공하지 못했고, 파르티잔에게 사로잡혀 총살당했으며, 그의 시체는 밀라노 로레토 광장의 주유소 지붕에 거꾸로 매달려 돌팔매질을 당하면서 구경거리가 되었다. 아이러니하게도 그 주유소는 이제까지 살해당한 파르티잔들의 시체를 매달던 장소였다. 넘치는 열정으로 노동자와 파업을 때려잡고 공산주의자를 비롯한 자신의 반대파들을 탄압했으며, 로마의 영광을 되살리고자 전쟁에까지 뛰어들었던 위대한 총리는 마침내는 이렇게 가장 천대받는 범죄자의 수준으로까지 굴러 떨어졌다.

하지만 무솔리니가 전쟁을 일으켰다는 이유만으로 국민들의 미움을 산 것은 아니었다. 똑같이 전쟁을 초래하고, 비명에 암살당한 것으로는 미국 대통령 링컨도 마찬가지이다. 어떻게 링컨과 무솔리니를 비교하겠느냐 생각할 수도 있겠지만, 두 사람은 너무나도 다르기 때문에 오히려 대비할 만하다.

링컨은 1865년 4월, 워싱턴의 포드 극장에서 연극을 보던 중 저격당했다. 당연하지만 미국 국민들이 모두 링컨을 좋아하지는 않았다. 특히 전쟁을 일으켰다가 패배한 남부 사람들은 그를 굉장히 싫어했을 것이다. 실제로 암살범 존 윌크스 부스는 링컨을 쏜 뒤 무대로 뛰어내리며 이렇게 외쳤다.

"폭군은 언제나 이렇게 된다(Sic semper tyrannis)."

곧 폭군은 그를 반대하는 사람들에 의해 살해당한다고 외친 것이다. 왜 이런 말을 했을까? 암살자가 원래 배우였던 탓도 있겠고, 이로써 자

신이 영웅이 되고 큰 호응을 받으리라는 생각도 있었으리라. 하지만 미국 국민들은 웬 '듣보잡' 때문에 자신들의 대통령을 잃은 것을 슬퍼했으며, 노예제를 찬성했던 남부에서조차 부스를 미치광이 취급했다.

한편 무솔리니는 처음에는 이탈리아 사람들의 열광적인 지지를 받았다. 노동 운동을 불허하는 한편, 사회불안을 야기하는 공산주의자들을 탄압했으니 말이다. 자본가들은 물론 국민들은 거듭되는 정치적 혼란에 염증을 내고 무솔리니의 파시스트 정책을 지지했다. 하지만 결국 국민들은 그의 시체에 욕설을 퍼부으며 돌을 던졌다.

이렇게 다른 죽음만큼이나 두 사람이 걸었던 생전의 행로 역시 달랐다. 링컨은 노예 해방의 아버지답게, 투표권도 없으며 대부분이 빈곤했던 흑인 노예들의 지위를 법적으로 인정했다. 반대로 무솔리니는 자산가들과 지주들을 위한 정책을 추진하며 인기를 누렸다. 물론 링컨이 가난한 이들의 편을 들었기에 좋은 대통령이고, 무솔리니는 권력 있는 이들에게 아부했기 때문에 나쁜 지도자라는 일반화는 어려울 수도 있지만, 충분히 생각해 볼 만한 문제이다. 그들이 살아 있었을 때도 그렇거니와 죽은 이후의 평가가 달라지는 데는 분명하게 기여했으니까.

흔히 독재자의 성경이라는 오명을 듣기도 하는 마키아벨리의 《군주론》에는 이런 말이 있다. '군주에게 가장 튼튼한 요새는 국민들의 지지와 사랑'이라고. 그래서 사랑받는 지도자는 비록 외적의 침입으로 패배할지언정 민중의 지지를 받아 다시 살아날 수 있다고 주장했다. 그와 똑같이 무자비한 통치론을 주장했다는 편견을 받고 있는 한비자조차 못난 왕은 자신의 힘만 쓰지만 뛰어난 왕은 백성들의 지혜를 활용하고, 만약 백성들의 신망을 잃으면 나라가 혼란스러워질 것이라고

경고했다.

이런 것들이 옛날 구닥다리 말이라곤 해도, 많은 사람들이 꾸준하게 외쳐왔다. 이런 주장에는 그럴 만한 이유가 있을 것이다. 아무리 시간이 흐르고, 상황이 바뀌어도 변하지 않는 가치라는 게 있으니까. 예전이나 지금이나 왕은 그저 다스리고 명령만 내리는 사람이 아니었다. 백성들이 섬기는 것은 자신들을 먹여 주거나 자신들을 위해 울어 주는 왕이다. 만약 백성들이 원하는 최소한의 덕목을 지켜내지 못한다면, 백성들은 실망하고 그것을 넘어 왕을 증오하게 된다. 왕이 희망을 주지 못하여 백성들에게 절망만이 남았을 때, 그의 지도력은 사라지기 마련이다. 그리고 더는 '우리의 왕'이 아닌 철천지 원수가 된다.

잠깐 처음의 이야기로 돌아가 보자. 어쩌면 부여의 왕이나 네미의 사제는 종교적인, 원시적인 이유로 목이 달아난 것일 수도 있다. 허나 어쩌면 굉장히 본질적인 사실을 전제로 하고 있다. 왕은 자신을 섬기는 사람 없이는 존재할 수 없지만, 백성들은 지금의 왕이 아니더라도 충분히 살아갈 수 있다는 것이다. 그리고 백성들은 순진하고 고분고분하기만 한 양떼들이 절대로 아니었다.

다음 장에서는 역사상, 그중에서도 우리나라 역사 속에서 신세를 망친 왕들의 이야기를 모았다. 그들은 전부 다른 상황에서, 다른 인물들과 함께 통치를 펼치다가 무너져 갔다. 다른 점도 많지만 공통점도 있고 그와 동시에 어딘지 조금씩 그림자가 겹친다. 아마 그것이 패망의 원인일 것이며, 훗날의 위정자들이 배우면 굉장히 쓸 만한 역사의 교훈일 것이다.

2

역사 속의 멸망한 왕들

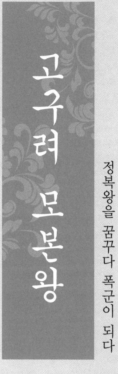

고구려 모본왕

정복왕을 꿈꾸다 폭군이 되다

다음해인 모본왕 4년, 모본왕은 폭군으로서의 면모를 완연히 드러낸다. 앉을 때 의자 대신 사람을 깔고 앉았고, 누울 때는 사람을 베개로 삼았다. 이에 그치지 않고 모본왕은 '깔개'가 움직이면 용서하지 않고 죽였다.

年　　代　　表

대무신왕

즉위년(서기 18)	대무신왕 15세의 나이로 즉위.
2년	백제 백성 1천여 호(戶) 고구려로 투항해 옴.
4년	부여 정벌 시작.
5년	대소왕을 살해했으나 군량이 떨어지고 수세에 몰려 후퇴.
	부여 왕의 사촌동생, 1만여 명을 거느리고 고구려에 투항.
9년	개마국 정벌, 구다국 병합.
10년	을두지를 좌보, 송옥구를 우보로 삼다.
11년	한나라의 요동 태수가 공격, 수도 국내성 포위당함. 꾀로 물리침.
13년	매구곡(買溝谷) 사람 상수, 위수, 우도 항복해 옴.
15년(서기 32)	3월, 동명왕의 옛 신하였던 구도, 일구, 분구를 쫓아내 서인(庶人)으로 삼다.
	11월, 차비의 아들 호동 왕자, 원비의 모함을 받고 자살.
	12월, 해우(모본왕)를 태자로 삼음.
20년	낙랑 멸망.
27년	후한 광무제, 군대를 파견하여 낙랑 수복.
	10월, 대무신왕 사망. 대무신왕의 동생 해색주, 민중왕으로 즉위.

민중왕

4년	잠지락부(蠶支落部)의 대가(大家) 대승(戴升) 및 1만여 가가 한나라에 투항.
5년(서기 48)	민중왕 사망. 모본왕 즉위.

모본왕

1년	홍수로 산이 무너짐. 왕자 익(翊)을 태자로 삼음.
2년	한나라(요동 태수)와 화친. 4월, 서리와 우박이 내림.
4년	왕이 포악해져서 사람을 깔거나 베고 누웠다고 함.
6년	11월, 모본 사람 두로(杜魯)에게 살해당함.
	태조대왕 혹은 국대왕이 즉위(많은 이론이 있다).

대무신왕의 아들이자
호동 왕자의 동생

　모본왕이라고 하면 왠지 낯선 이름이다. 대무신왕의 아들이라고 하면 이 역시 생소하겠지만 호동 왕자의 동생이라고 하면, 그제야 '아하' 하고 무릎을 치지 않을까. 모본왕은 대무신왕의 둘째 아들, 호동 왕자의 배다른 동생이다. 미리 말해두는데 이 글을 읽는 독자 중에 호동 왕자와 낙랑 공주의 팬이 있다면 기뻐해도 된다. 모본왕 해우는 어머니 덕분에 간신히 왕위에 오르긴 했지만 고구려 최초로 쫓겨난 못난이 왕이 되었으니까.

　고구려의 긴 역사 중 자리에서 쫓겨난 임금은 모본왕 말고도 존재했다. 그러나 모본왕은 잘난 아버지, 삼촌, 형 중에서 누구와도 닮지 않았기 때문에 유독 그 잘못이 도드라져 보인다. 특히 그의 통치를 기점으로 고구려는 수십 년 가까이 지독한 혼란에 시달렸으며, 어쩌면 한 번 망하기까지 했다. 모본왕이 대체 얼마나 무능했기에 자기 목숨도 못 챙기고 나라마저 말아먹을 수 있었던 걸까.

하지만 모본왕의 행적을 기록한 유일한 사료인《삼국사기》의 기록은 간단하다는 수준을 넘어 부실하기까지 하다. 학계의 연구 자료나 중국의 사료를 최대한 끌어 모은다고 해도 한계가 있다. 때문에 모본왕의 시대를 보는 데는 많은 부분을 상상에 맡겨야 할지도 모른다.

모본왕뿐만이 아니라 고구려 초기 역사는 두터운 베일에 가려져 있고, 그래서 그만큼이나 복잡하고 다양한 학설이 제기되고 있다. 그중에는 고구려 초기 왕들의 목록이 모두 조작되었다고 보는 주장마저 있다. 그럼 모두 꾸며낸 이야기인 걸까? 설령 그렇다 해도 고구려에는 모본왕이라는, 혹은 그의 모델이 되었던 굉장히 어리석은 정책을 거듭한 나머지 나라를 멸망 직전으로까지 몰고 간 사람이 있었던 것만은 분명한 사실인 것 같다.

모본왕이 다스리기 전의 고구려는 어떤 나라였을까? 우선 우리가 잘 아는 이야기부터 시작하자. 호동 왕자와 낙랑 공주 이야기이다. 모본왕의 아버지, 고구려의 3대 왕인 대무신왕은 부여 출신 차비(次妃)와의 사이에서 난 아들을 유난히 귀여워했고, 그래서 이름까지 호동(好童)이라고 지었다.

장성한 호동은 낙랑을 정벌하는 등 혁혁한 공을 세웠다. 그러자 초조해진 원비(元妃)는 자신의 아들을 왕으로 만들기 위해 호동을 모함했다. 대무신왕이 원비의 뜻을 간파하자, 오히려 자신이 벌을 받을까 두려워진 원비는 무려 아들뻘인 호동이 자신에게 음탕한 마음을 품었다고 모함했다. 테세우스와 파이드라의 이야기가 떠오르지만▪, 원비

가 소망하던 것은 호동의 사랑이 아니라 다음 왕의 자리였다. 마침내 원비의 필사적인 변명이 먹혀들어 갔고, 대무신왕은 자신의 아들을 의심하고 밉보게 되었다. 그 결과는 우리 모두가 아는 대로이다.

대무신왕 15년 11월, 호동 왕자는 스스로 목숨을 끊었다. 자기의 무죄를 변명하면 어머니의 사악함이 드러나 아버지가 근심하게 되니, 그런 불효를 끼칠 수 없다는 궤변을 늘어놓으면서. 호동 왕자는 자식이 부모보다 먼저 죽는 것도 불효라는 것은 미처 생각하지 못한 모양이다. 과연 호동 왕자가 낙랑 공주와의 이루어지지 못할 사랑에 괴로워한 고구려의 로미오인지 아니면 단순한 혼인빙자 사기꾼인지는 알 수 없지만, 고생은 고생대로 하고 죽었으니 참으로 박복한 인생이었다.

그리고 이 일은 대무신왕 개인에게도 비극이거니와 고구려에게도 비극이었다. '사랑했던' 아들 호동이 죽고 나서 한 달 뒤인 12월, 대무신왕은 원자(元子) 해우를 태자로 삼았다. 바로 호동 왕자를 모함했던 원비의 아들이자 훗날의 모본왕이었다.

그로부터 7년 뒤인 서기 44년 10월, 대무신왕은 세상을 떠났다. 왕이 된 지 27년 만의 일이었다. 11세에 태자가 되고, 15세에 왕이 되었으며, 즉위기간 내내 한나라와 전쟁을 벌이고, 부여와 싸웠으며, 낙랑을 멸망시켰다. 때로 이기기도 했지만 또 때로는 크게 지고 위기에 몰리기도 했다. 어쩌면 그는 고구려의 임금 중에서 신화 속 전쟁영웅의 색채를 가장 강하게 지닌 마지막 인물이었다.

■ 그리스 로마 신화에서 영웅 테세우스의 아내 파이드라는 전처의 자식인 히폴리토스를 짝사랑하게 된다. 그러나 히폴리토스는 파이드라의 구애를 거절했고, 여기에 앙심을 품은 파이드라는 남편 테세우스에게 히폴리토스가 자신을 강제로 범하려 했다는 유서를 남기고 자살했다. 테세우스는 아내의 말을 곧이곧대로 믿고 아들을 저주했으며, 히폴리토스는 바다의 신이 보낸 바다괴물에게 죽임을 당했다.

모본왕의 어릴 때 이름은 해우(解憂), 혹은 해애루(解愛婁)라고 했다. 옛날 사람들의 이름은 당시의 발음을 한자로 받아 적다 보니 이름이 여러 개로 남곤 한다. 그가 태어난 연도는 분명하지 않지만, 여러 정황을 미루어보건대 모본왕은 이복형제인 호동보다도 나이가 많이 어렸던 것 같다. 차비의 소생이었지만, 낙랑국 정벌이라는 뛰어난 전공을 세우고, 아버지의 총애까지 받았던 호동과 비교가 안 될 정도로 말이다. 결국 해우는 어머니의 살신성악(殺身成惡) 덕분에 가장 강력한 경쟁자였던 형을 제거하고 유일한 후계자가 되었다. 하지만 대무신왕이 승하한 뒤 바로 왕이 되지는 못했다. 나이가 너무 어렸으므로 국인(國人)들은 삼촌인 민중왕을 추대해서 왕으로 삼았기 때문이다.《삼국사기》는 그렇게 말하고 있지만, 과연 어리기만 했던 게 문제였을까.

대무신왕이 승하했을 때, 해우는 이미 태자가 된 지 7년째였다. 그 후로 또다시 5년 뒤, 민중왕에 이어 왕이 된 모본왕은 왕이 된 지 1년 만에 자기 아들을 태자로 삼았다. 후계자로 삼을 아이가 있을 만큼 충분히 나이가 들었다는 소리다.

모본왕의 아버지인 대무신왕도 11세에 태자가 되었고 17세에 왕위에 올랐으며, 모본왕 바로 다음의 태조왕은 어린 나이에 즉위해서 태후가 섭정을 했다. 즉 모본왕의 나이가 어린 것이 문제였다면, 원비가 섭정을 하였을 것이다. 그렇다면 모본왕에게 심각한 문제가 있었던 것일까? 결국 어리다는 것은 몸이 아닌 모본왕의 정신이 아니었을까?

또 다른 가능성이 있기는 하다. 민중왕이 조카의 왕위를 빼앗았을 경우다.《삼국사기》에서는 민중왕이 국인, 곧 나라 사람들의 추대를 받아 왕이 되었다고 했는데 이들은 일반 백성이라기보다는 귀족층이

었을 가능성이 높다. 어쩔 수 없이 민중왕이 즉위했던 것일 수도 있다. 당시의 고구려는 작고 약한 나라였고, 몇 번이나 위기에 몰렸다. 이런 어려운 때에 어린 임금이 즉위한다면 나라가 존속하기 어려울 수도 있다.

민중왕의 즉위는 고구려가 존속하기 위한 '선택'이었을 수도 있다. 아직 어린 왕의 아들보다는 나이와 경험이 많은 왕의 동생이 지도력을 발휘하고 위기에 대처하기가 쉽다. 게다가 그 왕의 동생이 야심을 가지고 있다면 즉위는 더욱 손쉬워진다. 하지만 민중왕이 다스린 5년간 그가 한 일이라곤 백성들을 먹여 살리거나, 자기 무덤자리를 잡거나 하는 일이었다. 매일같이 주변국과 전쟁을 벌이고 반대파 귀족들을 제거하는 등 정신없이 바빴던 대무신왕의 치세에 비해 너무도 얌전했던 것을 보면, 민중왕이 어린 조카에게서 왕위를 빼앗을 만큼 적극적인 사람일 것 같지도 않다.

결코 정상적이지 않은 왕위 계승이지만 갈등의 여지가 분명히 나타나지 않는다는 것은, 곧 대무신왕에서 민중왕으로의 계승이 매끄러웠다는 소리다. 또 민중왕은 5년 만에 천수를 다하고 조카에게 왕위를 '순순히' 물려줬다. 만약 민중왕에게 야심이 있었다면 모본왕은 살아남을 수 없었을 것이다. 다행히 삼촌이 인정이 많았든지 아니면 모본왕 자신에게 행운이 있었든지, 그는 조선 시대의 단종과 달리 무사히 다음 왕위를 이을 수 있었다.

서기 48년, 모본왕은 고구려 6대 왕이 되었다. 12년 전 어머니의 비원이 마침내 결실을 맺는 순간이었다.

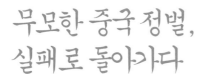

무모한 중국 정벌,
실패로 돌아가다

마침내 고구려의 왕이 된 모본왕은 굉장히 감개무량했을 것이다. 처음에는 형에게, 다음에는 삼촌에게 밀려 10년 넘게 찬밥 신세로 지내야 했다. 그러다가 드디어 자신에게 주어져야 할 정당한 권좌에 올랐고, '잃어버린 10년'의 수모를 만회하겠다는 의욕에 불탔을 것이다.

모본왕은 즉위한 첫해, 10월에 왕자 익(翊)을 왕태자로 삼았다. 태자로 삼을 만큼 장성한 아들이 있다는 것이고, 이후로도 자신의 후손이 계속 왕위를 이어나가게 하겠다는 뜻이다. 형 호동에게, 그리고 삼촌 민중왕에게 즉위 순서가 밀려날 뻔했던 모본왕으로서는 숙원의 사업이었을 것이다.

한편 그보다 두 달 앞선 8월에 어마어마한 홍수가 나서 20여 군데의 산이 무너지는 사건이 있긴 했지만, 이것이야 모본왕의 잘못은 아닐 것이다.

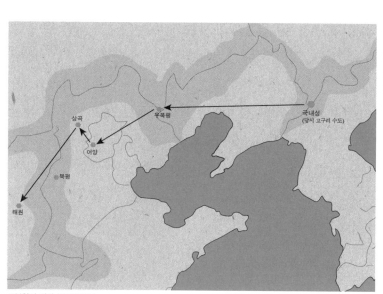

모본왕의 정벌 루트 추정도

하지만 모본왕의 진정한 실수는 이듬해부터 시작되었다. 모본왕 2년 봄(《후한서》에 따르면 정월), 후한을 상대로 대대적인 정벌을 시작했다. 한나라의 북평(北平), 어양(漁陽), 상곡(上谷), 태원(太原)을 공격했던 것이다. 여기는 지금의 어디일까?

북평은 《한서 지리지》를 보면 중산국 일대의 지명인데, 지금의 고양(高陽, 중국의 고양) 일대인 듯하다. 어양은 찾기 쉽다. 지금 북경 일대다. 어양군 서쪽 일대는 상곡군이었다. 태원은 그보다도 훨씬 남쪽으로, 지금 태원시 일대가 이전부터 태원군이라고 불렸다.

그런데 이런 지명들은 이곳저곳 흩어져 있을 뿐, 어떤 상관관계가 있는지 분명하지 않다. 이 점을 보완할 수 있는 게 《후한서》 〈광무제 본기〉 25년의 기록이다. 여기에서는 봄 정월에 요동의 맥인[遼東徼外 貊人]이 침략했다는[寇] 기사가 있다. 다른 지명은 다 같은데 여기에서는 북평을 우북평(右北平)이라고 적고 있다. 우북평은 지금의 요서 일대를 말하는 것으로, 아마 기존의 사서 사이에 혼동이 있었던 것 같다 (《삼국사기》는《후한서》보다 7세기 정도 나중에 쓰인 역사서이다).

만약 북평이 우북평이라면 모본왕의 침공 루트가 분명히 그려진다. 처음 모본왕의 군대는 요서 지역 일대를 침범했고, 우북평을 거쳐 계속 서쪽으로 진군해서 어양을 거쳐 상곡으로까지 전진했다. 여기에서 남쪽으로 꺾어 산과 장벽을 넘고 치수(治水)를 따라 내려가 마침내 태원에 도달한 것이다. 중국 영토 내로 대단히 깊이 들어간, 놀랄 만큼 대담하고 신속한 공격이다. '장수에게 명령을 내렸다' 라는 것을 보면 정벌부대는 별동 기마부대이지 않았을까? 유라시아 대륙 곳곳을 신속하게 공격했던 흉노, 칭기즈칸을 생각하면 고구려에게 기마대가 있을 가능성 역시 충분히 있다.

그렇다면 어째서 모본왕은 한나라(후한)를 공격했을까? 사서에는 중국 정벌의 이유가 기록되어 있지 않지만, 의도는 충분히 짐작된다. 모본왕의 아버지 대무신왕이 다스린 27년간은 주변국과의 끊임없는 전쟁과 정복으로 얼룩졌다. 낙랑을 비롯하여 부여와 개마국 등을 정벌하고 복속시키는 전공을 세웠다. 후한의 요동 태수가 반격하여 궁지에 몰린 적도 있긴 했지만, 대무신왕은 고구려 역사상 길이 남을 강력한 정복자였다.

그리고 그의 형인 호동 왕자 역시 낙랑국을 멸망시키는 혁혁한 경력이 있었다. 그런데 모본왕은? 없다. 아무것도 없다. 모본왕이 일찍이 출중한 재능을 가지고 전공을 세웠더라면 어머니인 원비가 몸을 던져 호동을 모함할 필요도 없었다. 결국 호동은 죽고 모본왕이 태자가 되

었지만, 이것으로 완전한 승자가 된 것은 아니었다. 고구려 사람들은 여전히 능력이 출중했던 호동을 기억하고 있었고, 모본왕의 못난 구석들을 발견할 때마다 죽은 호동을 그리워했을 것이다. 마찬가지로 위대했던 대무신왕 역시 그리움의 대상이었으리라.

결국 살아 있는 모본왕이 죽은 아버지와 형을 상대로 경쟁하게 된 꼴이다. 그래서 모본왕은 자신이 그들보다 뛰어나다는 것을 어떻게든 입증하고 싶었을 것이고, 그들과 같은, 아니 이를 뛰어넘는 정복자가 되고 싶어 했던 것이리라.

그리고 정벌이 실행되기까지 또 하나의 원인을 제공한 인물이 있었으니, 바로 삼촌인 민중왕이었다. 민중왕의 치세는 대무신왕이 확장한 영토를 수습하느라 정신없는 시기였다. 정벌은 땅에 깃발 하나 꽂는 것으로 끝나는 게 아니라, 새로운 영토에 관리를 파견하고 행정기관을 설치하는 등의 제반 작업이 시행되어야 진정한 정벌이랄 수 있다. 민중왕의 시기가 조용해 보이는 것은 바로 이런 뒷수습 때문일 것이다. 갑자기 덩치가 불어난 고구려의 분열을 막고, 대무신왕의 업적을 잘 보존했다는 것만으로도 민중왕은 그가 할 일을 다 해냈다고 해도 과언이 아니다.

하지만 모본왕은 이런 민중왕의 조용함을 견딜 수 없었던 것 같다. 즉위한 지 고작 2년 만에 이렇게 큰 정벌을 시행했던 것을 보면, 모본왕은 그동안 굉장히 정벌을 하고 싶어 안달이 나 있었으리라. 모본왕의 계획은 하루빨리 중국을 크게 정벌하고 역사에 위대한 이름을 남기는 것이었겠지만, 현실은 언제나 시궁창인 법이다.

정벌의 결과는 신통하지 않았다. 《삼국사기》는 모본왕의 정벌기사

끝에 '요동 태수 제융(祭肜)이 은혜와 신뢰로 대하였으므로[以恩信待 之] 다시 화친하였다'라고 적고 있다. 공격해 온 정복자를 은혜와 신뢰 로 대접했다니 어이가 없는 말이지만, 이 속에 숨겨진 의미를 짚어낼 수는 있다. 보통 싸움에서 상대를 봐 주는 것은 진 쪽이 아니라 이긴 쪽이니, 결국 요동 태수가 모본왕을 너그럽게 봐 줬다는 것이다.

솔직히 질 수밖에 없는 싸움이었다. 모본왕의 군대는 깊숙한 안쪽까 지 공격해 들어갔다. 너무 지나치게 깊숙이. 지도를 봐도 모본왕이 공 격한 지역은 띄엄띄엄 흩어져 있는데다가 동선이 너무 길다. 효율적 인 정벌이 아니었다는 말이다.

그로부터 수십 년 뒤, 고구려의 국상(재상)이었던 명림답부는 후한 의 현도군 태수(실제론 요동 태수) 경림(耿臨)이 쳐들어오자 "천 리 밖에 서 군량을 싣고 왔으니 오래 버티지 못할 것"이라고 예측한 적이 있었 다. 이 말은 모본왕의 중국 원정에도 그대로 적용할 수 있다. 너무 긴 정복 루트, 꼬여 있는 보급로, 오랜 정벌 기간과 고구려인들에게는 낯 선 외국의 땅이었다는 것, 그리고 즉위한 지 고작 2년밖에 안 되었던 모본왕의 여러 요건들을 생각하면 불리함을 넘어서 무모하기까지 한 정벌이었다.

더군다나 당시 요동 태수였던 제융(《삼국사기》 원문에서는 채융(蔡肜) 이라고 되어 있다)은 그 시대의 명장이었다. 그는 정로장군(征虜將軍) 제 준(祭遵)의 사촌 동생이었는데, 과거 선비족의 침범을 막아냈던 역전 의 용사였다. 또 당시의 중국은 광무제 말년으로, 내부의 혼란은 안정 되고 흉노나 선비들이 꾸벅 고개 숙일 만큼 전성기를 누리고 있었다. 이래서야 모본왕이 제대로 된 정벌 계획을 세웠다고 해도, 성공할 가

능성이 극히 낮다.

설상가상으로 고구려 내부의 사정도 나빴다. 그해 3월에는 폭풍이 불어 나무가 뽑혔고, 4월에는 이상기후로 서리와 우박이 내렸다. 당연히 농사는 엉망진창이 되었고, 8월에는 나라 안의 굶주린 백성들을 진휼해야 했다. 이런 사정인데 외부 정벌 내지 전쟁을 계속 진행할 수 있을 리 없다. 결정적으로 중국의 역사서《후한서》에서는 모본왕의 정벌 기록을 이렇게 마무리 지었다.

요동 태수 제융이 그들을 항복하게 했다[遼東太守祭肜招降之].

모본왕의 정벌 실패를 확인할 수 있는 결정적인 증거는 그 이후 벌어진 폭정이다. 그는 너무나도 완벽하게 잘못된 공격적인 투자로 가산을 날린 뒤 만만한 가족들에게 스트레스를 푸는 못난 가장의 모습을 보이기 시작했다.

사람 의자와 사람 베개

무모했던 중국 정벌이 실패로 돌아간 이후 모본왕은 그의 치세 중 다시는 군사를 일으키지 않았다. 정복왕의 꿈은 어디로 간 걸까? 한 번에 너무 많은 국력을 소모한 탓이리라. 어쩌면 고구려의 재정은 이전부터 심각하게 악화되었을 수도 있다. 삼촌 민중왕은 자신의 무덤을 새로 만들지 말고 동굴을 활용하게 했는데, 근검절약해서가 아니라 그만큼 고구려가 넉넉하지 않았던 것인지도 모른다. 특히 정벌이라는 국책사업을 벌이기엔 무리일 만큼. 그런데 모본왕은 정벌을 했고, 별다른 성과 없이 실패했다. 그 결과 고구려의 나라 살림은 급격히 쪼들렸을 것이고, 모본왕의 지지율이 크게 떨어졌을 게 뻔했다. 정벌에서도, 외교에서도 실패했고, 그 타격은 고스란히 국내로 돌아왔을 테니 말이다. 모본왕은 자신을 향한 비난과 원망에 어떻게 대처했을까?

《삼국사기》에는 모본왕 3년의 기록이 없다. 그해의 기록이 아예 없

는 것이다. 하지만 추측컨대 전해에 있었던 패전의 뒷수습에 여념이 없었을 것이다. 그리고 다음해인 모본왕 4년, 모본왕은 폭군으로서의 면모를 완연히 드러낸다. 앉을 때 의자 대신 사람을 깔고 앉았고, 누울 때는 사람을 베개로 삼았다. 이에 그치지 않고 모본왕은 '깔개' 가 움직이면 용서하지 않고 죽였다.

이런 비상식적인 일을 보다 못해 간언한 용감한 사람들도 몇몇 있었다. 그러자 모본왕은 그들을 활로 쏘아 죽였다. 《삼국사기》는 그 처참한 광경을 자세하게 적지 않았지만, 아마 모본왕이 다스리는 동안 고구려의 궁궐에서는 피비린내가 그칠 날이 없었을 것이다.

왜 이런 뜬금없는 일을 했을까? 중국 정벌의 실패로 모본왕은 크게 위축되었으리라. 나라의 손해도 손해였지만, 가장 큰 문제는 자존심이 짓밟혔다는 데 있었다. 아버지와 형을 뛰어넘기는커녕, 오히려 옛날만 못하다는 소리가 나오게 만든 것이다. 그야 모본왕의 실수 탓이었지만, 그는 자기반성을 할 만큼 성숙한 인간이 아니었다.

모본왕은 위대한 왕이 되고 싶어 했다. 그런데 현실의 벽이 막아서자 '스스로' 위대한 왕이 되려고 했던 것 같다. 마음만 먹으면 아무나 죽일 수 있고 어떻게든 부려먹을 수 있는 절대적인 권력자로서.

그리하여 사람 의자와 베개들은 왕의 변덕대로 죽었을 것이다. 이런 일이 계속되자 살아남은 신하들은 겁에 질려 벌벌 떨었을 것이고, 모본왕은 그 모습을 보며 자신이 정말로 '위대한' 왕이라도 된 양 쾌감을 느꼈을 것이다. 이렇게 사람의 목숨으로 장난치는 질 나쁜 놀이는 적어도 모본왕 4년에서부터 6년까지 2년 남짓 계속되었다.

모본왕은 끝내 자신의 열등감을 극복하지 못했다. 위대했던 아버지,

그리고 죽은 형. 형이 자살을 한 덕에 자신에게 왕 자리가 굴러 떨어졌지만, 끊임없이 비교와 뒷말을 들었을 것이다. 이때 모본왕이 쿨하게 아버지는 아버지고 형은 형이고 나는 나다, 나는 내 멋대로 살겠다고 선을 그었다면 자신은 물론 고구려에게도 좋은 일이었을 것이다. 하지만 모본왕은 그러지 못했고, 아버지, 형과 똑같이 정벌로 성공해서 그들을 능가하려고 했다.

꿈을 꾸는 것은 나쁘지 않다. 이상이란 설령 실현에 실패한다고 해도 그걸 위해 노력하는 과정만으로도 가치가 있으니까. 하지만 모본왕은 이상 실현과 그 과정 모두에서 실패했다. 여기까지는 그의 운이 나빴고, 시대를 억세게 잘못 타고 난 탓이라고 동정할 수도 있다. 하지만 모본왕은 실패를 통해 가르침을 얻는 대신 어린애처럼 떼를 쓰거나 화풀이를 했다. 그것도 만만하고 힘없는 자신의 백성들에게.

이렇게 되면 그냥 운의 문제가 아니라 사람이 덜 된 거다. 정작 모본왕은 사람 의자와 베개를 쓰면서 마침내 그 자신이 바라마지 않았던 세상이 되었다고 생각했을지도 모르겠다. 자신은 고구려의 왕이었다. 이제 누구도 그를 아버지와 비교하지 않았고, 누구도 그에게 반대하지 않았다. 신하들은 자신의 표정 하나, 말 한마디에 겁을 집어먹고 비위를 맞추려 애쓴다. 하지만 이것은 자기기만이었다. 나라 밖에서는 호구가 된 주제에 나라 안의 신민(臣民)들에게 행패를 부린 모본왕은 용서의 여지가 없는 못난이 폭군이었다.

물론 모본왕 당사자는 위대한 아버지의 아들로 태어난 게 얼마나 부담스러운지 아느냐고 볼멘소리를 할지도 모르지만, 평범한 인간의 입장에서 보면 배부른 변명이다. 세상일이 자기 마음대로 안 된다고 해

서 떼를 쓰고 악을 쓰는 법밖에 모르는 어른이라면, 그것도 왕이 그런다면 민폐가 어마어마하다. 민중왕이 조카 대신 즉위했던 이유가 여기에 있지 않았을까?

언제 죽을지 몰라 벌벌 떠는 사람 의자와 베개를 보고, 또 오늘은 누가 죽을까 싶어 겁에 질린 신하들을 바라보며, 모본왕은 자신이 왕으로서 위엄을 떨친다고 생각하며 즐거워했을 것이다. 그렇게 끔찍한 2년이 흘렀다.

겁쟁이가 왕을 실해하다

지렁이도 밟으면 꿈틀한다는 것은 세상의 진리이다. 아무리 잔인하게 짓밟는다고 해도 이 세상의 지렁이는 다 밟아 없앨 수 없을 만큼 많이 있다. 그리고 강하게 누를수록 더 큰 반발이 돌아오는 작용─반작용 법칙은 먼 훗날 뉴턴이 발견하기 전부터 동서고금의 진리였다. 그래서 모본왕 6년 11월, 왕은 시해되었다.

계기는 이랬다. 모본왕의 폭정이 계속되던 어느 날, 모본 사람이었던 두로는 왕을 곁에서 모시게 되었다. 말인즉슨 곧 베개와 의자가 된다는 소리였다. 조금이라도 움직이면 곧장 목이 날아갈 처지이니 두로는 자신이 오래 살아남지 못할 것이라 생각하고 겁이 나 눈물을 쏟았다. 같이 있던 어떤 사람(或)은 두로를 위로해 주기는커녕 오히려 꾸짖었다.

"대장부가 왜 우느냐? 옛 사람이 말하기를, 나를 어루만지면 임금이요, 나를 학대하면 원수로다. 지금 왕의 행함이 잔학하여 사람을 죽이니 백성의 원수다. 네가 그를 죽여라."

이 말에 두로가 어떤 대답을 했는지는 알 수 없다. 하지만 두로는 울음을 그치고, 대신 칼을 품 안에 넣은 채 모본왕에게 나아갔다. 여느 때처럼 모본왕은 두로를 끌어다 앉았다. 한마디로 의자로 썼단 말이다. 그러자 두로는 칼을 뽑아들고 모본왕을 찔러 죽였다. 그것이 마지막이었다.

'의자였던' 백성의 칼날에 죽어가면서 모본왕은 어떤 생각을 했을까? '감히 의자 주제에'라고 생각했을까? 아니면 평생 따라잡지 못했던 아버지를 생각했을까? 아쉽게도 그가 자신의 잘못을 깨달았을 가능성은 한없이 낮다. 만약 두로가 실패했더라도 그래서 모본왕이 살아남았을지라도, 왜 자신이 죽임당할 뻔했는지 몰랐을 것이다. 그럴 사람이었다면 처음부터 정벌의 실패를 깨끗하게 인정하고 다른 사람에게 화풀이하지도 않았을 것이다.

그는 모본원(慕本原)에 장사 치러졌고, 그래서 모본왕이 되었다. 고구려 왕 중 몇몇은 그가 묻힌 지역의 이름을 따서 시호가 붙여졌는데, 이를테면 민중왕은 민중원의 석굴에 묻혔기에 그런 이름이 붙었다. 모본왕은 모본 사람 손에 죽었고, 모본원에 묻혔다. 그렇다면 모본왕은 죽기 직전 모본 일대에서 머물렀거나, 아니면 그 지역과 어떤 사연이 있었을 것이다.

이후 두로의 운명은 알려져 있지 않다. 하지만 왕의 살해범이니 목

숨을 부지하는 행운은 기대할 수 없었을 것이다. 그 역시 살해당해 왕의 시체 위로 쓰러졌든가, 아니면 형장의 이슬이 되었을 것이다.

그러면 이제 정말로 궁금해지는 게 있다. 두로에게 왕을 죽이라고 말한 사람의 정체는 무엇일까? 국가 지도자의 살해를 통해 국가 전복을 도모한 불손한 배후 세력일까? 적어도 모본왕의 정치를 마음에 들어 하지 않은 사람이었던 것은 분명하며, 실제로 고구려의 귀족 세력이라고 추정하는 사람도 있다. 그렇다면 두로는 귀족의 사주를 받아 모본왕을 시해한 것일까?

하지만 《삼국사기》를 보아도 두로에게 충고한 사람이 누구인지에 대한 설명이 없다. 어쩌면 의미도 없다. 울보에다가 겁 많은 남자를 대번에 왕의 살해범으로 만든 것은 수수께끼의 배후 세력이 아니라 모본왕 자신이다. 그저 이래 죽으나 저래 죽으나 죽는 것은 똑같다고 절망하고 발악한 백성이었을 수도 있다.

'나에게 잘해 주면 나의 왕이지만, 나를 괴롭히면 원수'라는 말은 발상의 전환을 가져온다. 처음 두로는 겁에 질려 남들 보는 앞에서 울 정도로 마음 약한 사람이었지만, 이름 없는 사람의 한마디로 그의 행동은 우발적인 사고를 넘어 역사적인 가치를 가지게 되었다.

모본왕은 왕이지만 결국 한 사람의 인간이다. 왕은 혼자일 뿐이지만, 신하와 백성들은 여럿이다. 그럼에도 왕의 명령에 따르고, 부당한 명령을 내려도 여기에 복종한다. 인간이 아닌 의자나 베개로 취급받아가면서도 왜 가만히 있었는가? 왕이니까. 간언한다는 이유로 동료들이 살해당하는데도 왜 가만히 있었는가? 왕이니까.

하지만 그가 왕이 아니라면? 나를 함부로 대하고 나를 죽이는 사람,

그 역시도 나의 왕일까? 그렇게 생각한 순간 왕과 신하의 관계는 신기루처럼 사라진다. 그러면 왕의 의자 노릇을 하는 두로와 고구려의 임금인 모본왕은 그냥 똑같은 사람이 된다. 이제 두로에게 모본왕은 하늘처럼 높은 상전이 아니라 나를 괴롭히는 원수일 뿐이다.

"왕의 행함이 잔학하여 사람을 죽이니 백성의 원수다."

두로뿐만이 아니라 많은 사람들이 죽고 괴롭힘을 당했다. 이제 임금 모본왕은 화풀이 삼아 주변의 시종들을 죽이는 이상한 성격의 임금을 넘어서 백성들을 학대하는 원수가 되었다. 그러니 더 이상 왕의 자격이 없는 필부(匹夫)이다. 뼈와 살을 가진 사람이 석상이 될 수 없는데, 조금 움직였다고 해서 퍽퍽 죽이는 왕이 백성들과 신하들에게 좋은 왕일 리 없고, 좋은 정치를 펼 리 없다. 아마 모본왕은 사람들에게 움직이지 않는 의자나 베개가 되라고 요구한 것처럼, 턱도 없는 주장을 내세우고, 시행하고, 이것이 제대로 굴러가지 않으면 미친 듯이 화를 내고 마구 처벌했을 것이다.

그래서 두로는 목숨이 아까워 울던 겁쟁이에서 백성들을 위해 폭군을 처치한 자객이 되었다. ■ 모본왕은 더 이상 왕이 아니라 원수다. 두로는 죽을지도 모른다는 절망 속에 칼을 들었을지라도, 백성의 원수를 없앤다는 대의명분이 함께 했다. 만약 두로가 아니었더라도 다른 누

■ 대표적인 자객으로는 진 시황을 살해하여 연나라를 지키려 했던 형가가 있다. 이런 자객들은 질서를 어지럽히는 테러리스트에 불과할지도 모르지만, 의협의 실현자로서 사람들의 존경을 받았다. 그들을 높이 평가했던 사마천은 그들을 위한 열전을 따로 만들어서, 당대 유명한 정치가들과 이들을 동급에 두었다.

군가가 대신했을 것이다. 역사에서 벌어지는 돌발행동은 이미 충분한 공감대 위에서 벌어지곤 한다.

강력하게 억누르면 백성은 고분고분해진다. 아니, 그런 것처럼 보인다. 탄산음료를 흔들었다가 뚜껑을 따면 한꺼번에 쏟아져 나오듯이, 축적된 불만은 반항의 순간이 오면 한꺼번에 터져 나오고 누구도 통제할 수 없는 소란으로 이어진다. 그러나 많은 독재자들은 이 사실을 깨닫지 못하고 몰락을 자초하며, 모본왕은 그 대표적인 예였다.

중요한 사실은 모본왕이 죽은 다음이다. 폭군이 한순간 사라졌다. 다음은 어떻게 되었을까? 고구려의 7대 왕인 태조왕은 모본왕이 죽은 직후에 즉위했다고 되어 있다. 하지만 학계에는 '그렇지 않다'라고 보는 입장이 많이 있다.

해씨 고구려의 멸망

앞서 말했듯이 모본왕에게는 이미 태자로 삼았던 아들이 있었다. 아버지가 죽으면 아들이, 왕이 죽으면 태자가 왕위를 잇는 것이 당연한 순리이다. 하지만 모본왕의 아들은 왕이 되지 못했다. 《삼국사기》는 그 아들에게 '불초(不肖)하다'라는 짧은 설명을 덧붙이고 있을 뿐이다. 한마디로 모자라다는 소리인데, 어디가 어떻게 불초했던 걸까? 어쨌든 모본왕의 아들 대신 유리왕의 또 다른 아들이었던 재사(再思)의 아들, 그러니까 모본왕과 6촌 사이였던 궁(宮)이 왕위에 올랐으니, 그가 바로 고구려 7대 왕인 태조왕이다.

여기에서 좀 고개를 갸우뚱하게 되는 기록이 있다. 태조왕은 7세라는 어린 나이에 즉위했기는 했지만, 장장 93년간 고구려를 통치했고 119세로 죽었다. 그에 이어 즉위했던 태조왕의 동생 차대왕은 94세 때 살해당했고, 또 막냇동생인 신대왕 역시 91세까지 살았던 것으로 되어

있다. 이 세 왕의 통치기간이 대략 126년에 이르니, 단순계산으로도 신대왕은 아버지가 70세가 넘었을 때 가진 자식이 된다. 이 시기 고구려 사람의 수명이 비상식적이었던 걸까. 후대 광개토왕의 아들 장수왕이 오래 살아서 장수왕이라는 시호가 붙여졌으나, 97세로 죽었으니 태조왕에게는 명함도 못 내밀 지경이다. 당대 고구려에서 불로초가 대량으로 발견되었는지도 모르겠지만, 사람이 이렇게 오래 살 수는 없다. 9대 왕인 고국천왕 때부터는 비교적 상식적인 즉위기간과 수명이 나타나니, 결국 태조왕에서부터 신대왕까지 세 왕의 시대만이 어딘가 이상하다.

그래서 1890년대 일본학자들이 주장한 이래, 이때의 고구려에 수십 년간의 공백, 혹은 혼란이 있었다는 것이 학계에서 널리 받아들여지고 있다. 즉 모본왕이 살해당하고 나서 곧장 태조왕이 즉위한 게 아니라, 혼란이 몇 년, 혹은 수십 년 동안 계속되었다는 소리다. 그렇다면 태조왕이 즉위할 때까지 고구려의 왕위는 한참 비어 있었을 것이다. 혹은 모본왕과 태조왕 사이에서 몇 대의 왕이 누락되었다는 주장도 있다. 북한은 모본왕과 태조왕 사이에 누락된 5명의 고구려 왕을 (대체 무엇을 근거로 했는지는 알 수 없으나) 복원하기도 했다.

그래서 태조왕은 모본왕과 친척이 아니라 생판 남이라는 주장도 있다. 그 증거로 내세우는 것이 바로 성씨이다. 유리왕, 대무신왕, 그리고 민중왕에서 모본왕까지는 해씨 임금이었지만, 태조왕 이후로는 고씨가 임금이 되었다. 흔히 고구려 왕의 성씨를 고씨라고 알고 있는데, 이는 바로 태조왕부터 시작된 것이다. 만약 태조왕이 정말로 유리왕의 손자였다면 성이 고씨일 리 없으니, 두 사람이 아예 남남이었으리

라는 것이다. 그렇다면 태조왕은 동명성왕의 후손이 아니라는 것이고, 모본왕 때 고구려는 완전히 한 번은 단절된 것이다.

그런데도 태조왕 이후로도 고구려는 여전히 동명성왕을 자신들의 시조로 여기고 제사를 지냈다. 태조왕도 유리왕의 손자로서 자리매김했다. 왜 그랬을까? 여전히 고구려였기 때문일 것이다. 동명성왕이 나라를 세우고, 대무신왕이 나라의 기반을 닦았다. 그들과 함께 나라 건설에 동참했던 계루부는 여전히 건재했다. 그 계루부의 고씨가 왕위를 계승했던 것이다. 또 다른 주장으로는 대무신왕이 왕가의 특권을 강화하기 위해 자신의 직계 가족에게만 해씨를 내렸다고 보기도 한다. 어느 쪽이든 대무신왕의, 동명성왕의 혈족이 아니더라도 고구려의 유산을 물려받는 데 문제가 없었다는 말이다.

만약 정말로 모본왕과 태조왕 사이에 공백기가 존재했다면, 그렇다면 모본왕의 암살에서 어떤 정치적인 음모를 찾아낼 필요는 없을 것이다. 두로에게 암살을 권했던 사람이 당시의 불평분자였을 수도 있지만, 제대로 된 모반 세력이 있었다면 새로운 왕이 신속하게 즉위했을 것이다. 하지만 그렇지 않았기에 모본왕의 암살은 오히려 폭정을 견디지 못한 신하의 우발적인 사고로 볼 수 있다.

혹시 이런 반론이 있을지도 모르겠다. 모본왕을 제거한 뒤에 있었던 지독한 혼란을 생각한다면, 꼭 암살이라는 비정상적인 방법을 써서 그를 제거해야만 했느냐고. 제대로 된 대안 없이 무작정 왕을 죽이는 사고를 쳤으니 더 많은 폐해가 생긴 게 아니겠느냐고.

하지만 백성을 의자로 삼고 함부로 죽이는 왕이 이루는 평화라는 것이 얼마나 가치 있을까? 물론 모본왕의 시대에도 왕의 폭정과 상관없

이 살아가는 사람이 있었을 것이다. 이 세상 어떤 성군의 시대에도, 어떤 폭군의 시대에도 살 사람들은 잘 살았던 것처럼. 하지만 괴로운 지경의 사람들이 더는 견딜 수 없게 되었기에 칼을 들고 일어섰다. 그 시대에 잘 살았던 사람들은 다른 이들이 죽어가는 현실을 비겁하게 외면했기에, 왕은 암살당했고 시대의 혼란이 찾아든 것이다.

대안도 없이 모본왕을 살해했던 두로에게 얼마나 책임이 있을까? 하지만 문제가 될 건 없었다. 왜냐하면 대안이란 얼마든지 만들어지기 때문이다. 모본왕 사후의 대안은 바로 태조왕이었다.

태조왕은 모본왕과 어디가 달랐는지 간단하게 정리해 보자. 즉위한 후 태조왕이 가장 먼저 한 일은 국경 지역인 요서에 성벽을 쌓은 일이었다. 당연히 후한의 공격을 막기 위한 것으로, 무작정 쳐들어간 '어떤 왕'과는 대조되는 대목이다.

그 다음으로는 동옥저를 정벌하고, 남쪽으로 살수까지 영토를 확장했다. 그러면서 갈사국, 조나국(藻那), 주나(朱那) 등을 정벌했다. 생소한 이름들이지만 이 모두가 나라였다. 당시 고구려 주변에는 백제나 신라 외에 작은 군소 국가들이 널리 흩어져 있었고, 태조왕은 중국을 직접 목표로 삼기보다는 주변 정리부터 차근차근해 나간 것이다.

바로 이런 점이 모본왕과의 차이였다. 하루 빨리 아버지와 형을 능가하는 정복자가 되고자 했던 모본왕의 욕심은 당대 가장 강한 나라였던 후한을 상대로 전쟁을 벌이는 만용이 되었다. 하룻강아지가 범을 잡겠다고 나선 셈이었다.

하지만 태조왕은 후한과 전쟁을 벌이면서 현도, 요동을 신중하게 공격하고, 엎치락뒤치락 이겼다 졌다를 반복하면서 팽팽한 긴장상태를

유지했다. 그리고 태조왕은 결코 혼자서 싸우지 않았다. 예맥, 숙신, 선비, 마한 등 여러 주변 세력들과 함께 연합하여 한나라 대항 전선을 마련했으니 전쟁의 효율이 높아지는 건 당연한 일이 아닌가.

더군다나 태조왕은 모본왕의 죽음을 통해 얻은 교훈을 소홀히 하지 않았다. 태조왕은 전쟁을 벌이면서도, 백성의 구휼에 힘을 기울였고 나라의 제도를 정리했다. 그런 점에서 태조라는 이름도 그렇고 그의 또 다른 이름인 국조왕(國祖王), 곧 나라의 선조라는 왕명이 참으로 어울렸다. 비록 말년은 동생 차대왕에게 왕위를 찬탈당하는 등 환란을 겪긴 했지만, 그의 업적을 토대로 고구려는 동북아시아의 패자로 발전할 수 있었다. 고구려라는 나라를 동명성왕이 처음 세웠다고 하나, 나라로서의 뼈대와 기틀을 마련한 것은 바로 태조왕이었다. 그리고 무엇보다도 모본왕이 죽은 덕분에 사람들은 더 이상 의자가 되거나 허무하게 살해당하지 않아도 되었다. 7세의 태조왕이 즉위 후 오랫동안 만들어낸 모본왕 이후의 세상이었다.

《삼국사기》에 그려진 모본왕은 진정으로 폭군이었다. 모본왕을 막거나 그에게 충고할 사람은 없었던 것일까? 없었기 때문에 그런 지경이 되었을 것이다. 만약 고구려가 충분한 정부 조직을 갖추고 왕이 잘못된 정책을 펼치더라도 견제할 수 있을 만한 시스템을 갖추고 있었다면, 모본왕의 실패는 이렇게까지 커지지 않았을 것이다.

아버지 대무신왕이 강화한 왕권이 오히려 독이 되었다. 앞서 대무신왕은 귀족 세력들을 하나하나 굴복시켜 가면서 왕의 독보적인 위치를 마련했다. 동명성왕을 모시는 제사를 지내기 시작한 것도 그였다. 이

로써 고구려는 원시의 틀을 벗고 조직화된 국가의 길을 걷게 됐다. 하지만 강력한 힘은 어리석은 왕의 손에 들어갔을 때 나라를 망치는 칼날이 되었다.

이 모든 사태가 모본왕 한 사람만의 탓이었을까? 당시 모본왕의 폭주가 잘못되었다고 생각한 고구려인은 단 한 명도 없었던 것일까? 두로처럼 힘없는 백성이라면 왕의 권력과 힘이 무서워서 입을 다물어도 하는 수 없다. 하지만 귀족과 관리들은 다르다. 그들은 왕의 폭정을 막을 수 있었음에도, 그럴 힘이 있었음에도 그렇게 하지 않았다. 왕이 간언하는 사람을 활로 쏘아 죽였다 한들 화살의 숫자에는 한계가 있다. 애초에 모본왕의 무모한 중국 정벌부터 막아야 했다.

하지만 누구도 그렇게 하지 않았고, 모본왕은 미쳐 날뛰었으며, 왕의 암살 이후 지독한 혼란이 있었다. 고구려의 귀족들은 자신의 생명과 권력을 지키길 원했고, 그래서 왕이 주장한 무리한 정책에 동조하고 죽어가는 백성들을 외면했다.

노블레스 오블리주, 사회 고위층이 더 많은 책임을 지는 것을 두고 흔히 선진국의 징표인 것처럼 말하지만, 사실 이는 책임이 아니라 생존의 전략이며 사회 유지를 위한 것이다. 계급 피라미드의 가장 아래에 있는 이들이 삶을 유지할 수 없게 된다면, 또 실력과 의욕을 가진 중산층이 위로 올라갈 수 없게 된다면, 이들은 불만을 가지게 된다. 불만은 절망이 되며, 어떤 목소리도 들리지 않는 분한(憤恨)이 된다. 이런 마이너스 감정은 사회 곳곳으로 전염되며, 불만을 가득 품은 군중은 어느 순간 사회의 틀을 깨고 폭주한다. 왕을 암살하거나, 바스티유를 공격할 수도 있으며, 동학농민 운동을 일으킬 수도 있다. 이렇게 혼

란스러워진다면 이제까지 특권을 가졌던 지도층 역시 안전할 수 없고 기존의 사회는 전복된다.

해서 고구려의 몰락은 바로 그렇게 이루어졌다. 이때 고구려가 완전히 망하지 않은 것은 행운이었지만, 이 모든 사태를 모본왕 한 사람만의 죄로 돌리기에는 너무 많은 비겁함이 숨어 있었다는 것을 잊어서는 안 된다.

백제 개로왕

넘치는 의욕과 빈약한 현실 인식

개로왕은 고구려의 횡포와 백제가 겪고 있는 고난을 자세하게 말했다. 그는 고구려를 늑대와 승냥이의 무리, 추악한 무리, 커다란 뱀 등등 각양각색의 비유를 써서 비난했으며, 장수왕에게는 더벅머리 아이라는 인신공격을 했다. 더불어 장수왕이 나라의 귀족들을 함부로 죽이고 백성들을 괴롭힌다는 흠까지 보았다.

年 代 表

개로왕

1년(455)   비유왕 사망, 큰아들 경사, 개로왕으로 즉위.

(13년간의 공백기)

3년   남송 효 무제, 개로왕에게 진동대장군(鎭東大將軍)을 제수함(《송서(宋書)》).

4년   개로왕, 남송에게 우현왕 여기 등 11인의 관직을 줄 것을 요구(《송서(宋書)》).

7년   6월, 개로왕의 동생 곤지, 개로왕의 왕비와 함께 일본으로 가다(《일본서기》).
　　　무령왕 출생(《일본서기》).

14년   백제인 귀신(貴信), 일본에 귀순하다(《일본서기》).
　　　10월, 초하루에 일식이 있었음.

15년   8월, 고구려의 남쪽 변경을 공격.
　　　10월, 쌍현성(雙峴城)을 수리하고 목책을 세워 지키게 하다.

18년   북위에 고구려를 공격할 것을 권하는 국서를 올리지만 무시당하다.
　　　개로왕, 북위에게의 조공을 끊다.

21년   북위의 사자, 끝내 고구려에 가지 못하다(《위서》).
　　　장수왕, 한성을 치다. 개로왕, 살해당하다.
　　　10월, 문주왕이 즉위하고 수도를 웅진으로 옮기다.

13년의 공백

　백제의 21대 왕인 개로왕은 《삼국사기》에서 크게 두 곳에 소개되어 있다. 〈개로왕 본기〉에는 도림의 이야기가 실려 있고, 〈열전〉에는 도미의 이야기가 있다. 어느 쪽이나 어리석고 포악한 개로왕의 모습을 보여 준다.

　《삼국사기》에서 개로왕은 바둑을 잘 두는 첩자 도림의 꾐에 넘어간다. 도림의 말을 따라 으리으리한 궁궐을 짓고, 백성들을 쥐어짰으며 국력을 탕진했고, 마침내 고구려 장수왕의 공격을 받아 살해당했다. 한편 《삼국사기》 〈열전〉의 도미전에서 개로왕은 백성의 아름다운 아내를 빼앗기 위해 남편의 눈을 빼어 배에 실어 내버리는 졸장부로 그려진다.

　또한 개로왕은 고구려의 정벌에 속수무책으로 패배했다. 실제로도 백제의 수도는 고구려 장수왕의 공격에 불탔고, 왕 자신은 이전 자신의 부하였던 이들에게 잡혀 살해당했다. 이후 백제는 수도를 웅진(공주)으로 옮겼다. 이는 근초고왕 때의 화려한 전성기와 영원한 결별을 뜻했으며, 백제는 다시는 이전의 영광을 회복하지 못했다.

결국 잘한 것 하나 없는 임금이었다. 정말로 그는 악인이었을까? 개로왕을 알려면 우선 그에게 덧씌워져 있는 굉장히 두꺼운 편견의 벽부터 무너뜨려야만 할 것 같다.

455년, 개로왕은 아버지 비유왕의 뒤를 이어 백제의 왕으로 즉위했다. 본디 이름은 경사(慶司)였다. 그런데 《삼국사기》의 개로왕 시대를 보게 되면 이상한 점이 있다. 개로왕의 기록 중에 커다란 공백이 남아 있는 것이다. 그는 21년간 백제를 다스렸건만, 기록이 있는 해는 단 5년에 불과하다. 정확히는 1년, 14년, 15년, 18년, 21년의 기록만이 남아 있다.

특히 개로왕 1년에서부터 14년까지, 적어도 13년간의 공백이 있는 것이다. 이것을 무엇으로 해석해야 할까? 1년의 기록은 개로왕이 비유왕의 맏아들로서 왕위에 올랐다는 의례적인 기사를 적고 있다. 그리고 14년의 기록은 10월 초하루에 일식이 있었다는 기록뿐이다.

《삼국사기》의 기록에는 때로 몇 년간의 공백이 있는 경우도 있지만 13년은 너무 길다. 대체 무슨 일이 있었을까? 그 긴 세월 동안 개로왕은 무엇을 했을까? 이후 자세하게 설명하겠지만, 개로왕은 이 공백의 시간 동안 아무 일도 하지 않은 것은 아니었다. 실제로도 중국의 역사서에, 그리고 일본의 역사서에는 '공백 시기'에 개로왕이 활발하게 외국으로 사신을 보낸 행적들이 남아 있기 때문이다. 이렇게 다른 나라

의 역사서에는 기록이 있지만, 정작 백제에는 기록이 없는 이유가 무엇일까. 가장 먼저 생각할 수 있는 가능성은 원래 있었던 기록이 사고로 없어졌다는 것이다.

475년, 장수왕의 정벌로 개로왕은 죽임당했고, 한성의 백제 왕성이 함락되었다. 모든 정벌은 불과 파괴를 동반하는 법이니 이때 기록이 없어졌던 것일 수도 있다. 하지만 백제는 그 이후로도 200년 가까이 존속했고, 문주왕을 비롯한 개로왕의 후손들은 계속 왕이 되었다. 그럴 마음만 있으면 없어진 기록을 되살릴 수도 있었을 것이니 찜찜한 구석이 남는다.

또 다른 가능성은 백제 내부에 정치적인 혼란이 극심해서 기록을 할 겨를이 없었다는 것이다. 어떤 분쟁이 있었던 것일까? 나중에 첩자 도림은 개로왕에게 아버지 비유왕의 무덤을 두고 "맨 땅에 뼈가 놓여 있다."라고 표현하며 호화롭게 장사를 지낼 것을 권했다. 비유왕은 격식을 차린 장례를 치르지 못했던 것일까? 물론 이 표현은 그 시대에 관용적으로 쓰는 것이었기에 곧이곧대로 받아들일 수는 없지만 말이다.

하지만 개로왕 즉위 초반의 백제가 어지러웠던 것은 분명한 사실인 듯하다. 개로왕이 즉위하기 훨씬 전부터 백제는 근초고왕 때의 전성기를 지나 차츰 쇠약해져 가고 있었다. 강력해진 귀족들은 왕권에 도전했고, 이는 심각한 내분을 초래했다. 특히 강력했던 것은 해씨(解氏), 진씨(眞氏)의 귀족들이었다. 그들은 역대 왕비들을 배출하면서 백제의 중요한 관직들을 독점했고, 마침내 왕을 위협하는 데까지 이르렀다. 개로왕 역시 즉위한 이래로 귀족 세력들과 대립했을 것이다.

그런 사정은 역시 다른 나라의 역사서를 통해 일부나마 추측할 수

하사받은 사람	관직	비고
우현왕(右賢王) 여기(餘紀)	관군장군(冠軍將軍)	태자
좌현왕(左賢王) 여곤(餘昆)	정로장군(征虜將軍)	개로왕의 동생. 이름은 곤지. 동성왕, 무령왕의 아버지라는 설이 있음.
여훈(餘暈)	정로장군(征虜將軍)	
여도(餘都)	보국장군(輔國將軍)	훗날의 문주왕
여예(餘乂)	보국장군(輔國將軍)	
목금(沐衿)	용양장군(龍驤將軍)	
여작(餘爵)	용양장군(龍驤將軍)	
여류(餘流)	영삭장군(寧朔將軍)	
미귀(麋貴)	영삭장군(寧朔將軍)	
우서(于西)	건무장군(建武將軍)	
여루(餘婁)	건무장군(建武將軍)	

개로왕 당시 송으로부터 관직을 받은 명단

있다. 《위서(魏書)》에 따르면, 개로왕 4년, 개로왕은 남조의 송(宋, 창업주의 성을 따서 유송(劉宋)이라고도 한다) 나라에 국서를 보내 자신의 신하 11명에게 벼슬을 내려줄 것을 요청했다. 바다 건너 나라의 벼슬을 받아 봤자 실질적인 권한은 없는 명예직에 불과했다. 허나 이것도 잘 활용하면 훌륭한 정치적인 무기가 되는 법이다. 개로왕도 이것을 노린 것이리라. 한 해 전에 그 자신이 진동대장군(鎭東大將軍)의 이름을 받았는데, 이름 그대로 풀이하자면 동쪽을 아우르며 진압하는 장군으로 2품의 무관직이었다.

그런데 이때 벼슬을 받은 사람들의 명단을 보면 특이한 점이 있다. 여기에서 여씨(餘氏)는 부여씨, 곧 왕족을 뜻한다. 11명 중 3명(목금, 미귀, 우서)을 제외하고는 모두 왕족이었다. 특히 좌현왕, 우현왕은 모두 왕의 후계자 또는 동생이라는 최측근이었다. 그런데 여기에는 백제의 대표적인 귀족인 해씨(解氏), 진씨(眞氏) 등이 단 한 사람도 포함되어

있지 않았다. 구색 맞추기처럼 성이 다른 사람 셋이 끼어 있지만, 모두 왕의 측근들이었을 것이다. 즉 이 관직 수여는 기존의 귀족들을 배제하고 벌어진 것이었다. 이것이 무엇을 뜻할까?

아무래도 개로왕은 기존의 귀족 세력들을 배제하고 자신의 동생, 피붙이인 왕족을 중심으로 한 체제를 만들었던 것 같다. 계속 왕을 위협하는 귀족들을 억제하고, 중국의 관직을 이용해서 자신과 왕족들을 귀족보다도 높이려고 한 것이리라. 어지러운 시기에 왕이 되어 귀족들을 믿을 수 없었던 개로왕에게는 어쩔 수 없는 선택이었을까?

결과부터 말하자면, 개로왕의 정책은 오히려 나라의 분열을 초래했다. 왕이 왕족만을 챙기고 특권을 주는데 반발이 없을 리 없다. 누구나 왕이 공정하기를 바란다. 왕은 모두의 왕이지, 왕족들만의 왕은 아닌 탓이다. 이렇게 개로왕은 왕권을 강화했는지는 모르지만, 인심을 얻는 데는 실패했다. 무엇보다 개로왕을 살해한 것은 백제의 배신자들이었으니까.

게다가 개로왕이 죽고 나서 백제가 웅진으로 옮겨 간 이후의 상황은 더더욱 나빴다. 왕과 귀족 간의 치열한 정권 다툼이 벌어진 것이다. 개로왕이 만들어낸 왕족 중심의 집권 체제가 타격을 받아 무너지자 해씨, 진씨 귀족들은 더욱 득세했다. 문주왕을 비롯한 백제의 왕들은 차례차례 귀족들에게 암살당하는 등 수십 년간 진통에 시달렸다. 이러한 갈등의 씨앗은 이미 개로왕의 시대에 충분히 뿌려져 있었다.

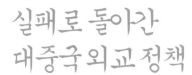

실패로 돌아간
대중국 외교 정책

개로왕이 재위에 있던 당시의 백제는 이미 전성기를 지나 많이 쇠약해진 나라였다. 그렇다고는 해도 개로왕은 많은 노력을 기울였다. 나름으로는 말이다. 특히 그가 힘을 기울인 분야는 외교로, 신라와는 군사동맹을 맺었고 동생인 곤지를 왜에 파견하기도 했다. 《삼국사기》는 물론이거니와 《위서(魏書)》, 《송서(宋書)》, 《수서(隋書)》 등 중국의 역사서, 또 《일본서기》에서 개로왕의 노력들이 발견된다. 앞서 본 대로 자신과 왕족들에게 벼슬을 내려 달라고 국서를 보내기도 했고, 고구려를 견제하고 공격할 군대를 빌려 달라고 호소하기도 했다. 이런 국서들은 각국의 역사서에 전문이 실려 있는데, 백제가 고구려와 얼마나 치열하게 대립하고 있었는지 보여 준다.

신은 나라가 동쪽 끝에 있고 승냥이와 이리[豺狼]가 길을 막아, 비록

대대로 신령한 교화를 받았으나 번병(藩屛)의 예를 바칠 수 없었습니다. 멀리 천자의 대궐을 바라보면 달리는 정이 끝이 없습니다.

개로왕이 북위에 보낸 국서의 일부 내용이다. 여기에서 말하는 승냥이와 이리란 당연하게도 고구려를 뜻했다. 결국 고구려가 길을 막아서 중국을 제대로 모시지 못한다는 푸념이다. ▪

원래 백제는 온조가 세운 나라로 고구려와는 한 뿌리에서 갈라져 나온 나라였다. 하지만 이 둘은 수백 년 동안 치열하게 싸워 왔고, 서로를 동포라기보다는 명백한 적국으로 인식하고 있었다. 그래서 개로왕의 국서에는 백제군이 371년 고구려의 고국원왕을 죽였던 일을 자랑스럽게 말하고 있다. 재미있는 것은, 고구려에서는 고국원왕이 화살[流矢]을 맞아 죽었다고 기록했는데, 개로왕은 "백제군이 고구려 왕의 목을 베어 매달았다."라고 말했던 점이다. 과연 어느 쪽의 말이 맞을까. 나라의 최고 지휘관인 왕이 여간해서는 최전방에 나오지 않으리라는 상식선에서 생각하면 고구려의 말이 좀 더 그럴 듯하다.

다시 국서의 이야기로 돌아가서, 개로왕은 고구려의 횡포와 백제가 겪고 있는 고난을 자세하게 말했다. 그는 고구려를 늑대와 승냥이의 무리, 추악한 무리[醜類], 커다란 뱀 등등 각양각색의 비유를 써서 비난했으며, 장수왕에게는 더벅머리 아이[小豎]라는 인신공격을 했다(여담

▪ 광개토대왕 때문인지도 모르지만, 흔히 고구려는 말을 달리며 싸우는 육지의 전쟁을 연상하게 한다. 그러나 고구려의 진정한 진가는 해군에 있었다. 수나라의 고구려 정벌을 흔히 을지문덕 장군의 살수대첩으로 승리했다고 여기지만, 수나라의 해군을 격파하고 보급로를 끊었던 것은 해군이었다. 이때 해군의 지휘자는 고구려의 27대 왕이 된 영류왕 건무(建武)였다. 이후 당나라를 방문하고 신라로 돌아오던 김춘추는 고구려의 해군 순찰대에게 발각되어 사로잡힐 뻔한 위기를 넘겼다. 당시 고구려의 제해권은 대단히 막강했던 것이다.

이지만 당시 장수왕은 즉위한 지 이미 50년이 지났기에 아이 소리를 들을 나이는 지났을 것이다). 더불어 장수왕이 나라의 귀족들을 함부로 죽이고 백성들을 괴롭힌다는 흉까지 보았다. 그러면서 개로왕은 북위에게 고구려를 정벌할 군사를 일으켜 달라고 탄원했다. 고구려는 의롭지 못하여 반역과 속임수를 쓰고, 남쪽으로는 유송과 내통하고 북쪽으로는 연연(蠕蠕)과 손을 잡고 있으니 지금 고구려를 치지 않으면 후회할 것이라고 경고하면서.

왜 이렇게 고구려를 적대시했을까? 이유는 개로왕 스스로가 밝히고 있다. 고구려는 점점 강력해졌고, 그에 비해 쇠약해진 백제는 고구려로부터 능멸과 핍박을 당하게 되었다. 특히 장수왕이 남쪽으로 진출하는 것에 힘을 기울자, 백제가 받는 압박은 심각해졌다. 이제는 나라의 운명이 걸려 있었다. 하지만 자신들만의 힘으로는 고구려를 당해낼 수 없었기에 중국의 힘을, 정확히는 무력을 빌리려던 것이다.

만일 폐하의 인자하심과 간절한 궁휼(矜恤)이 멀리 가없는 데까지 미친다면 속히 한 장수를 신의 나라에 보내 구해 주십시오. 마땅히 저의 딸을 보내 후궁에서 모시게 하고 아울러 아들을 보내 바깥 외양간에서 말을 기르게 하며, 감히 한 자(尺)의 땅도 한 명의 백성(匹夫)이라도 가지지 않겠습니다.

얼마나 절박하면 이런 편지를 보냈을까. 군사만 빌려 준다면, 그래서 고구려를 공격할 수 있게 해 준다면 자식도 넘겨 주겠다는 말이니까. 하지만 절박함보다는 치졸함이 강하게 느껴진다. 북위가 장수(군

사)를 빌려 주면, 개로왕은 자신의 딸을 후궁으로, 아들을 마구간 지기로 보내고 전쟁을 통해 얻은 땅과 백성들은 모조리 북위에게 건네주겠다는 것이다. 세상에, 악덕대부업체에 돈을 빌린 사람이라도 이렇게 모든 것을 내어 주지는 않을 것이다. 이런 비굴한 조건을 내걸어 가면서도 군사를 빌리려고 했다니, 구걸한다는 말 외에 더 적절한 표현이 있을까.

이 국서를 쓴 사람이 개로왕 자신은 아니겠지만, 내용을 자세히 보면 백제가 많은 착각을 하고 있었던 것을 알 수 있다. 아들을 일꾼으로 보내는 것쯤은 그러려니 해도, 딸을 후궁으로 보내겠다는 것은 정략결혼의 목적이 있었으리라. 여인 하나를 위해 전쟁을 벌인 것은《일리아드》의 바보들이었지만, 개로왕은 효 문제가 그러길 바랐던 것인지도 모른다. 딸이 황제의 총애를 받고 효 문제가 처가, 아니 처국을 위해 군사를 일으키기를.

아무래도 개로왕은 북위의 효 문제가 당시(개로왕 18년) 5살이었던 것을 잊은 모양이다. 그러니 효 문제가 이런 국서를 보고 백제의 공주에게 마음이 끌릴 리 있겠는가. 아니, 읽을 수나 있었을까? 또 그런 어린 황제가 다스리는 나라가 대대적인 정벌을 도모할 수 있었을까? 물론 이 말은 그저 간절하게 요청하기 위한 과장된 표현이지 진심은 아니었을 수도 있다. 허나 이것은 나라와 나라 사이에 오가는 국서. 함부로 뱉은 말은 주워 담을 수 없는데, 하물며 국서라면 어떻겠는가? 그럼에도 개로왕이 늘어놓은 경솔한 말은 이뿐만이 아니었다.

풍족(馮族)의 군사와 말들은 새와 짐승이 주인을 따르는 것처럼 (천

자를) 사모하고 있으며, 낙랑(樂浪)의 여러 군(郡)들은 고향으로 돌아갈 생각[首丘之心]을 품고 있으니, 천자의 위엄이 한번 떨치면 정벌은 있을지언정 싸움은 없을 것입니다.

여기에서 말하는 풍족이란, 고구려의 적대국이었다가 멸망했던 북연(北燕)의 잔당을 뜻했다. 하지만 당시 고구려가 광개토왕과 장수왕의 최전성기를 맞고 있었음을 염두에 두어야 한다. 중국이 쳐들어온다고 해도 제풀에 겁에 질려 항복할 리가 없고, 또 다른 나라들이 단숨에 정벌에 합류할 리도 없었다. 또 북위가 북연이나 낙랑을 위해 군사를 일으킬 이유가 대체 있기나 했을까?

개로왕은 북위가 도덕적인 나라라고 추켜세우면서 세상의 정의와 질서를 바로잡고 고구려를 공격할 것을 권유했다. 동아시아의 경찰국가가 되라는 말이지만, 사실은 고구려를 정벌해 달라는 말이었다. 그러면서 이런 이야기까지 덧붙였다. 경신년, 곧 무려 32년 전에 바닷가에서 떠내려 온 정체불명의 난파선이 있었다고 하며, 이것이 북위의 실종된 사신이며 고구려가 해친 것이 틀림없다면서 '비록 자세히 알수는 없으나 깊이 분노했다'라고 적었다.

이처럼 구구절절하게 국서를 올렸건만, 북위의 반응은 굉장히 시큰둥했다. 답장은 우선 선물을 보내어 고맙다는 의례적인 인사로 시작했고, 천지사방의 나라들이 자신에게 귀속한다는 의례적인 자랑도 함께 있었다. 하지만 개로왕이 목을 빼고 기다리고 있을 핵심인 고구려의 일은 백제더러 알아서 하라는 투로 말했다.

경(개로왕)은 고구려와 화목하지 못하여 여러 번 능멸과 침범을 입었지만 진실로 능히 의(義)에 순응하고 인(仁)으로써 지킨다면 원수에 대해 무엇을 근심하겠는가?

말인즉슨 착하게 살면 나중에 복을 받게 되리라는 두루뭉술한 소리였다. 더군다나 개로왕이 고구려가 저지른 만행의 증거라며 보낸 난파선의 말안장은 사신의 것이기는커녕 중국의 것도 아니었다. 북위는 답신에서 그런 사실을 알려 주는 한편, 비슷하다고 해서 함부로 단정을 짓지 말라는 친절한 충고까지 했다. 북위가 화내기를 기대했을 개로왕에게는 이만저만한 굴욕이 아니었으리라. 물론 북위는 고구려가 백제를 공격했던 사실은 알고 있었다. 하지만 고구려가 자신(북위)에게 허물을 저지른 일은 없다고 잘라 말했다. 바꿔 말하면 자신들이 고구려를 공격해야 할 이유가 없다고 밝힌 것이다.

경이 사신을 처음 통하면서 곧장 정벌할 것을 요구하는데, 사정과 기회[事會]를 검토하여 보니 이유가 또한 충분치 못하다.

이래저래 개로왕에게는 굴욕의 종합세트인 답장이었다. 하지만 북위가 아무것도 하지 않은 것은 아니었다. 바로 전해에는 고구려에 사신을 보내 왜 백제를 공격했냐면서 이유를 따졌던 것이다. 이에 고구려는 그간의 사정을 조목조목 말했고, 이치가 모두 맞아 트집을 잡으려고 해도 잡을 수 없었다. 이런 사실을 전하면서, 북위는 천하를 안정시키고 황제의 위엄을 떨칠 생각이 있으니 틈틈이 그쪽의 상황을 알

리라는 말로 끝을 맺었다. 결국 백제의 허술한 요청으로, 또 고구려의 뛰어난 외교적 대응으로 북위는 정벌의 명분을 잡지 못한 것이다.

게다가 중국에 보낸 답장을 돌려받는 과정마저도 순탄하지 못했다. 북위는 소안(邵安)을 사자로 파견해 백제 사신과 함께 고구려를 통해 백제로 돌아가게 했다. 하지만 장수왕은 개로왕과 원한이 있다며 사신의 통과를 거부했다. 소안이 다시 중국으로 돌아오자, 북위는 고구려를 책망했지만 말로 그쳤을 뿐 어떤 제재조치를 취하지는 못했다.

소안은 결국 동래(東萊, 산둥성)에서 뱃길로 돌아가려고 했지만 날씨가 나빠서 바다에서 표류하다가 다시 중국으로 돌아갔다. 운 한번 억세게 나쁜 사신이었다. 북위는 본디 유목민족인 선비족이 세운 나라였으니 바닷길을 모른다고 쳐도 백제는 아니지 않는가. 하지만 여기서 소안과 동행한 백제 사신의 이야기는 더 이상 나오지 않는다. 과연 그들이 북위에 눌러앉게 되었는지, 아니면 다시 도전하여 백제로 무사히 돌아갔는지, 불행한 사고로 목숨을 잃게 되었는지는 알 수 없다.

이렇게 백제의 외교 노력은 처절한 실패로 돌아갔다. 어찌 보면 당연하기도 하다. 국서의 내용만 보더라도 호소문이라기보다는 신세 한탄에 가까운 내용이었다. 또 30년 전의 엉뚱한 난파선의 물건으로 고구려를 험담했으니, 너무도 조악하고 허점투성이라서 북위의 협의를 얻어내기에는 한없이 모자랐다. 그만큼 개로왕의 사전조사가 부족했다는 말이 된다.

개로왕이 남조의 진(陳)나라와 주고받은 서신은 더욱 측은하다. 《수서(隋書)》를 보면 진나라 고조는 거듭 사신을 보내는 개로왕에게 이런 답신을 보낸 것으로 되어 있다.

서로 거리는 멀다 해도 친밀한 관계는 마주 대하고 이야기하는 것과 같으니 어쩌서 사신을 자주 보내야만 서로 다 알겠는가. 이제 매년 사신을 보내지 마라.

이유는 먼 바다를 오가는 도중 풍랑을 만나 사람이 죽을까 걱정되기 때문이라고 했다. 하지만 정말 그랬을까. 국서의 이 부분만 보면 어쩐지 끈질기게 따라붙는 연애 희망자에게 보내는 완곡한 거절의 편지 같다. 내용이야 어떻든 진나라가 고구려 정벌에 힘을 보탤 리 없었다. 백제하고도 그렇게 멀리 떨어져 있는데 하물며 고구려라면.

개로왕이 중국의 힘을 빌리지 못했던 것은 이런 국서 때문만은 아니었을 것이다. 그가 시대를 잘못 만난 탓이기도 했다. 당시 중국은 5호 16국 시대의 혼란기를 지나 남북조 시대로 접어들고 있는 즈음이었다. 흉노, 선비, 강족 등 다섯의 오랑캐들이 중국으로 쳐들어와 땅덩이를 갈라 싸워댄 지 100여 년. 북쪽의 북위(北魏)와 남쪽의 진(陳)나라가 남으면서 조금 진정되기는 했지만, 여전히 혼란한 시대였다. 조금 과장해서 어제 세운 나라가 오늘 망하고 내일 새 나라가 들어서는 지경이었으니, 개로왕의 국서가 아무리 절절하다 하더라도 나라의 운명을 걸고 고구려 정벌에 나설 형편이 아니었다.

하지만 개로왕이 어리석었던 것은 마찬가지이다. 개로왕은 백제의 어려운 상황을 거듭 강조했지만, 북위를 비롯한 중국의 나라들은 자기들끼리 치열하게 경쟁하고 있었다. 이런 상황에서 고구려를 공격할 여유는 없었으며, 무리해서 정벌했다가 오히려 다른 나라들에게 역습

을 당할 위험까지 있었다.

개로왕이 정말로 중국의 군사를 빌리고 싶었다면 왜 고구려가 중국에게 위협이 되는지를 입증하는 편이 나았을 것이다. 나(백제)를 위해서가 아니라 중국을 위한 정벌의 이유를 들어 북위를 솔깃하게 만들어야 했다. 이를테면 예전 광개토대왕이 중국과 싸워 영토를 빼앗아갔던 전력을 말한다거나, 아니면 고구려군으로 변장한 군대로 중국을 공격해서 도발하는 것이 차라리 효율적이었으리라.

특히 중국의 군사를 빌리는 일이 실패로 돌아간 뒤, 차후 조치에서 개로왕의 무모함이 분명히 드러난다. 여러 차례 글을 올려도 북위가 고구려의 정벌을 실행하지 않자, 개로왕은 조공을 끊었다. 이 얼마나 어리석은가. 자신의 뜻대로 움직이지 않는다고 해서 국교를 끊다니.

당연하게도 중국의 여러 나라들은 개로왕의 고구려 정벌 요청을 무시했던 것만큼이나 백제와의 외교 단절에도 신경 쓰지 않았다. 그들의 역사서에 이런 사실은 한 줄도 실리지 않았던 것이다. 무엇을 위한 국서였던가? 무엇을 위한 외교였던가? 세상이 자기 마음대로 움직여줄 것이라고, 자신의 뜻대로 고구려를 공격할 것이라 생각한 개로왕은 너무 순진했다.

문제는 이것뿐만이 아니었다. 개로왕 시대의 고구려는 최전성기를 맞고 있었고, 장수왕은 긴 수명만큼이나 뛰어난 임금이었다. 앞서 본 대로 개로왕은 중국, 그중에서 북위와의 외교에서 처참하게 실패했지만, 장수왕은 아니었다.

고구려는 장수왕 50년, 곧 462년을 기점으로 그전까지는 중국과 대립하고 있었지만, 이후에는 우호적인 관계로 전환하여 활발하게 사신

을 주고받았다. 고구려 역시 외교를 통해 백제를 견제하려고 했다. 차이가 있다면 백제는 실패했지만 고구려는 성공했다는 점이다. 그래서 개로왕 사후 백제가 웅진으로 옮겨간 다음에도 고구려는 북위와 우호 관계를 유지했다. 개로왕은 군사는 물론 외교에서도 고구려에게 패배했던 것이니, 뛰는 개로왕 위에 나는 장수왕이었다.

게다가 장수왕은 백제 정벌에 성공하기 위해 첩자를 파견하기까지 했으니, 그가 바로 유명한 도림이었다.

첩자 도림

　원래부터 고구려와 백제의 전력 차이는 너무나도 압도적이었다. 백제의 불리한 사정을 생각하면 개로왕은 어차피 패배할 운명이었던 것인지도 모른다. 허나 그저 불운만 탓하기에는 백제의 패배가 너무 비참했다. 수도는 고작 일주일 만에 함락당했으며, 나라의 최고 지도자인 왕은 처참하게 살해됐고, 교통의 요지인 한강 유역까지 빼앗겼다. 왜 이렇게까지 되었을까?

　《삼국사기》는 고구려 첩자 도림의 이야기를 소개하고 있다. 장수왕은 백제를 공격하기에 앞서 비밀 첩보 임무를 수행할 만한 사람을 찾았고, 승려 도림이 여기에 응모했다.

　"어리석은 이 중은 아직 도를 알지 못하지만, 나라의 은혜(國恩)에 보답하고자 합니다. 바라옵건대 대왕은 신을 불초하다고 하지 마시

고, 그것을 하게 한다면 기필코 왕명을 욕되게 하지 않겠습니다."

본디 불교에서 출가한다는 것은 속세와의 인연을 끊는 것이다. 하지만 여기에서의 도림은 승려이면서도 고구려인이었다. 조국을 위해서 다른 나라의 중생들을 도탄에 빠뜨리는 것쯤은 불사하는. 그래서 장수왕은 도림의 청을 받아들였고, 죄를 지어 달아난 것처럼 위장해서 백제로 들여보냈다. 그런데 개로왕은 이전부터 바둑과 장기를 좋아했고, 당연히 장수왕은 그 점을 감안해서 도림을 선정했던 것 같다. 백제로 온 도림은 대궐 문 앞까지 나아가서 이렇게 말했다.

"신은 어려서 바둑을 배워 신묘한 경지에 들었습니다. 바라옵건대 좌우에 알려드리고자 합니다."

이 말을 들은 개로왕은 호기심이 동했고, 불러다 함께 바둑을 두어 보니 과연 도림의 솜씨가 국수(國手)였다. 개로왕은 기뻐하며 도림을 대사(大師)라고 높여 부르면서 서로 늦게서야 만난 것을 한탄하며 극진하게 총애했다. 여기까지는 왕의 취미생활일 뿐이지만 도림의 첩자로서의 활약은 바로 이 바둑과 함께 벌어졌다.

바둑은 아주 치밀한 게임이다. 그저 돌만 움직이는 것으로 되는 게 아니다. 돌 하나하나를 옮기며 머리를 굴려 생각하게 되고, 상대방의 생각을 읽으면서 이런 이야기, 저런 이야기를 주고받게 된다. 이런 게 어떨까요? 저런 게 어떨까요? 이게 옳지 않습니까? 그렇게 도림은 아주 천천히, 어느 때는 이기기도 하고, 또 어느 때는 져 주기도 하면서 왕의 마음 안으로 파고들었다. 그리고 충분한 신뢰를 얻었을 때 한 가지 청을 했다.

"신은 다른 나라 사람인데 상께서 저를 멀리 하지 않으시고 은총을 매우 두터이 하셨습니다. 그러나 저는 오직 한 가지 기술로 보답했을 뿐 털끝만한 이익조차 드린 일이 없습니다. 바라옵건대 한 말씀을 올리려고 하나 주상의 뜻이 어떠실지 알지 못할 뿐입니다."

도림은 외국인인 자신을 우대해 준 개로왕의 은혜를 갚고 싶어서 안달하는 척하면서, 또 자신이 의견을 말해도 되겠느냐고 묻는 조심스러움을 발휘했다. 개로왕에겐 하등 손해 볼 것 없는 제안이었다. 어려운 부탁이 아니고 고작 말을 들어주기만 하면 되니까. 게다가 개로왕은 도림을 의심하기는커녕 나라를 위한 말을 해 준다면 오히려 자신이 바라는 바라고 기뻐했다. 도림이 음흉하다고 해야 할까, 개로왕이 순진하다고 해야 할까? 허락을 받은 도림은 위대한 백제를 만들기 위한 토목공사를 권했다.

"대왕의 나라는 사방이 모두 산과 언덕과 강과 바다입니다. 이는 하늘이 베푼 험함이요, 사람이 만든 것이 아닙니다. 그러므로 사방의 이웃나라들이 감히 엿볼 마음을 먹지 못하고 단지 받들어 섬기기를 원합니다. 그러니 왕께서는 마땅히 귀하고 고상한 위상과 부유한 업적으로 남의 이목을 두렵게 해야 할 것입니다. 그러나 성곽은 보수되지 않았고 궁실도 고쳐지지 않았으며, 선왕의 해골은 맨 땅 위에 드러

나 있습니다. 백성의 집은 자주 강물에 떠내려가니, 신은 대왕을 위해 좋게 여기지 않습니다."

개로왕은 도림의 말에 기뻐하며 그대로 움직였다. 백성들을 징발하여 흙을 쪄서 성을 쌓고, 웅장하고 화려한 궁궐과 누각을 지었다. 커다란 돌을 가져와서 아버지 비유왕을 모실 곽(槨)을 짰으며, 강을 따라 긴 둑을 쌓았다. 토목공사가 계속되니 당연히 백제의 국고는 텅 비었으며, 백성들은 가난해졌다. 이렇게 도탄에 빠진 백제를 확인한 도림은 고구려로 도망쳤다.

도림의 정체를 알았을 때 개로왕의 심정이 어땠을까? 어떤 신하보다 가까이 있었고, 조언을 했으며 친구처럼 여겼던 사람이 사실은 적국의 첩자였다. 게다가 그 첩자가 이제까지 개로왕에게 주었던 모든 호의는 거짓이었다.

하고많은 신하와 백성들을 놔두고 하필 첩자를 믿은 개로왕이 조금은, 아주 조금은 불쌍해지지만 동정의 여지는 없다. 왕은 언제나 사람들에게 둘러싸여 있으며, 그만큼 많은 이야기를 듣는다. 당연히 들어야 할 말, 듣지 않아야 할 말을 걸러 들어야 한다. 하지만 개로왕은 바둑이 더 좋았든지, 도림이 더 좋았든지, 그가 한 말을 그럴 듯하다고 여긴 것이다. 그리고 이것이 개로왕이 저지른 마지막 결정적인 실수였다.

덕분에 백제의 백성들은 고통을 겪고 피폐해졌다. 그들은 도림의 정체가 밝혀졌을 때, 왕을 동정하기보다는 통렬하게 비웃었을 것이다. 백성들에게 개로왕은 고통을 안겨 주는 증오스러운 원수이지, 자신들

을 위하는 왕이 아니었으니까.

도림의 가장 큰 성과는 국고의 낭비보다는 왕과 백성들 사이에 불신의 틈을 만들어낸 게 아니었을까. 게다가 개로왕이 했던 모든 일이 도림의 꼬임 때문만은 아니었을 것이다. 이를테면 성벽은 외적의 침입을 막기 위해서였고, 제방은 강의 범람을 막기 위해서였다.

한성백제를 연구한 결과에 따르면, 백제가 발전하면서 수도 한성은 점점 덩치가 불어났고 개로왕 시기에는 도성 주변에서 강변으로까지 시가지가 확장되어 있었다. 그러니까 개로왕의 제방 건축은 왕 자신의 변덕이나 과시 때문이 아니라 당시 한강의 범람으로 고생하는 백성들을 위한 사회복지 사업이었을 수도 있다. 하지만 꼭 필요한 사업도 성벽의 축조와 왕릉의 건립 같은 굵직굵직한 토목공사들과 함께 시행된다면 당연히 무리가 된다.

도림이 실존인물이 아니라 하더라도, 개로왕이 실정을 한 것은 틀림없다. 그렇기에 첩자가 아닌 개로왕에게서 패망의 진짜 원인을 찾아야 한다. 개로왕은 무엇을 원했던가? 왜 중국에 국서를 보내고 궁궐을 수리했을까? 바로 위대했던 백제의 부활을 자기 손으로 이루고 싶었기 때문이다. 왕이라면 보통 자신의 힘과 위대함을 과시하고 싶어 한다. 개로왕은 처음에는 고구려 정벌을 원했지만 여의치가 않았고, 그 대신 왕궁과 왕릉을 만들었다. 그렇게 위대한 백제를 만들어냈다. 비록 그것이 과소비를 통해 만들어진 허상에 불과할지라도.

그렇다면 도림이 한 일은 아주 작은 것일 수도 있다. 이미 공기를 집어먹은 개구리처럼 가득 부풀어 있던 개로왕의 욕심에 아주 작은 입김을 불어넣기만 하면 되었을 테니 말이다.

한성백제 최후의 날

　사자는 토끼를 잡을 때에도 전력을 다한다고 했던가. 고구려의 장수
왕이 바로 그랬다. 그는 아주 오래전부터 백제 공격을 계획하고 치밀
하게 준비했으며, 마침내 실행에 옮겼다.

　첩자 도림은 개로왕의 어리석음을 드러내기 위해 꾸며낸 이야기이
지 실존하지는 않았다는 주장이 있기도 하다. 하지만 고구려가 백제
로 보낸 첩자가 도림 한 사람뿐이었겠는가. 아마도 훨씬 많은 첩자들
을 파견해서 백제의 내실을 정탐하고 정보를 모았을 것이다.

　지금도 서울 강북의 아차산, 용마산 능선의 곳곳을 돌아보면 고구려
의 군사기지인 보루가 십여 군데 남아 있다.

　보루의 규모는 그리 크지 않고 돌을 쌓아 만든 자그마한 진지이지
만, 이 모두는 백제의 왕성인 풍납토성을 굽어보는 전략적 요충지에
만들어져 있다. 이들 보루는 개로왕의 사망 이후 건설된 것도 많이 있

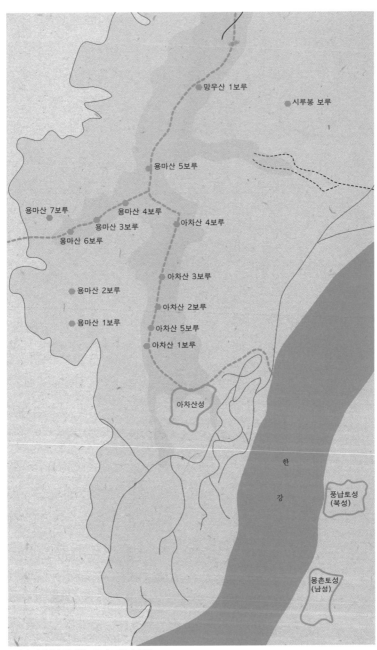

망우산 1보루

시루봉 보루

용마산 5보루

용마산 7보루

용마산 4보루

아차산 4보루

용마산 3보루

용마산 6보루

용마산 2보루

아차산 3보루

아차산 2보루

용마산 1보루

아차산 5보루

아차산 1보루

아차산성

한

강

풍납토성
(북성)

몽촌토성
(남성)

아차산 일대에서 발견된 고구려 보루의 위치

다. 하지만 포로가 된 개로왕이 끌려간 곳이 아차산이었음을 생각하면, 이 일대는 이미 고구려의 군사 지역으로 활용되고 있었을 것이다. 이렇게 고구려는 하루 이틀이 아니라 아주 오랫동안, 차근차근 준비를 하며 백제 침공의 날을 기다리고 있었던 것이다. 여기에 도림으로 대표되는 첩자의 파견과 북위와의 외교 관계도 큰 힘을 발휘했다.

개로왕 21년 9월 가을, 장수왕은 3만 명의 군대를 일으켜 백제의 한성을 쳤다. 고구려는 군사를 네 방향으로 나누어 동시에 공격했고, 바람이 부는 방향을 이용해 화공법으로 문을 불태웠다. 민심을 잃은 왕이 다스리는 도성은 불안에 떨었다. 필사의 각오로 지키려고 하기는 커녕, 나가서 항복하려는 사람도 많았다. 개로왕은 마지막이 다가오고 있음을 알아차렸을 것이다. 《삼국사기》에 따르면, 개로왕은 아들인 문주를 불러 이렇게 말했다.

> "내가 어리석고 밝지 못하여 간사한 사람의 말을 믿고 썼다가 이 지경에 이르렀다. 백성은 쇠잔하고 군사는 약하니 비록 위태로운 일이 있어도 누가 기꺼이 나를 위하여 힘써 싸우겠는가?"

개로왕은 도림이 달아나고 장수왕의 침공이 시작되었을 때, 비로소 자신의 처지를 냉철하게 받아들인 것 같다. 이미 돌이킬 수도 없는 지경이 되었다는 것도. 그래서 개로왕은 자신의 잘못을 인정하고 이제 나라와 백성마저 자신에게 등을 돌렸다는 현실을 인정했다. 늦은 참회라고 해도 죽을 때까지 자신의 실패를 인정하지 않은 것보다는 차라리 낫다. 자, 그럼 이제 어떻게 해야 할까?

"나는 마땅히 사직(社稷)을 위하여 죽겠지만 네가 이곳에서 함께 죽는 것은 유익함이 없다. 어찌 난을 피하여 나라의 계통(國系)을 잇지 않겠는가?"

이미 국고는 탕진되었고, 백성들의 신뢰를 잃었으며, 적국의 군대는 바로 코앞까지 들이닥쳐 있다. 희망이 없다. 이대로 죽을 수밖에 없다. 개로왕의 선택은 이제까지 저지른 잘못의 책임을 지고 죽는 것이었다. 그것이 사직, 조상으로부터 이어받은 백제라는 나라를 위한 일이기도 했다. 아들이자 후계자 문주의 탈출을 권한 것은 아버지의 정 때문이 아니라 나라의 명맥을 잇기 위해서였다. 백제의 멸망을 피할 수 없다고 해도 만약의 가능성을 본 것이다.

왜 자신은 탈출하려 하지 않은 것일까. 비정한 일이지만, 이 순간만은 개로왕의 선택이 옳을 수도 있다. 개로왕이 만약 탈출에 성공한다 해도, 이제까지의 잘못에 백성까지 버렸다는 죄가 더해질 뿐이다. 그러면 백제는 정말로 망한다. 자신은 죽더라도 백제만은 살리려고 한 것이리라.

당시 백제의 수도는 북성과 남성으로 나누어져 있었는데, 고구려는 7일간 북성을 공격해서 함락시켰다. 최근의 고고학 발굴에 따르면, 북성은 풍납토성, 남성은 몽촌토성으로 추정된다. 풍납토성에는 실제로 화재의 흔적이 남아 있고, 건물들이 일시에 무너져 내린 흔적이 확인되었다. 방화와 약탈이 자행되었다는 증거이니 한성백제 최후의 날은 대단히 치열했으리라. 《일본서기》에 따르면, 이때 개로왕은 물론이거니와 대후(大后), 왕자들이 몰살당했다고 한다. 왕족이 달아나지 못할

지경이었으니 하물며 힘없는 백성은 어땠겠는가.

개로왕의 최후는 비참했다. 문주에게는 나라와 더불어 죽겠다고 말한 개로왕이었지만, 마지막 순간에는 성을 탈출했던 모양이다. 하지만 오래지 않아 고구려군에게 사로잡혔다. 개로왕을 사로잡은 고구려의 장수 재증걸루와 고이만년은 원래 백제의 사람이었지만 고구려에 귀순한 이들이었다. 장수왕은 첩자를 파견한 것뿐만 아니라 백제의 배신자들을 정벌의 앞잡이로 활용했던 것이다.

이들은 처음엔 말에서 내려 절함으로써 옛 주군에게 예를 갖췄지만, 그 다음으론 얼굴에 세 번 침을 뱉고 개로왕이 저지른 죄를 낱낱이 밝혔다. 개로왕은 이처럼 치욕을 당하며 포로 신세가 되어 아차산으로 끌려갔다. 당연히 가마나 말에 태울 리 없었을 것이다. 본디 백제인이었던 걸루나 만년에게는 자신들을 쫓아낸 왕에게 지난 원한을 복수하는 기회였을 테니, 개로왕은 이들에게 갖은 모욕을 당했을 것이다.

그렇게 끌려간 개로왕은 아차성(阿且城, 아차산성) 아래에서 죽임당했다. 마지막 순간 개로왕은 왕으로서의 자존심을 지키려 했을까? 지난날을 후회했을까? 백제의 앞날을 걱정했을까? 원한을 가진 옛 신하들이 칼날을 쥐고 있었으니, 곱게 죽지는 못했을 것이다.

그 후 개로왕이 어디에 묻혔는지는 지금까지도 알려져 있지 않다. 아차산 일대에는 개로왕의 무덤이라는 소문이 도는 아주 초라하고 작은 석실분묘가 있지만, 사실을 입증할 만한 증거는 아무것도 없다. 개로왕은 그렇게 죽었다. 이렇게까지 비참하게 죽은 왕은 삼국 시대에도 손에 꼽을 정도이다. ▪

개로왕이 고구려의 침입을 전혀 예상하지 못했던 것은 아니었다. 그

래서 중국은 물론이거니와 신라, 왜에도 협조를 구했다. 성벽을 쌓고 제방을 만든 것 역시 외적의 방비를 막기 위한 것일 수도 있었다. 하지만 아무 소용이 없었다. 만약 백제가 충분한 정보를 수집했더라면 미리 방비를 하거나 좀 더 일찍 원군을 부를 수 있었을 것이다. 그러나 신라의 1만 원군은 한성이 함락되고 개로왕이 죽은 다음에야 도착했다.

■ 이런 비참한 죽음이야말로 장수왕의 작전이었다는 주장도 있다. 개로왕을 살해할 때 사실상 정벌을 일으킨 장수왕 자신은 뒤로 빠지고, 두 명의 백제 귀순자에게 모든 책임을 넘기면서 백제인이 백제인을 응징하는 것으로 만들어 고구려의 정벌을 정당화했다는 것이다.

한성백제의 멸망은
피할 수 없는 결말이었는가

과연 백제인들은 개로왕의 죽음을 어떻게 받아들였을까? 개로왕이 정책상의 실수를 한 것은 사실이다. 왕권 강화와 강력한 백제의 구축이라는 목표가 있긴 했지만, 그것을 실현하기 위해서 백성들을 함부로 쥐어짜고 고통을 준 것 역시 사실이다. 이미 개로왕은 인심을 크게 잃었고, 고구려 군대가 쳐들어왔을 때 백성들은 살아남기 위해 싸울지언정 왕을 위해 싸운다는 마음은 거의 없었다. 개로왕은 그 사실을 누구보다도 잘 알고 있었던 것 같다.

하지만 개로왕은 그렇게 포악한 인물이 아니었다. 오히려 성실하고 의욕이 넘치는 인물이었고, 백제의 혼란기를 어느 정도 정리하고 왕족들을 중심으로 왕권을 강화한 것 같다. 그렇다면 그는 운이 나빴던 걸까? 멸망할 수밖에 없는 운명 앞에서 애쓰다가 무너져간 불행한 영웅일까? 하지만 세 명의 왕이 연거푸 암살당한 훨씬 더 어려운 지경에서

즉위하고도 백제의 안정기를 이룩한 무령왕이 있는 한 개로왕을 위한 변명은 힘을 잃는다. 그의 실패는 넘치는 의욕과 빈약한 현실 인식, 그리고 지나친 행동력이 가져온 참담한 결과였다.

그가 이룩한 왕권 강화는 안 하느니만 못한 일이었다. 백제의 안정을 이룩하는 게 목표였지만, 또 그럴 가능성도 있었지만, 결과적으로는 백제의 쇠퇴를 부채질한 꼴이 되었던 것이다. 귀족 세력이 너무 커져서 왕이 암살당하기까지 했던 백제의 당시 상황에서 왕의 권위를 세우는 것은 필요불가결한 조치였을지도 모른다. 하지만 그렇게 강화된 왕권으로 무엇을 하느냐가 문제였다.

비록 외교에서는 실패했지만, 개로왕은 어느 정도 왕권을 안정시켰던 게 분명했다. 성을 쌓고 왕성을 고치며 아버지의 무덤을 개장했던 것은 모두 강력해진 왕의 권력을 토대로 가능했던 것이리라. 그렇지 않았다면 아예 시행조차 불가능한 사업이었을 테니.

하지만 고구려가 대대적인 정벌을 준비하며 군사기지를 백제 왕성 코앞에 세우는데도 토목공사에 열을 올렸다는 것은 쓸데없는 낭비이자 자살행위였다.

개로왕은 가장 먼저 쇠약해져 가는 백제의 현실을 인정하고 받아들여야 했다. 아니, 충분히 알고 있었던 것인지도 모른다. 그렇다면 개로왕의 왕궁 조영은 명백한 현실도피였다. 개로왕은 으리으리한 궁궐과 높은 성벽을 짓고 이것이야말로 자신의 업적이라며 자화자찬을 하며 바둑을 두었던 것일지도 모른다. 고구려는 언제 쳐들어올지 모르고 중국의 나라들은 도움을 주려 하지 않는 상황이었지만 말이다.

결과적으로 개로왕 자신은 죽었지만, 더 큰 폐해는 나라에게 돌아갔

다. 본래 쇠약해 가던 백제였지만, 개로왕의 실패는 나라에 진정으로 치명적인 상처가 되었다. 개로왕 이후 몇 대에 이르기까지 백제는 패전의 후유증에 시달려야 했고, 왕권은 바닥에 떨어져 왕의 암살이 거듭되었으며, 내전이 이어졌다. 도중 무령왕(《일본서기》에 따르면, 그는 개로왕의 아들이라고도 하고, 또는 개로왕의 동생 곤지의 아들이라고도 한다)의 치세에 다시 중흥의 시기를 맞았지만, 백제는 다시는 이전 같은 활기를 되찾지 못했고 천천히 멸망의 길로 접어들었다.

왕이라고 해서 나랏일을 자기 마음대로 하는 것이 정당한가? 왕권 강화는 언제나 정당할까? 현실에 절망한 왕이 자신에게 주어진 권력을 남용했을 때 나라는 왕의 장난감이 되었고, 백성들은 위대한 나라 건설이라는 목표 아래 고초를 겪어야 했다.

고려 의종

푸대접과 편애의 양끝에서

의종의 재능이란 결코 왕다운 것은 아니었다. 격구를 아무리 잘한다 해도 격구채로 나라를 다스릴 수 없는 일이다. 그러니 왕에게 가장 필요한 재능이란, 각각의 재능을 가진 신하들을 모두 담을 수 있는 크고 넓은 그릇인지도 모르겠다.

年 代 表

인종
4년(1126) 2월, 이자겸의 난.
13년 1월, 묘청의 난.
14년 2월, 묘청의 난 진압.
24년 인종 사망, 의종 즉위.

의종
5년 2월, 김부식 사망.

3월, 태자의 스승 정습명 사망. 자살했다고 함.
7년 왕태자를 세우다.
11년 재앙을 없애는 법회를 지방 곳곳에 벌이다.

신하들의 집을 빼앗아 별궁을 짓다.

둘째 동생 대령후(大寧侯) 경(曔)을 천안으로 귀양 보내다.
21년 정월, 의종이 김돈중의 실수를 자객의 소행으로 오해하고 계엄령을 내림.
22년 3월, 의종, 서경에 행차해서 신령(新令)을 반포.
24년 8월, 무신의 난(정중부의 난) 발발.

의종, 폐위되어 거제도로 귀양 감.

의종의 셋째 동생 익양후가 명종으로 즉위.

명종
3년(1173) 8월, 김보당의 난이 일어나다.

9월, 난이 진압당하고 김보당 외 주역들이 처형되다.

10월 1일, 의종, 이의민의 손에 허리가 접혀 죽다.

사랑받지 못했던 태자,
배은망덕한 왕이 되다

고려 18대 왕 의종은 그 자신보다는 그의 치세에 있었던 무신의 난으로 더 유명하다. 그래서인지 의종에게는 도탄에 빠진 나라를 외면하고 흥청망청 놀다가 무신의 난을 초래했다는 선입견이 두텁게 깔려 있다. 과연 그렇게 잘난 것 하나 없는 못난 왕이었을까. 그렇다고 의종이 억울하다거나 그에게 숨겨진 비밀이 있었다고 말하려는 것은 아니다. 다만 의종의 어디가 부족했는지, 그리고 어떻게 이런 지경에 이르게 되었는지 살펴보는 것도 좋지 않을까.

그렇지만 의종은 사료를 볼수록 '구제불능'이라는 네 글자만이 떠오르는 인물이기도 하다. 역사를 볼 때 언제나 다른 사람의 편견에 휘말리지 않도록 조심하며, 그래서 아무리 역사서에서 일관적으로 욕을 해도 한두 번은 의심하고 뒤집어 보는 게 습관처럼 배어 있음에도, 보면 볼수록 이렇게 모자란 사람이 어떻게 임금이 되었을까 싶을 정도로 한심한 인물이 바로 고려 의종이다. 그나마 무신난이 일어났고 정권을 잡은 무신들이 상당히 곤란한 인간들이었기에 그의 잘못이 많이 덮어진 것이지, 그가 왕의 자리에 앉은 21년 동안에 나라가 망하지 않은 게 신기할 정도로 복장이 터지는 사건들로 얼룩져 있다. 그래서 의종은 한국의 역사상 유례가 없을 만큼 비참하게 죽은 왕이 되었다.

《고려사》의 〈의종 본기〉를 보면, 의종은 하루걸러 놀러 나가고, 이틀 걸러 잔치를 벌이고, 사흘 걸러 신하들과 사소한 일로 싸워댔다. 그의 치세는 대단히 순도 높은 이기심과 무절제로 점철되어 있다. 솔직한 감상을 말하자면, 제대로 어른이 되지 못한 아이가 함부로 그려댄 낙서를 보는 기분마저 든다. 이런 왕의 시대에 무신난이 벌어져도 어쩔 수 없다는 생각이 들 만큼.

사실 의종에게도 핑계를 댈 구석이 있긴 하다. 나라는 그가 물려받기 전부터 엉망진창이었다. 그의 아버지였던 인종 때에는 이자겸의 난과 묘청의 난이 연달아 일어났다. 욕심 많은 이자겸을 외할아버지로 둔 덕에 인종은 두 이모를 아내로 맞아들이고, 그것도 모자라 살해당할 뻔했다. 그 다음으로는 고려가 개경파, 서경파 두 파로 갈라졌고, 묘청의 난은 겨우 진압되었지만 개경파 문벌귀족들이 모든 권력을 독식하게 되었다. 의종이 물려받은 것은 바로 그런 나라였는데, 즉위하는 과정도 순탄하지는 않았다.

이자겸의 난 이후, 인종은 이모이기도 했던 두 왕비를 폐출했다. 그리고 임원애의 딸에게 새장가를 들어 아들을 다섯이나 두고 큰아들 현(晛)을 태자로 삼았는데, 그가 바로 훗날의 의종이다. 그런데 부모는

큰아들 대신 귀여워하던 둘째 아들을 태자로 세우려고 했다. 그러나 태자의 스승 정습명(鄭襲明)이 애써 옹호했기에 의종은 폐해지지 않았고, 인종이 승하한 뒤 19세의 나이로 아버지의 뒤를 이어 고려의 왕이 되었다.

부모에게 사랑받지 못했던 과거 때문일까? 의종은 치세 내내 자기 마음에 드는 사람만을 극진하게 아꼈다. 왕이 되고 난 이후 친어머니에게 그간의 섭섭했던 심정을 노골적으로 털어놓기도 하고, 동생 주변의 사람들을 역모 혐의로 차례차례 처형하거나 귀양 보냈다. 반대로 총애하는 신하들은 지극정성으로 편애했다.

그 대표적인 사람이 의종을 어렸을 때부터 돌본 환관 정함이었다. 둘째 동생을 훨씬 예뻐했던 어머니에게의 반발 심리에서였는지, 의종은 유모를 많이 따랐다. 마찬가지로 자신을 어릴 때부터 돌봐주었던 환관 정함에게도(정함은 유모의 남편이기도 했다) 많은 애정을 쏟았다. 의종의 총애를 받은 정함은 고려의 역사상 최초로 환관이면서도 왕의 측근인 내시(內侍)가 된 인물이다. ■

의종 5년의 일이다. 의종은 자신의 왕비 왕씨를 흥덕궁주(興德宮主)로 봉하고 이를 축하하는 잔치를 열었다. 왕비이면서 궁주라고 한다니 생소하겠지만, 왕의 비들을 중전과 빈으로 부른 것은 조선 시대 이후의 일이었다. 여하튼 왕비의 잔칫날이니 궁궐 안의 대소신료들이 모여 웃고 떠드는 즐거운 시간을 보냈을 것이다.

■ 지금 우리는 환관과 내시를 같은 말로 알고 있지만, 고려 때만 해도 이 둘은 엄연히 다른 것이었다. 환관은 거세된 남자로 궁중의 잡일을 도맡았던 하인이었다. 반면 내시는 귀족의 자제나 과거에 합격한 엘리트로 왕을 보좌하는 측근이었다. 하지만 의종 때의 정함을 시초로 하여 조선 시대가 되면 이 두 단어는 똑같이 '남성이 제거되고 왕을 모시는 이' 들을 일컫게 되었다.

그런데 이날 참여한 정함은 코뿔소 뿔을 얇게 잘라 붙인 고급 허리띠[犀帶]를 하고 있었다. 서대는 고려 때는 왕이나 문반 5품 이상의 신료들이 할 수 있었던 고급품으로, 일개 환관에 불과한 정함이 두를 수 없는 것이었다. 요즘에 비유하자면 하급 공무원이 국회의원 배지를 달고 행사장에 나타난 것쯤 될까. 아니, 그보다 심각했다. 당시 옷과 장신구는 신분과 관직, 그러니까 사회 제도의 상징이었기에 아무리 돈이 많아도 함부로 할 수 있는 게 아니었다. 관리들이 당장 정함의 허리띠를 빼앗은 것도 무리는 아니었다. 그러자 왕은 화를 내며 잔치를 파하고, 당장 자신의 허리띠를 풀어 정함에게 하사했다. 더구나 허리띠를 빼앗은 사람들에게는 귀양을 보내는 중벌까지 내렸다.

작은 에피소드이긴 하지만 의종의 인간됨을 속속들이 보여 주는 사건이다. 한참 흥겨워질 차에 잔치를 끝내고 대소신료들이 보는 앞에서 허리띠를 풀어 환관에게 선물하는 임금의 모습이란. 국가의 지도자이자 법과 제도의 수호자인 왕이 규정을 깨고 특혜를 베푼 것이다. 그래도 이 정도는 어린 시절 정에 굶주렸던 의종이 자신의 보부(保夫)에게 '은혜 갚는 까치' 놀이를 했다고 너그럽게 이해해줄 수 있겠다. 하지만 사건은 여기서 끝나지 않았고, 이후로도 정함의 벼슬을 높여주려는 의종과 반대하는 신하들 간의 치열한 줄다리기가 계속되었다.

> "경들이 짐의 말을 듣지 않으니, 짐은 먹는 것이 달지 않고 잠자리가 편하지 않다."

의종이 반대하는 신하들에게 한 말이었다. 여기까지는 그나마 신하

들의 동정심을 자극하는 하소연 같지만, 여기에 한 술 더 떠서 무시무시한 협박마저 일삼았다.

> "이는 실로 신하로서 임금을 사랑하는 도리가 아니다. 만약 (정함의 승진에) 서명하지 않는다면 너희들을 모두 죽여 젓[醢]을 담글 것이다."

죄를 저지른 신하를 죽이고 살을 저며서 소금을 뿌려 젓갈로 만드는 것은 먼 옛날 중국에서 반역자에게나 한 일이었다. 그러니까 고작 왕의 총신에게 벼슬 주는 것을 반대했다고 내릴 만한 벌은 아니라는 말이다.

신하들은 왜 정함의 임용에 반대했을까? 그야 정함이 환관이었다는, 그러니까 신체의 결함을 가진 사람이라는 편견이 크게 작용했으리라. 하지만 의종도 못난 것은 마찬가지였다. 정함이 장영실급의 인재였더라면 얼마나 좋았을까? 하지만 전혀 그렇지 않았다. 정함에게 머리라는 기관이 달려 있고 눈치라는 게 존재하고 있었다면, 애초에 많은 사람들의 눈이 있는 잔칫날에 말썽이 될 게 뻔한 허리띠를 하고 나오지 않았으리라. 자기를 위해서 뿐만이 아니라 자신의 왕을 위해서라도 말이다. 하지만 정함이 능력을 발휘한 일이라곤 허리띠를 자랑하는 일과 부정축재를 잔뜩 해서 분수 넘치게 호화롭게 산 정도였다. 고작 저런 인물을 위해 신하들과 싸워야 했던 의종은 참으로 한심한 왕이었다. 더 큰 문제는 이렇게 문제 많은 총신들이 한둘이 아니었다는 것이다.

의종은 자신의 측근인 내시로 환관뿐만 아니라 각양각색의 특이한

사람들을 골라 뽑았으니, 피리를 잘 불어서 왕의 눈에 든 이홍승이나 시일을 앞당겨서 별궁을 지어낸 박희준 등이 있다. 지나가던 물새를 보고 상서로운 검은 학이 나타났다면서 왕을 칭찬하는 시를 지어 바쳤다가 그 자리에서 국자감박사로 임명된 황문장 같은 사람도 있다. 정함은 그나마 어릴 때 돌봐준 인연이라도 있었으니 조금은 사정을 이해할 수 있다. 하지만 다른 사람들은 모두 정상적인 절차로는 관리가 될 수 없는 결함이 있는 사람들이었음에도 파격적으로 승진을 했다.

이것이 나쁘냐고 묻는다면, 당연히 나쁘다. 낙하산이라는 말이 부정적인 이미지로 다뤄지는 것에는 그럴 만한 이유가 있어서이다. 절차는 질서이기도 하다. 너도나도 절차를 지키지 않고 내키는 대로 움직인다면 사회의 기준이 혼란스러워지고 뒤흔들리게 된다. 그렇게 되면 백성들은 불안해하고 겁을 내는 법이다.

그런데 이들 낙하산 총신들은 당시 사회에 끼친 폐도 상당했지만, 무엇보다 총신들 자신부터가 불행했다. 이들은 왕의 눈에 들어서 하루아침에 출세를 했지만, 가진 것은 제대로 된 능력이 아닌 어설픈 재주였다. 게다가 지위에 걸맞은 상식과 개념을 갖춘 사람들도 아니었다. 바꿔 말하면 왕의 총애 말고는 아무 기댈 데 없는 천둥벌거숭이였다는 것이다. 대간들은 툭하면 이들의 자질을 문제 삼아 반대했다. 총신들로서는 왕의 마음이 변한다면 당장에 쫓겨날 처지였고, 따라서 마음을 졸일 수밖에 없었다.

그래서 총신들은 총애를 잃지 않고자 의종에게 과잉 충성을 바쳤고, 그 방법은 나날이 추잡해졌다. 정함은 의종의 동생이 역모를 꾸몄다고 밀고해서 정국을 발칵 뒤집었고, 이에 많은 사람이 죽었다. 또 다른

총신이었던 영의는 왕의 수명을 연장한다며 기도를 하거나 왕족들의 집을 빼앗아 별궁을 짓게 했다. 그 외에도 값비싼 보물들을 모아 바치거나, 왕의 장수를 빈다며 그의 모습을 본뜬 불상을 여러 개 만들기도 했다. 왕을 위해 재앙을 물리치는 법회를 열었고, 별궁의 완성일을 앞당기기도 했다. 왕이 좋아하는 음악을 피리로 연주하는 재롱을 부리기도 했다. 이처럼 총신들은 왕의 마음을 얻기 위해 필사적으로 예쁜 짓을 골라 했다. 이들은 의종의 말 한마디면 산 절벽 중턱에 피어 있는 꽃이라도 꺾어왔으리라.

이렇게 총신들이 왕에게 잘 보여서 권력을 얻고, 권력이 손에 있다면 왕에게 바친 것 이상으로 긁어모을 수 있었다. 이처럼 과잉 충성과 뇌물이 꼬리를 무는 와중 그 폐해는 고스란히 백성들 몫으로 돌아갔다. 의종은 이런 사정을 전혀 몰랐을까? 그는 오히려 신하들이 자신을 위한다고 기뻐하며 권장했다.

그래서 의종의 총신들은 남을 모함하거나 왕에게 아부하는 것 말고는 능력도 없고 개념도 없었으며, 음습하고도 유치한 총애 다툼만 거듭했다. 의종 시대의 인물로서 《고려사》 〈열전〉에 실린 사람들은 대부분 부정적인 평가를 받고 있다. 이들이 활개 치는 세상이 좋은 나라일 리 없다.

이런 폐해들을 그저 의종이 어릴 적 사랑받지 못한 탓이라고 해야 할까? 의종은 자기가 좋아하는 사람에게는 지극정성이었지만, 그렇지 않은 사람에게는 혹독하고 잔인했다. 어머니에게 원망을 털어놓거나 동생을 귀양 보내 죽인 것쯤은 맺힌 게 있어서 그러려니 이해하려 해도, 스승의 대접에서 그의 배은망덕함은 가장 눈부시게 빛났다.

앞서 말했듯 정습명은 태자를 폐위의 위기에서 구한 은인이었다. 하지만 의종은 왕이 되기 전부터 잔소리를 하는 스승보다는 듣기 좋은 말을 해주는 아부꾼들을 총애했고, 또 그 아부꾼들은 쉴 새 없이 정습명을 모함했다. 결국 정습명은 병이 들어 관직에서 물러난 뒤, 스스로 죽음을 택했다. 일부러 치료를 하지 않았다고도 하고, 독약을 먹었다고도 한다.

"정습명이 살아 있다면 내가 어찌 여기에 올 수 있었겠느냐?"

정습명이 죽은 뒤, 말을 직접 골라 타고 놀러 나간 의종이 한 말이었다. 스승의 죽음 앞에서도 별로 깨우친 게 없었던 것이다.

결국 의종은 좋고 싫은 게 극명했고, 내키는 대로 사람을 대하는 제멋대로의 사람이었다. 엄한 사람보다 오냐오냐 응석을 받아 주는 쪽을 좋아하는 게 사람의 본성일까? 하지만 나라의 임금으로서는 한없이 부족했다. 왕은 자신을 좋아하는 사람뿐만이 아니라 싫어하는 이들에게도 왕이기 때문이다. 신분이 낮을뿐더러 인간성도 부족한 총신들만 아끼고, 다른 신하들에게 협박을 일삼는다. 이래서야 죽도 밥도 안 된다. 왜 하필 그런 총신들을 고른 것일까?

어쩌면 의종은 의도적으로 그런 이들을 측근으로 둔 것일지도 모른다. 능력도 없고, 가문도 없고, 그저 별난 재주 하나만 가진 무지렁이를 뽑아 권력을 주고 관직을 내린다. 별것 없었던 총신들은 하늘에서 떨어진 횡재에 혼비백산하고, 그리고 이런 은혜를 내린 왕의 발이라도 핥을 듯이 굽실댄다. 의종은 바로 그것을 보며 즐거워했으리라. 자기

가 정말 굉장히 훌륭한 힘이라도 가진 듯한 기분이 들었을 테니 말이다. 이야말로 권력자만이 할 수 있는 '사람으로 하는 인형놀이'이다. 바꿔 말하면 의종은 그렇게 해야만 자신이 왕임을 확인할 수 있었다는 말이다. 참 질이 나쁘지만, 그만큼 주변이 불안했고 사람을 믿지 못했다는 말도 된다.

재주 많은 임금의 문제

이제까지 내내 의종을 부정적으로 보는 이야기를 했지만, 한 가지 놀라운 반전이 있다. 의종은 문무를 겸비한 능력자였다는 사실이다. 《고려사》를 읽다 보면, 그가 참으로 재주가 많은 임금이라는 사실을 확인할 수 있다.

의종은 문학적 재능이 상당히 뛰어나서, 붓을 잡으면 그 자리에서 시를 척척 써냈다고 한다. 그는 무신난이 일어나기 직전까지 나라의 이곳저곳을 놀러다니면서 풍경이 좋다 싶으면 행차를 멈추고 총신들과 함께 술을 마시고 시를 읊었다. 가뭄이 들었을 때는 붓을 잡고 단숨에 비를 기원하는 시를 지어 보이기도 했고, 심지어 꿈속에서도 시를 지었다며 신하들에게 자랑하기까지 했다. 마찬가지로 시를 잘 짓는 신하들을 총애해서 의종이 말년에 대동하고 다녔던 총신들은 모두 시에 한가락하는 사람들이었다. 이를테면 대장군의 뺨을 때려 무신의

난의 계기를 마련했던 한뢰라는 사람도 시 잘 짓기로 유명한 당대의 문인이었다.

의종은 자신의 글 솜씨에 상당한 자부심을 가지고 있었던 모양이다. 그래서 자신의 총신인 내시 황문장을 시켜서 자신을 '태평세월에 글을 좋아하는 임금[大平好文之主]'으로 칭찬하는 글을 지어 올리게 했다. 총신이 왕에게 아부를 할 수도 있지만, 아부도 지나치면 듣기에 거북살스러워지는 법이다. 헌데 의종은 일부러 아부하라는 명령까지 내렸으니 보는 사람이 민망해진다. 더 심각한 문제는 의종이 자신을 그러한 임금이라고 진정으로 믿었을 것이라는 데 있지만.

그런데 본격적으로 시를 지은 것은 그나마 나이가 든 다음이었고, 젊을 적에는 스포츠에 열광했다. 의종이 특히 좋아했던 운동은 격구였다. 의종은 즉위 초기에 격구놀이에 푹 빠져서 3일 내내 관람하기도 했다. 게다가 구경만 하는 데 그치지 않고 직접 경기에 참여했다. 왕의 끊임없는 격구 행각에 대간이 잔소리를 하자, 의종은 앞으로 격구를 하지 않겠다고 약속하고는 구장(毬杖), 그러니까 스틱을 어사대에 보냈다. 그러면서 마지막으로 한 번만 놀겠다며, 북원에 나와 공을 쳤는데 '따를 자가 없을 만큼' 뛰어났다고 한다.

다른 누구도 아닌 임금이 공을 잡고 있었으니 주변 사람들이 봐준 것도 있겠지만, 실제로도 의종의 격구 실력은 상당했으리라. 도대체 얼마나 많이 놀아댔기에 왕이면서도 그런 실력을 갖췄겠는가. 의종은 고려의 왕이었다. 나랏일 하기에도 바쁜 왕이 격구를 연습할 시간이 있을 리 없었을 텐데.

의종은 격구 외에 수박희도 좋아했다. 그의 몰락을 부른 무신의 난도 수박희가 발단이 되었고, 후일 의종을 살해한 이의민도 수박희를 잘해서 왕의 눈에 들었던 인물이었다. 한때의 총신이 반역자가 되다니, 이런 것이야말로 역사의 아이러니가 아닐까.

정리하자면 의종은 글도 잘 짓고 체육도 잘했다. 그렇다면 유능한 왕이지 않은가? 어째서 무신의 난을 초래하고 스스로를 망치게 되었을까? 뛰어난 왕이 좋은 나라를 꾸려나가는 게 아닌가? 이런 의문이 생길 수도 있지만 이때 조심할 게 있다. 의종은 뛰어난 능력만큼이나 자신에 대한 자부심이 대단한 인물이었다. 그 결과는 끊임없는 잘난 척으로 이어졌다.

이 얼마나 한심한가. 다 큰 어른이, 그것도 임금씩이나 되어서 신하들 앞에서 장기자랑이나 하고 있다니 말이다. 나름 정제되었을 역사서에서조차 이렇게 잘난 척으로 점철되어 있으니, 실시간으로 왕의 잘난 척을 보아야 했던 당시 대소신료들의 고통은 굉장했을 것이다. 총신들이야 아부를 쏟아낼 절호의 기회였겠지만.

왕도 인간이니 이런저런 실수를 할 수도 있다. 하지만 의종의 잘난 척은 신하들의 말을 들으려 하지 않는 옹고집으로 흘렀다. 아무리 뛰어난 왕이라도 혼자서 나라를 다스릴 수 없다. 모든 분야에서 뛰어날 수도 없고, 모든 일을 다 잘할 수도 없다. 아니, 뛰어나지 않아도 된다. 그 분야의 일을 가장 잘할 수 있는 전문가를 발탁해서 맡기면 되니까. 그래서 왕의 유능함과 신하의 유능함은 엄연히 다르다. 왕은 충성과 능력을 갖춘 신하를 골라 뽑고, 이들이 일할 수 있는 체제를 마련하며, 가장 필요한 곳에 배치하여 최대의 효율로 나라를 굴린다. 그것이 왕이 꼭 해야 할 일이고, 왕이 해야 할 모든 것이다.

한때 태산을 뽑을 것 같은 기세를 자랑했던 호걸 항우가 별 볼일 없는 한량이었던 유방에게 패배한 이유가 여기에 있다. 항우는 무예에도 뛰어나고 출신도 좋았지만, 자존심이 강하고 자신의 힘을 너무 믿었다. 농민 출신이던 유방은 오만방자하고 매몰찬 성격이었지만 자신의 한계를 잘 알고 있었고, 자기보다 뛰어난 다른 사람을 들여옴으로써 약점을 보완했다. 정치에는 장량을 등용하고, 재정에는 소하를, 전쟁에는 한신을 기용했다. 유방은 당장 드러나는 장점은 없었지만 용인술(用人術)의 천재였다. 그래서 항우는 혼자만의 호걸로 죽었지만, 유방은 제국을 세워 황제까지 될 수 있었던 것이다.

그런 의미에서 의종의 재능이란 결코 왕다운 것은 아니었다. 격구를 아무리 잘한다 해도 격구채로 나라를 다스릴 수 없는 일이다. 그러니 왕에게 가장 필요한 재능이란, 각각의 재능을 가진 신하들을 모두 담을 수 있는 크고 넓은 그릇인지도 모르겠다.

자의식이 강한 왕은 나라에게나 신하들에게나 골칫거리였다. 대간들은 끊임없이 의종의 정책에 반대하고, 또 총신들에게 벼슬을 내리는 것을 반대했지만 의종은 전혀 듣지 않았다. 왜? 그의 뛰어난 능력을 바탕으로 쌓아올린 높은 자존심 덕분이었다.

의종이 보기에는 자신보다 못난 신하들이 떠들어대는 말들이 정말이지 가소롭게 느껴졌을 것이다. 허나 신하들이 반대하는 것이 언제나 옳으리란 법은 없듯이, 왕 역시 모든 일을 잘 하리라는 보장도 없다. 의종은 자신의 빼어난 능력에 깊은 자부심을 가지고 아부꾼인 총신들에게 둘러싸여, 자신이 실수하거나 잘못을 저질렀을 가능성을 생

각하지 않았다. 혹은 억지로 무시했다.

그래서 의종이라는 인물을 들여다보면 볼수록 뒤틀려졌다는 것이 느껴진다. 문과 무에서 보인 빼어난 재능은 돼지 목에 진주를 한 것처럼 안 어울리고 불편하다. 왕이라고 해서 취미생활 하나 없이 살아야 한다는 것은 아니다. 그러나 의종은 자신이 신하들보다 더 잘났다는 상황을 즐겼지, 왕이 진정으로 해야 할 일이 무엇인지를 몰랐다. 이것이야말로 의종의 비뚤어짐이 명백하게 나타나는 증거이기도 하다.

《고려사》 집필진 중의 하나인 김양경(金良鏡)은 의종을 평가하며 이런 말을 남겼다.

> 왕이 좋아한 것이 처음(격구)과 뒤(시문, 詩文)가 달랐으나, 그 난을 초래한 것은 동일하였다. 그러므로 임금은 좋아하는 것을 삼가지 않을 수 없다.

틀린 말이 아니다. 격구로 무신들을 총애했고, 시문은 문신들을 끌어들여 무신들의 불만을 사게 했다. 어떻게 보면 의종이 정말 조심해야 했던 것은 취미생활보다 인간 관계였을 것이다.

어쩌면 부모가 그를 왕으로 세우려 하지 않은 이유도 여기에 있을 것이다. 노는 걸 좋아하는 사람이었으니 평화로운 시대에 태어났더라면, 아니 왕이 되지 않았더라면 자기 잘난 맛에 행복하게 살았을 사람이었으리라. 하지만 난리를 두 번이나 겪은 나라의 임금이 되기에는 어울리지 않았다.

그러나 일단 왕이 된 이상, 그 시대를 책임질 수밖에 없었다. 의종은

자신의 시대에서 해결하거나 최소한 완화할 수 있었던 잘못들을 못 본 척 넘기며 자신의 취미활동에만 매달렸다. 무신의 난을 온전히 시대의 탓으로만 돌릴 수 없는 이유는 여기에 있다.

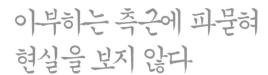

아부하는 측근에 파묻혀
현실을 보지 않다

재위기간 내내 의종은 끊임없이 이곳저곳을 돌아다녔다. 법회를 벌이기도 하고 경치가 좋은 곳에서는 잔치를 벌이기도 했다. 이를 보통 의종의 방탕함으로 보지만 다르게 보는 사람도 있는데, 절박한 현실에서의 도피라는 것이다.

분명 의종의 지위는 불안했다. 자칫하면 동생에게 왕 자리를 빼앗길 뻔했고, 국외의 사정도 아주 나빴다. 한때 고려가 오랑캐라고 무시했던 금나라는 중국 대륙의 한가운데를 집어삼키고 탄탄대로를 달리고 있었고, 송나라는 이렇다 할 힘이 없었다. 유라시아 대륙을 휘어잡을 초원의 정복자 칭기즈칸은 아직 갓난아기로 포대기에 싸여 무럭무럭 자라는 중이었다. 국제 정세에서 코너에 몰린 고려로서는 할 수 있는 뾰족한 수가 없었다.

나라 밖도 그렇지만 나라 안도 불안했다. 아버지 대에 두 번의 난으

로 권위가 실추되고 자신도 하마터면 왕이 못될 위기를 겪었던 의종에게는 모든 것이 불안했고, 따라서 불신을 품을 수밖에 없었다. 그래서 의종은 신변 문제에 지극히 신경질적이었다. 힘깨나 쓰는 사람을 모아다 내순검을 만들었고 밤낮을 가리지 않고 궁궐을 지키게 했으며 역모를 두려워했다.

이를테면 이런 일이 있었다. 김부식의 아들인 김돈중이 실수로 화살을 어가 근처에 떨어뜨린 일이 있는데, 의종은 이것이 역모인 줄 착각하고 범인을 색출하고자 계엄령을 내렸고, 이 와중에 여럿이 죽기까지 했다. 자신의 실수였다고 나서지 않은 김돈중도 문제였지만, 날아와 박힌 화살과 떨어진 것은 엄연히 달랐을 텐데 지나치게 신경질적인 반응이었다. 또 자신을 경호할 순검군이 제대로 일을 못한다며 가혹하게 처벌하기도 했다.

의종의 이런 불신 성향은 신령(新令)에서도 확연히 드러난다. 의종 22년 3월, 왕은 서경에 가서 신령을 반포했다. '새로울 신' 자가 들어간 이름 그대로, 낡은 것을 고치고 새로운 것을 정하겠다는 법이다. 의종은 이로써 왕업을 부흥시키고 백성들의 고생을 다독이겠다는 포부를 드러냈다. 특히 장소가 개경과 문신들의 본거지가 아니라, 불과 수십 년 전 반란이 진압된 이래 반역의 땅이 된 서경이라는 점이 의미심장하다. 그런데 신령의 주요 내용이 좀 이상하다. 음양술을 받들고, 불교를 존중하며, 신선술을 숭상하고 백성들을 구휼하겠다는 것이다. 야심만만한 포부에 비하면 그 내용은 참으로 부실한 뱀꼬리였다.

결국 의종은 개경과 유교를 꺼리고 기피하면서, 불교나 선(仙), 음양술 등을 통해 고려를 쇄신하려고 했던 것이다. 허나 의종이 태자로 남

을 수 있었던 것이 적장자 계승을 모토로 했던 유교 덕분이었다는 걸 생각하면 한심한 일이다. 게다가 내용 없는 개혁이 얼마나 체계적으로 이행되었을까. 유교하면 고리타분하고 케케묵은 것이라는 선입견이 있지만, 사실 유교는 수천 년 동안 다듬어진 대단히 잘 만들어진 정치적인 학문이었다. 이런 유교를 다른 것으로 바꾸려면 그만큼 치밀한 준비를 갖추어야 하지 않았을까?

결국 의종의 신령 개혁이란, 마치 수능시험을 준비하면서 문제집을 풀며 공부하는 대신 듣도 보도 못한 점쟁이를 찾아가는 수준이었다. 정석 문제집에 이 세상의 진리가 담겨 있는 것은 아니지만, 그렇다고 사이비 돌팔이를 잡아서야 어디다 쓰겠는가?

의종은 유교가 지배하는, 그리고 개경의 문벌귀족이 독점하는 세상을 어떻게든 바꿔 보려고 했는지도 모른다. 그런데 의욕만 있고 그 외의 것은 아무것도 없으니 흐지부지 될 수밖에 없었다. 의종의 주변을 가득 메우고 있던 총신들은 이런 어리석은 행각을 보면서도 두 갈래 헛바닥으로 칭찬만 했을 테니, 이래서야 악순환이 거듭될 뿐이었다.

이런 의종을 도와줄 만한 사람은 없었을까? 앞서 말한 정함도 그렇거니와 측근들에게는 또 한 가지 공통점이 있었으니 이름난 가문 출신이 아니라는 것이었다. 심지어 의종이 무던히도 총애했다는 여성 무비(無比)만 하더라도 관노 출신이었다. 당시 고려가 문벌귀족, 그것도 개경파 사람들에게 독점당해 있었던 것을 생각하면, 의종은 이들에게 반발한 끝에 일부러 별 볼일 없는 출신의 사람들을 골라 측근에 둔 것도 같다.

적어도 그 방법은 일차적으로는 성공했다. 의종의 치세가 20년 가까

이 이어지면서 문벌귀족들은 총신들과 맞서 싸우기보다는 손을 잡고 함께 권력을 누리는 쪽을 택했다. 덕분에 의종은 나라를 자기 마음대로 휘두를 수 있었다. 하지만 이 총신들은 왕을 위한 방패가 된 동시에, 그를 현실에서 벗어날 수 있게 하는 장벽이 되기도 했으니, 의종의 개혁에는 아무 도움이 안 되었다.

의종이 좋아한 격구와 수박희는 주로 무신들이 하는 놀이 겸 스포츠였다. 무신들 중에서 이것을 잘하여 왕에게 총애를 받은 인물이 바로 무신의 난을 일으킨 정중부와 이의민이다. 정중부는 훤칠한 미남자에다 격구를 잘해서, 이의민은 힘이 세고 수박희를 잘해서 각각 왕의 총애를 받았다. 무신난의 주역 3인방 중 두 사람이 모두 이런 식으로 왕의 총애를 받았다는 것은 그냥 우연으로 넘기기에는 너무도 의미심장한 사실이다.

그래서인지 의종의 스포츠 선호를 단순한 취미만이 아니라, 자신을 지킬 군대를 양성하기 위한 것이었다고 해석하는 사람도 있다. 놀이는 핑계일 뿐이고, 이를 통해 자신의 편을 들어줄 무신들을 양성해서 왕권 강화를 도모했다는 것이다. 분명 격구는 재미도 있으면서 체력과 마술(馬術)도 닦게 되는 등 여러 가지 군사훈련으로서의 이점이 있었다. 또 신분의 차이가 있다고 해도 함께 운동장에서 뒤엉켜 놀다 보면 마음도 트고 정도 주고받게 된다. 정말로 의종은 숨은 속셈이 있어서 격구에 빠진 척했던 것일까?

하지만 앞장에서 여러 차례 보았듯이, 왕권 강화는 반드시 좋은 것만은 아니다. 무엇보다 의종이 했던 모든 일에 어떤 목적이 있다고 해석하는 것이야말로 지나친 곡해가 아닐까. 격구를 하러 모여든 사람

은 벼슬도 없고 배운 것이 없어도 힘깨나 쓰는 사람들이었으리라. 만약 의종이 진심으로 격구를 통해 친위대를 선발할 작정이었다면, 이들을 군대로 조직하는 구체적인 움직임도 있었을 것이다. 구슬이 서 말이라도 꿰어야 보배가 되는 법, 장정들을 모아놓고 노는 것만으로는 아무것도 해결이 되지 않는다는 말이다.

게다가 시간이 흐르면서 의종의 취향이 변했다. 격구나 수박희 대신 시를 짓게 된 것이다. 나이 탓도 있겠지만, 그나마 문학적인 취미는 대간들의 잔소리가 한결 덜한 것도 있었으리라. 때문에 말년의 총신들은 주로 문학적 소양을 가진 이들이었고, 이제까지 총애를 받던 무신들이 찬밥신세가 되었다.

그래서 왕과 문신들은 온종일 배부르게 먹고 시를 읊으며 놀아도, 경호 담당 무신들은 밥을 굶거나, 심지어 얼어 죽기까지 했다. 게다가 의종 말기의 문신이나 총신들은 무신들이 예전의 총애를 되찾을까 두려워한 나머지 무신들을 업신여기고 공개적으로 망신을 주었다. 김돈중이 정중부의 수염을 불태운 것도 그렇고, 나이 든 무신의 뺨을 때린 한뢰도 그렇지 않았던가? 유치한 문신들도 문제가 있었지만, 사태의 책임은 의종에게도 있었다. 오늘 재미있게 놀았어도 내일 다른 재미가 생기자 잊어버리고 함부로 대한 것이다.

하지만 무신들은 마음 없는 인형이 아니라 원한을 품을 줄 아는 인간이었다. 그래서 무신난이 일어났고, 의종이 자신의 신변을 보호하기 위해 만들었던 순검군들은 왕실의 보물들을 앞장서서 털었다. 애초에 정중부와 이고가 왕성을 공격해 태자를 사로잡을 때 동원된 군사력부터가 순검군이었다. 가장 가까운 곳에서 모시며 충성을 바쳐야

할 이들이 왕을 증오했다는 소리다. 이렇게 신하들의 증오가 커져가는 동안 의종은 대체 무엇을 했던가?

이런 의종이 다스리던 고려는 어떤 나라였을지 상상해 보자. 의종은 즉위 이래로 꾸준히 여기저기 놀러다니고, 별궁과 정자를 짓고 잔치를 벌이며 흥청망청 놀았다. 불과 수십 년 전 두 번의 난으로 도탄에 빠졌던 그 나라가 맞나 하는 의문이 들 정도로 흥겨운 놀이로 가득한 시기였다. 의종은 미적 감각도 탁월했는지, 중미정(衆美亭)이라는 화려한 정자를 만들었다. 아름다운 경치를 자랑하는 이곳에서 의종은 배를 타고 신하들과 놀면서 뱃노래를 부르며 즐거운 시간을 보냈다.

이 정자에는 하나의 일화가 있으니, 어느 가난한 인부의 이야기이다. 정자를 짓는 데 동원된 인부들은 모두 자기가 먹을 것을 싸 와야했다. 하지만 유난히 가난한 인부가 있었고, 먹을 걸 마련하지 못해 동료들의 도시락 한 수저씩을 얻어먹어 가며 일했다.

어느 날에는 그 가난한 인부의 아내가 먹을 것을 잔뜩 싸와서 남편에게 먹이고 이제까지 신세를 진 동료들에게 나눠 주라고 권했다. 하지만 인부는 기뻐하기는커녕 더럭 의심을 했다. 워낙 찢어지게 가난한 살림이라서 당장 하루 먹을 것도 없는 형편인데, 아내는 대체 무슨 수로 음식을 가져왔느냔 말이다. 다른 남자와 자고 얻어낸 게 아닌가? 아니면 남의 것을 훔쳐낸 건가? 하지만 아내는 고개를 저었다. 자신의 얼굴이 못생겼으니 어느 남자가 가까이 오겠으며, 성격이 소심한데 어떻게 도둑질을 하겠느냐는 것이다. 다만 유일하게 가진 머리카락을 팔아 남편을 위한 음식을 마련했던 것이다. 모자를 벗자 볼품없이 드

러나는 아내의 짧은 머리를 보고, 인부는 목이 메어 더 먹지를 못했고 주변의 사람들도 슬퍼했다.

그렇게 가난한 인부들이 애써 만든 정자에서, 의종은 비단으로 꾸민 배를 타고 술을 마시며 놀았다. 왕을 지키는 무신들과 경호병들마저 끼니를 굶는데, 하물며 끌려나온 인부들은 오죽했을까. 인부들의 고통과 슬픔은 그 정자에서 온종일 놀이로 지새웠던 의종의 쾌락과 너무 극명한 대조를 보인다.

이 이야기는 그나마 사서에 기록되었지만, 미처 기록되지 않은 사연들은 더 많았을 것이다. 아무리 뛰어난 왕이라 해도 백성들 모두의 가난과 불행을 책임져 주지는 못한다. 그렇다고 포기하고 무시해야 하는 일도 아니다. 그래서 《고려사》는 의종의 몰락이 당연한 것이었다고 일침을 놓고 있다.

나라를 다스리는 요체는 용도를 절약하고 백성을 사랑하는 데에 있거늘, 의종은 못과 정자를 많이 만들어 재물을 낭비하고 백성을 괴롭혔으며, 항상 총애하는 자들과 향락만을 일삼고 국정을 돌보지 않는데도 재상과 대간으로서 말하는 자가 하나도 없었으니, 마침내 거제(巨濟)로 쫓겨 가게 된 것은 마땅하다.

터져 나온 불만,
무신의 난이 되다

　무신의 난, 혹은 정중부의 난은 의종 24년 8월에 벌어졌다. 이즈음 무신들이 의종에게 품은 불만은 이미 하늘을 찌르고 있었는데, 가장 큰 원인은 의종의 지나친 나들이 행각이었다. 《고려사》 곳곳에는 의종을 호종하는 내순검들이 과로로 고생했다는 언급이 나온다. 19년에는 의종이 보현원으로 가는 동안 날씨가 추워 호위하던 사람이 9명이나 얼어 죽었고, 어느 때는 늦은 밤 2경(10시 즈음)에 행차하는 바람에 호종하는 신하들이 길을 잃고 넘어지기도 했다.

　군대나 회사, 혹은 학교에 높은 분이 행차하면 어떤 난리가 벌어지는지 경험한 사람은 이해할 수 있을 것이다. 사기 진작을 위해서라지만 오히려 안 오는 게 고마울 정도로 말이다. 이런 일을 참는 것도 한두 달이고 1, 2년이다. 10년 넘게 이런 식으로 당한다면 마침내 견디지 못하고 폭발하는 것 역시 당연하다. 시를 읊기 좋은 풍경이 아름다운

곳을 찾는다며 돌아다녀도, 왕은 편히 자리 뻗고 잘 수 있으니 무엇이 힘들겠는가. 하지만 그런 높은 분을 지키고, 따라다니고, 불상사가 없도록 경호하는 무신들의 심정은 어땠을까? 그래서 《고려사》조차도 '피곤에 지친 무신들이 반역의 뜻을 품었다' 라고 적고 있다.

무신의 난이 일어나기 직전, 의종도 무신들이 가진 불만이 심각한 수준에까지 치달아 있다는 것을 감지했다고 한다. 그래서 이들의 불만을 다독이고자 오병수박희 대회를 벌였다. 잘하는 사람에게 상을 주고 그들의 기분을 풀어 주려는 의도였다. 그러나 의종의 전력을 생각하건대, 무신들을 위로한다는 핑계로 좋은 구경을 하겠다는 얄팍한 속셈도 있었을 것 같다.

수박희 대회부터가 원인을 없애기보다는 임시방편에 불과한 조치였다. 상을 주기 전에 먼저 불편한 근무환경을 개선해 주면 된다. 똑부러지게 말하면 의종이 지나치게 놀러다니지 않으면 만사해결이다. 하지만 의종은 태평성대의 임금 놀이를 포기할 수 없었던 모양이다.

그리고 이 대회에서 무신난의 발단이 된 유명한 사건이 벌어졌다. 내막은 이렇다. 한참 수박희를 하던 와중 대장군 이소응(李紹膺)이 승부에서 졌다. 그러자 왕의 총신이자 문신이었던 한뢰는 갑자기 달려들어 이소응의 뺨을 때렸고, 다른 문신들 역시 이소응에게 욕설을 퍼부었다. 아마도 명색이 대장군이면서 수박희도 못 이기냐는 투로 말했으리라. 이 광경을 구경하던 왕과 신하들은 손뼉을 치며 박장대소를 했다. 하지만 웃은 사람들은 문신들뿐이었고 당연하게도 무신들은 화를 냈다. 무신이라도 대장군이면 3품 벼슬이다. 5품인 한뢰보다 높기도 하거니와 무신들에게 원로이기도 했을 터. 설령 평소에 사이가

나쁜 동료나 상관이라고 해도 이렇게까지 공개적으로 모욕을 당하면
화가 나는 게 사람의 본성이다.

삽시간에 분위기는 험악해졌다. 이래서야 원래 목적인 무신들의 불
만을 풀기는커녕, 불에 기름을 부은 형국이었다. 그제야 의종은 부랴
부랴 나서서 정중부의 손을 잡아가며 위로하고 화해시켰지만, 한뢰를
처벌하지는 않았다. 이미 이고는 분개하며 칼을 뽑아들기까지 했지만
정중부의 만류로 참았다. 그 순간만은.

그날 저녁, 정중부와 이고 등등 무신들은 왕의 행렬을 습격하여 의
종을 포로로 잡았다. 한뢰는 의종의 침소에까지 숨어들어 왕의 옷자
락을 붙잡고 늘어졌다. 하지만 의종은 언젠가처럼 허리띠를 풀어 주
지는 못했다. 한뢰는 결국 끌려 나가 무신들의 칼에 죽었으니, 어설픈
광대의 마지막이었다.

《고려사》는 한뢰가 무신들이 왕의 총애를 얻는 게 두려워서 뺨을 때
렸다고 적었다. 옹졸하다. 너무 옹졸하다. 분명 김돈중도 똑같은 이유
로 정중부의 수염을 불태웠다. 당시 문신들의 수준을 대번에 알 수 있
을 만큼 유치한 일이다. 하지만 이 모든 문제는 한뢰뿐만이 아니라 그
시대가, 그리고 여러 문신들이 함께 짊어진 것이었다.

> "문신의 관을 쓴 자는 비록 서리(胥吏, 하급문신)라도 씨를 남기지 말
> 게 하라."

무신들의 분노는 이미 극에 달해 있었다. 결국 많은 사람이 죽었다.
문신들도, 환관들도, 그리고 상황파악 못 하고 엉겁결에 말려든 무신

들도 죽었다. 특이한 것은 무신의 난이 철저하게 준비된 쿠데타가 아니라, 의종을 경호하던 일부의 무신들이 주도해서 벌어진 돌발 상황에 가까웠다는 것이다. 주동자였던 정중부와 이고는 자기편과 적을 구분할 방법으로 옷의 오른쪽 어깨를 벗어젖히고 쓰고 있던 복두(幞頭)를 벗는 것으로 표시하고자 했는데, 이게 잘 전달이 되지 않았는지 많은 무신들이 복두를 쓴 채 죽었다. 그래서 난의 현장에는 시체가 산처럼 쌓였다고 적었다.

의종은 두려워하면서도 무신들에게 칼을 하사했다. 이 말은 왕을 대신해 사람을 죽여도 된다는 뜻이며, 더욱 기고만장해진 무신들은 어검(御劍)을 휘둘러 많은 문신들을 죽였다.

이렇게 되자 의종은 더욱 겁에 질려 정중부를 불러 상황을 진정시키려고 했지만, 정중부는 노골적으로 왕을 무시하며 건성으로 대했다. 이미 힘도 없고 체통도 없는 왕은 신하들에게 무시당했다. 이제까지 왕을 모시던 순검군들은 왕의 보물들을 야금야금 훔쳤고, 의종은 거제도로 추방당했다. 무신들은 의종의 셋째 동생 익양후를 다음 왕인 명종으로 세우고, 금나라에는 의종이 병이 심각하게 들어서 왕위를 동생에게 넘겼다는 날조한 국서를 보냈다. 그리고 문신들이 쫓겨난 자리에 자신들이 들어앉았다.

지금도 거제도 둔덕면 우두봉의 중턱에는 둘레가 겨우 500미터 남짓한 작은 성이 있다. 이곳의 이름은 폐왕성(廢王城)으로, 이름 그대로 폐해진 왕의 성이다. 거제도로 귀양 온 의종이 3년간 머물렀던 곳이 이곳이라고 한다. 근래에는 이곳에서 물을 저장해 놓았던 곳이 발굴되었고, 섬 일대에는 왕을 모시기 위해 따라왔던 고려 귀족이나 무관

의 무덤이 발견되었다. 이걸 보면 귀양이라곤 해도 왕으로서의 대접은 어느 정도 받았던 것 같다.

폐왕성에서 지낸 의종이 어떤 나날을 보냈는지는 기록이 없지만, 이전처럼 시를 짓고 놀면서 흥청망청 즐거운 시간을 보낼 수는 없었을 것이다. 특히 자존심이 강한 의종으로서는 자신은 물론 아들마저 귀양 보내지고, 손자가 참살당한 비극적인 몰락을 견디기 어려웠을 터. 자신의 비참한 상황에 갖은 회한과 답답함이 밀려왔으리라. 하지만 이 외로운 섬의 작은 성에서 살다 죽는 게 차라리 의종에게 나았을 수도 있다.

무신의 난으로부터 3년 후 김보당의 난이 벌어졌다. 김보당은 원래 문신이었고, 무신의 난이 일어난 직후에는 의종 시대의 정치를 비판하기도 했다. 하지만 무신에게 모욕을 당한 뒤 앙심을 품고 지방으로 내려가 반란을 도모했다.

경주를 기반으로 일어난 이 난은 의종을 다시 복위시키려는 움직임으로 번졌고, 거제도에 유폐되어 있던 의종을 경주로 데려왔다. 의종이 반란에 얼마나 적극적으로 참여했는지는 알 수 없다. 한때 의종을 비난했던 김보당은 왜 의종을 반란에 끌어들인 걸까? 반란을 일으켰지만 상황이 어려워지니 의종을 명분의 방패로 활용하려고 한 게 아니었을까? 이처럼 되는 대로 주워섬기는 조합이 제대로 굴러갈 리 없었다.

개경의 명종, 아니 무신 정권은 반란의 토벌을 위해 이의민을 파견했다. 이의민은 원래 수박희 솜씨 하나만으로 왕의 눈에 들었고, 무신의 난이 벌어지자 '사람을 너무 많이 죽여서' 그 공로로 대장군까지

된 인물이었다.

그런데 이의민이 군사를 이끌고 경주에 도착하자마자 재빠르게 반란군의 내실을 실토한 사람이 있었다. 밀고자라고 하기에는 너무 당당한 그들은 반란을 벌인 수뇌부를 넘기는 대신 다른 사람들을 해치지 말아 달라는 조건을 무신들에게 내걸었다.

이의민이 이를 받아들였고, 반란은 순식간에 진압되었다. 반란의 주역들은 줄줄이 처형되었으며 의종은 다시 포로로 잡혔다. 역적들이 죽고 무신들의 평화가 찾아왔다. 이제 옛 왕 의종의 처리가 문제로 남았다. 다시 거제도로 보낼 것인가? 하지만 이미 반란군과 (자의든 타의든) 손을 잡고 뭍으로 나온 옛 왕이었다. 언제 또다시 반란에 참여할지 모른다. 이번에는 운 좋게 반란을 진압했지만 다음에도 그런다는 법은 없었다.

게다가 의종에게는 참으로 불행하게도, 이의민은 이것저것 복잡한 정치적인 이익을 계산하고 염치를 따지는 인물이 아니었다. 그가 소금장수와 관노 사이에서 태어난 천한 신분이라는 이유로 색안경을 끼면 안 되겠지만, 이의민은 장군이 된 이후로도 주먹으로 기둥을 쳐서 서까래를 뒤흔들며 힘자랑을 할 정도로 지성이 모자란 사람이었다. 아마도 의종의 처치는 무신들이 논의한 바는 아닐 것이다. 이의민의 머릿속에는 '화근을 없앤다' 라는 문장 하나만 달랑 들어 있었을 것이다. 자신이 하는 일이 어떤 파급 효과를 가져올지, 훗날의 일은 생각하지 않았으리라.

10월 초하루였다. 이의민은 의종을 끌어내어 경주 곤원사(坤元寺) 북쪽의 못가로 데려갔다. 지금 곤원사는 무너져서 터만 남아 있지만,

신라 때부터 있었던 유서 깊은 사찰이었다. 이의민은 술상을 차리고 한때 왕으로 섬겼던 의종에게 술을 건넸다. 불과 몇 년 전만 해도 한 사람은 왕이었고 다른 한 사람은 신하였거늘, 이제 그 상황이 완전히 바뀐 셈이다. 의종은 어떤 모습이었을까? 고려의 왕으로서 체면을 세워가며 애써 강한 척을 하고 있었을까? 겁에 질려 떨고 있었을까? 아니면 모든 것을 체념하고 텅 비어 있었을까. 그렇게 두어 잔의 술이 목으로 넘어갔고, 이의민은 의종을 일으켜 안았다.

감격의 포옹은 아니었다. 천하장사로 이름난 이의민은 의종의 허리를 반으로 접었다. 등뼈가 부러지고 척추가 꺾였다. 맨주먹으로 기둥을 쳐도 서까래가 흔들린다는 솥뚜껑 같은 손이 닿는 곳마다 툭툭 뼈 으스러지는 소리가 났다. 그리고 이의민은 품 안에서 죽어가는 왕을 보며 크게 웃음을 터뜨렸다. 의종의 마지막 비명소리도 그 안에 묻혔으리라. 의종은 그렇게 옛 총신의 손에서, 온몸이 으깨져 죽어갔다. 명색이 역사서인 《고려사》에서 죽음의 순간을 이렇게까지 섬뜩하게 묘사한 예는 드물다.

의종의 장례 역시 제대로 치러지지 않았다. 한때 왕이었던 시체는 이불에 말려 독에 넣어진 채 못 속에 던져졌다. 못이라곤 해도 독이 푹 잠길 만큼 꽤 깊고 넓었던 모양이다. 그런데 그 다음에 벌어진 일은 더 황당하다. 곤원사의 승려 중에서 수영을 잘하는 사람이 못 안에 들어가서 독만 가져가고 시체는 버렸다고 한다. 결국 왕의 관리로 일했던 몇몇 사람들이 남몰래 관을 만들어 의종의 시신을 모셔 냇가에 묻었다. 그 사실이 알려지면 무신들에게 해코지 당할까 두려웠기 때문이다.

죽어서야 진정한 왕이 되다

아이러니하지만 살아서 별 힘을 못 쓰다가 죽어서야 제 가치를 발휘하는 경우가 있다. 살아 있을 적에는 단 한 장만 팔리는 푸대접을 받았던 고흐의 그림이 이제는 매번 경매장에서 최고 가격을 경신하는 것과 비슷할까. 상황이 많이 다르긴 하지만, 의종 역시 죽어서 본래의 가치를 발휘했다.

이의민이 의종을 처참하게 살해한 일은 당연하게도 고려 전체에 큰 충격을 가져다주었다. 의종이 아무리 못난 왕이었다고 해도, 일개 신하로서 왕을 죽였다는 하극상은 큰 문제였다. 그리고 이 일을 계기로 갑자기 의종의 주가가 올라가는 기묘한 현상이 벌어졌다. 그간 무신들이 의종에게 가진 감정은 충성심도 아니고, 연민의 정도 아니었지만, 한때 왕이었던 사람을 살해했다는 사건은 이의민을 비난하고 공격하는 데 가장 훌륭한 대의명분이 되었다.

그래서 정중부를 제거하고 무신 정권의 다음 권력자가 된 경대승은 사람들이 정권을 잡은 것을 축하하자 왕을 죽인 역적(이의민)이 살아 있는데 어떻게 축하를 받느냐며 거절하기까지 했다. 정작 의종을 왕 자리에서 몰아낸 것은 무신들이었으니 이의민을 비난하는 것은 '눈 가리고 아웅' 하는 격이었다. 하지만 이렇게 이의민에게 모든 잘못을 미루며 '역적을 토벌하는' 충신의 위치로 자신을 포장한 것이다. 이후 이의민은 재기에 성공하여 스스로 왕이 되겠다는 참으로 허황된 꿈을 꾸었지만, 마침내 최충헌 형제들에게 제거당했다. 이후 최씨 무신 정권은 겉으로나마 역적을 물리치고 왕을 보필한다는 명분을 내세웠다.

그래서 의종이 살해된 이래로, 고려에는 한 가지 불문율이 생겼다. 왕을 죽인 자는 역적이 된다는 것이다. 그래서 무신 정권, 특히 최씨는 몇 대나 권력을 유지해 나가면서 왕을 여러 번 갈아치웠지만, 스스로 왕이 되지는 않았다. 비록 최씨 무신 정권이 정치를 한 손에 쥐고 왕을 능가하는 권세를 누렸지만 고려는 계속 왕씨가 임금이 되었고 나라의 명맥은 이어졌다. 훗날 고려 왕가는 힘을 모아 무신 정권에 종지부를 찍었다. 그러는 와중에 몽골에게 힘을 빌려 더 나쁜 상황이 되었지만, 그것은 한참 나중의 이야기이다.

무신의 난은 왕의 경호를 도맡았던 순검군들의 반발이 시초가 되었다. 이로써 고려의 지배 세력이 문신에서 무신으로 교체된다. 과연 이 내란의 성공이 그저 행운 때문이었을까? 의종 폐위 이후 수십 년간 지독한 혼란이 이어졌다. 욕심에서는 문신들과 다를 바 없는 무신들이 백성들의 땅과 집을 마구 빼앗고, 서로 권력을 두고 아귀다툼을 벌이

고 죽고 죽인 것이다. 이때의 혼란이 진정되기까지는 수십 년의 세월과 그보다 훨씬 많은 숫자의 희생을 치러야 했다.

이렇게 되면 의종의 능력이나 의도와는 별개로 인간성의 문제를 생각해야 할지도 모르겠다. 그는 자신이 싫어하거나 관심이 없는 대상에게는 정말 푸대접을 했다. 왕의 자결한 스승이 그랬고, 친동생들이 그러했다. 그에 비하면 좋아하는 사람에게는 온갖 특혜와 파격을 내렸다. 인간성이 어떻든, 양심이 있든 없든 왕의 마음에만 들면 권세와 부귀영화를 누릴 수 있었고, 이는 곧 수단과 방법을 가리지 않는 속물들을 번성하게 했다. 총신들이 왕의 총애를 얻기 위해 펼친 제로섬 게임은 신하나 백성 모두에게 피곤하고 괴로운 것이었다. 하지만 의종은 자신의 태도를 전혀 바꾸지 않았으며, 어설픈 개혁 시도 역시 흐지부지되고 말았다.

이런 생각마저도 든다. 의종은 오히려 심각하게 자신감이 부족했던 게 아니었을까? 이미 태자 시절부터 왕으로 적당치 않았다는 말을 들어 왔다. 의종의 자기 과시에는 굳건한 자의식과 그보다도 강렬한 불안함이 감춰져 있었던 게 아닐까? 언제나 빈 수레가 요란하고, 겁쟁이 개가 가장 시끄럽게 짖는 법이다. 그래서 마음속에서 솟아나는 불안을 총신들의 아부소리에 묻고, 자신이 정말 잘난 왕이라고 자기 암시를 건 것이다. 그 점은 인간적으로 동정할 수 있을지언정, 무신의 난이라는 결과 앞에서 면죄부가 되지는 못한다.

왕은 나라를 다스리고 관리하며, 안정과 번영을 이끌어내야 하는 책임이 있다. 사회의 모순이 깊어지고, 강한 자가 모든 것을 독식하고, 소외된 자의 불만이 점점 쌓이게 된다면, 그런 징조를 알아차리고 대

처를 해야 한다. 불만은 보이지 않게 차츰 쌓이다가는 임계점을 넘어서 봇물처럼 터지게 된다. 의종에게는 한뢰가 바로 그 도화선이었다. 하지만 모든 것을 한뢰의 탓으로 돌리기에는, 의종이 쌓은 업(業)이 너무나 크고 깊었다. 화약을 잔뜩 쌓아놓은 곳간 앞에서 불장난을 하다가 다치거나 죽게 되면, 바보라고 하지 불쌍하다고 하지 않는다. 의종은 눈앞에 뻔히 보이는 화약들을 총신이라는 눈가리개로 가리고 못 본 척하며 즐겁게 불씨를 댕긴 것이다.

무엇보다도 의종은 고려의 왕이었다. 나라 안의 혼란과 재난이 벌어진다면, 자신의 잘못이 조금도 없다고 해도 책임을 져야 했다. 하물며 무신의 난을 초래한 임금이라면 오죽할까. 비참하게 죽기 직전 의종은 자신이 저버렸던 스승 정습명을 생각했을까? 그리고 후회했을까? 하지만 모든 것이 너무 늦은 다음이었다.

고려 공민왕

아무도 믿지 못했던 개혁군주

공민왕의 시대에서 개혁이라는 커다란 껍데기를 한 겹 걷어 보면, 그 아래는 좋고 나쁜

것이 뒤섞인 커다란 소용돌이가 있다. 여기에 휘말려서 정말로 많은 사람들이 죽어갔다.

개혁이라는 대의명분으로 모든 것을 덮기에는 너무 많은 뒤틀림이 있었다는 소리다.

年　代　表

충숙왕
17년(1330) 충숙왕과 명덕태후의 둘째 아들로 공민왕 출생(강릉대군에 봉해짐).

충혜왕
복위 2년(1341) 강릉대군, 원나라로 보내어짐.
복위 5년 충혜왕, 사망.

충목왕
4년(1348) 충목왕, 12세의 나이로 사망. 원나라는 공민왕을 다음 고려 왕으로 결정했으나,
그 결정을 번복하고 충혜왕의 서자를 충정왕으로 세움.

충정왕
1년(1349) 강릉대군, 노국 대장공주와 혼인.

공민왕
즉위년(1351) 충정왕 퇴출(다음해 3월에 독살). 공민왕, 노국 공주와 귀국해서 고려의 왕이 되다.
1년 몽골식 변발과 복제를 혁파, 정방 폐지.
9월, 조일신의 난 6일 만에 진압.
5년 5월, 기철을 비롯한 권겸, 노정 등 부원파 제거. 정동행성 폐지. 원의 연호 사용 정지.
인당을 파견하여 압록강의 쌍성총관부 수복. 이후 원나라와의 외교 문제가 발생하자
인당에게 책임을 돌려 처형함.
8년 12월, 홍건적의 1차 침입.
10년 10월, 홍건적의 2차 침입. 개경이 함락되고 공민왕은 안동으로 몽진.
11년 1월, 총사령관 정세운이 홍건적을 진압함.
정세운 및 3원수 처형. 김용의 간계 때문이라고 알려짐.
12년 흥왕사의 난 발발. 1달 뒤 김용 처형당함. 기 황후, 고려 공격을 도모하나 실패함.
14년 2월, 노국 공주 출산 와중에 사망. 3개월 뒤 신돈을 전격적으로 발탁.
9월, 신돈이 낙산사에서 모니노의 장수를 빔.
17년 원나라 멸망. 주원장, 명나라를 세우다.
20년 공민왕의 친정 시작, 신돈은 실각되고 반역을 도모했다는 이유로 3일 만에 처형됨.
21년 자제위 설치, 각종 난잡한 음행을 벌임.
23년 9월 22일, 환관 최만생 및 자제위들이 술에 취한 공민왕을 암살.

공민왕의 천국과 지옥

　고려의 31대 왕인 공민왕은 정말 특별한 사람이다. 그는 고려의 마지막 명군이자 개혁의 심벌로 여겨진다. 그리고 어쩌면 그의 시대를 마지막으로 고려는 멸망했다. 그가 죽은 이래 고려 왕실은 3대를 더이어가기는 했지만, 왕가의 정통성을 의심받았다. 공민왕에 이어 즉위한 우왕과 그의 아들 창왕은 공민왕의 핏줄이 아니라 신돈의 자식이라고 의심받았던 것이다. 그래서 조선 왕조는 고려사를 정리하면서두 사람이 왕족이라는 것을 아예 부정해서 왕이라 부르지 않고 신돈의 성씨를 붙여 신우, 신창으로 격하해서 기록하기까지 했다. 창왕 다음으로 즉위한 공식적으로 고려의 마지막 왕인 공양왕은 왕씨이긴 했지만, 제대로 된 왕이었기보다는, 조선으로 넘어가기 전의 잠깐의 '덤' 이나 다름없었다. 공민왕의 치세를 마지막으로, 노쇠한 나라 고려는 잠깐 주춤했던 발걸음에 박차를 더해 멸망을 향해 달려갔다. 그래서 더욱 공민왕에게 연민을 가지게 되는 것인지도 모른다.

그런데 우리네 상식에서의 공민왕은 좋은 것과 나쁜 것, 극과 극의 이야기들을 모두 갖추고 있다. 어느 정도로 극이냐 하면, 천국과 지옥이라는 표현이 어울릴 법하다. 공민왕에게서 가장 먼저 떠오르는 것은 역시 고려를 원나라의 압제에서 벗어나게 한 개혁군주라는 사실이다. 인생도 드라마의 연속이었다. 고려 왕족으로 태어났지만 어린 나이에 원나라에 인질로 가게 되어 조마조마한 나날을 보냈고, 천신만고 끝에 왕이 되어 조국 고려로 돌아오게 되었다.

어린 시절부터 원나라에서 살았던(혈통에 몽골의 피도 섞여 있었다) 공민왕은 귀국 당시 몽골식 머리와 옷차림을 하고 있었다. 그런데 어떤 신하가 당신은 고려의 사람이니 고려의 옷을 입으라고 권하자, 공민왕은 기뻐하며 이를 따랐다. 그리고 친원과 기 황후의 세력과 싸우며 고려의 자주성을 찾기 위해 애썼다. 너무나도 유명한 공민왕의 아내 노국 공주는 비록 원나라의 여인이었지만 지아비와 지아비의 나라를 따르기로 했고, 공민왕을 못마땅하게 여기는 신하들이 자객을 보내자 공주는 남편의 방문 앞을 온몸으로 감싸 막아서기까지 했다.

그렇게 개혁을 추진한 공민왕은 나라 안을 뜯어고치는 한편, 쌍성총관부, 동관부 등 원나라가 불법 침탈한 고려의 영토를 되찾았고, 그보다 더 귀중한 나라의 자존심을 회복했다. 여기까지는 고려의 마지막 명군 공민왕의 이름이 무색하지 않다.

그런데 이렇던 공민왕이 어느 순간 갑자기 변했다. 전해지는 바에 따르면 사랑하던 아내 노국 공주가 아이를 낳다가 죽은 것이 계기가 되었다고 한다. 이후로 공민왕은 전혀 다른 사람이 된 것처럼 이상하

게 뒤틀렸고, 그의 운명 역시 나락으로 굴러 떨어진다. 공민왕은 죽은 노국 공주의 초상을 그려가며 3년 동안 밤낮으로 슬퍼했다고 한다. 이 것은 그래도 괜찮다. 두 사람이 진심으로 사랑했다면, 사랑하는 지어 미를 잃은 슬픔이 얼마나 컸을까.

하지만 이어지는 공민왕의 행적은 고개를 갸우뚱하게 한다. 공민왕 은 미소년들을 모아 친위대 겸 경호대인 자제위(子弟衛)를 만들어 진 탕 놀아댔고, 스스로 여자 옷을 입었다고 한다. 상처의 충격이 지나친 나머지 자신의 또 다른 성 정체성에 눈을 뜨기라도 한 걸까? 그래도 여 기에서 그쳤다면 주변 사람들에게 피해를 주지는 않는 선에서 끝났을 것이다.

하지만 공민왕은 자제위를 시켜 자신의 왕비들을 강제로 윤간하게 했다. 그러다가 익비 한씨가 자제위 홍륜의 아이를 임신하였고, 이에 공민왕은 태어날 아이를 자신의 자식으로 꾸미려고 했다. 그래서 이 사실을 아는 관련자들을 모두 죽여 입을 막으려 했다가, 이를 알아차 린 홍륜 등에게 오히려 암살당했다.

그렇게 공민왕은 노국 공주의 곁으로 돌아가 한 무덤에 묻히게 되었 지만, 그의 말년과 비참한 죽음을 생각하면 사람이 어떻게 이렇게까지 변할 수 있는지 이해하기 어려울 정도이다. 한숨이 절로 나올 만행이 기도 했거니와, 고려의 자립을 되찾았다는 공민왕의 빛나는 업적과 너 무나 강렬하게 대조가 된다.

그리고 공민왕을 이야기할 때는 신돈의 일도 빼놓을 수 없다. 신돈 이 과연 요승인지, 새로운 세상을 꿈꾸던 개혁자인지는 아직까지 논의 가 분분하다. 그러나 공민왕은 자신이 꿈꾸고 계획했던 개혁을 중도

에 포기하고, 한때 신임했던 사람을 철저하게 외면하고 죽인 것은 분명했다.

어떻게 사람이 이럴 수 있을까? 개혁군주이면서도 비정한 살인자라니. 전혀 다르게만 보이는 두 개의 모습 중에 무엇이 진짜일까 의문이 든다. 어느 쪽이 진짜 공민왕이었을까? 그는 정말로 미친 것일까?

성급하게 답을 내리기보다 원인과 내용을 차근차근 밟아나가 보자. 조금 멀리 도는 길이라고 해도, 이로써 더 많은 것을 온전하게 이해할 수 있을 것이다. 공민왕을 이야기하려면, 먼저 원 간섭기라고도 불리는 고려 말의 시대를 이해하지 않으면 안 된다.

공민왕 그리고 그가 다스렸던 고려 말을 이야기하면 보통 원나라의 침탈과 그로 인한 자주성의 시련 쪽에 초점을 맞추곤 한다. 이런 시각이 틀린 것은 아니다. 하지만 고려는 원나라의 침탈 외에도 여러 가지 문제가 많이 있었다. 나라도 나라이거니와 왕들 역시 여러 가지 문제를 가지고 있었다. 원나라의 간섭이 심해진 이후, 공민왕 이전의 고려 왕들은 딱 부러지게 명군이라 할 만한 인재가 없었다. 졸렬하고 한심한 왕들이 연이어 즉위했다. 아버지와 아들이 왕 자리를 놓고 치열하게 싸움을 벌이기도 했다.

하지만 이보다도 더 큰 문제는 광기(狂氣)의 유전이었다. 그런 표현이 어울릴 만한 정상적이지 않은 행동을 벌이는 왕들도 나타났다. 그래서 고려 말에는 부부싸움 도중 왕비를 주먹으로 때려죽인 왕도 있었으며, 아버지의 왕비들, 즉 서모와 간통한 아들도 있었다. 더구나 왕의 본연의 임무인 통치 역시 형편없었다.

여기에 더해 조정의 신하들 역시 총명하고 똑똑한 사람보다는 권력

과 이권을 욕심내는 사람들로 가득했다.

여기까지 말하면 《고려사》가 조선 시대에 쓰인 역사서이기 때문에 왜곡이 있었다고 생각할 수도 있지만, 수십 년의 시간을 적은 기록을 읽어 내리다 보면, 어두운 그림자가 차츰 짙어지고 있음을 느끼게 된다. 이런 암울함은 고작 글자 몇 줄 덧붙이거나 고쳐서 만들어 낼 수 없을 만큼 크고 강력하다. 어리석은 왕이 연달아 나오고, 관리들은 타락하며, 여기에 각종 재해까지 겹치고 좋은 일은 하나도 없이 나빠져만 가는 '흐름'을 느낄 수 있다. 이것이야말로 나라가 망할 징조였다.

이처럼 저물어가는 고려의 운명이 마지막으로 빛을 발한 시기가 바로 공민왕의 치세였다. 하지만 그 빛은 어이없을 정도로 빨리, 순식간에 사라졌다. 왜 그랬을까? 대체 무슨 일이 있었던 걸까?

누구에게나 빛이 있고 어둠이 있다. 처음 반원 운동을 시작한 것도 공민왕이요, 말년의 망가진 행동을 한 것 역시 공민왕이다. 하지만 공민왕에게는 개혁이라는 좋은 점, 빛이 너무 크고 중요하게 다뤄져 원래 있었던 그의 결점 모두를 가려 버렸다. 공민왕의 지옥들은 갑자기 나타난 게 아니라, 원래부터 조금씩 있었다. 그러나 밝은 빛에 바짝 타 버린 시신경에는 그런 어둠이 보이지 않는다. 그렇게 되면 공민왕의 진정한 모습을 보지 못하게 된다. 그러는 한 그의 처참한 몰락을 끝내 이해할 수 없을 것이다. 그리고 왜 고려가 망하게 되었는지도.

공민왕의 즉위, 배원 개혁의 시작

공민왕은 충숙왕의 둘째 아들로, 형 충혜왕과는 동복형제였지만 무려 15살이나 차이가 났다. 왕자 시절에는 강릉대군으로 불렸고, 12세의 나이에 원나라로 보내졌다. 그곳에서 공민왕은 원나라 황태자의 숙위가 되었는데, 그가 바로 기 황후의 아들인 애유식리달랍(愛猷識里達臘)이었다. 공민왕과 기 황후에게 어떤 연결고리가 있었다고 믿는 것은 바로 이때의 인연 때문이다. 그 외 공민왕의 유년 시절은 알려진 내용이 거의 없다. 원래대로라면 둘째 아들인 공민왕은 고려의 왕위를 이어받을 수 없는 처지였다. 하지만 복잡한 사정이 있었다.

공민왕의 형인 28대 충혜왕은 고려는 물론 우리나라 역사상 그 예를 찾기 어려울 만큼 골치 아픈 임금이었다. 그의 별명은 발피(撥皮), 건달이라는 뜻이다. 이 별명을 붙인 게 다른 누구도 아닌 아버지 충숙왕이었으니, 부자의 관계도 끔찍하게 나빴다는 소리다. 충숙왕이 상왕

으로 물러난 뒤 충혜왕이 즉위했지만, 그가 저지른 악행은 이만저만한 게 아니었다. 후궁을 100여 명이나 두었으며, 미인으로 소문난 신하들의 유부녀들과 간통하고 다닌 덕에 성병에 걸렸다. 가장 악질적인 사건은 아버지 충숙왕의 왕비인 몽골인 경화 공주를 억지로 강간하고 수비 권씨와 간통한 것이다. 이처럼 어머니뻘인 사람들에게 함부로 대하는데 백성들에게 얼마나 잘 대할까. 나라 안의 인심 역시 흉흉해져서, 왕이 걸핏하면 새로 짓는 궁궐의 기둥 아래에 어린아이를 죽여 묻는다는 끔찍한 소문이 나돌았다.

충혜왕이 이래저래 너무 사고를 치다 보니 국정 운영이 불가능한 수준이라, 즉위한 지 고작 2년 만에 왕 자리에서 쫓겨났고, 상왕으로 물러나 있던 아버지 충숙왕이 수습차 다시 복위해서 나라를 다스려야 했을 정도였다.

이후 충혜왕은 아버지가 세상을 떠난 뒤 다시 왕이 되긴 했지만 제정신 못 차리고 다시 경화 공주에게 몹쓸 일을 벌였고, 그런 덕에 조적의 난이 일어났다. 결국 원나라가 개입해서 왕을 악양으로 귀양 보냈고, 충혜왕은 그곳에서 돌아오지 못하고 비참하게 죽었다. 이 사건은 원나라가 내정간섭을 한 것이지만, 충혜왕이 한 악행이 너무 어마어마하다 보니 변명하거나 옹호할 말이 없어진다.

문제는 충혜왕이 죽은 다음이었다. 누가 고려의 다음 왕이 되어야 할까? 충혜왕의 자식들이 있기는 했지만, 모두 열 살도 안 된 아이들이었다. 일단 충혜왕의 아들 충목왕은 9세의 나이로 어머니의 섭정을 받아가며 즉위했는데, 몸이 허약했는지 4년 만에 죽었다. 당연하게도 충목왕에게 자식이 없었기 때문에 또다시 왕위 후계자를 누구로 삼느냐가 문제가 되었다. 이제 유력한 계승자로 떠오른 것은 충혜왕의 동생이었던 19세의 강릉대군(훗날의 공민왕)과 충혜왕의 서자였던 11세의 저(岻)였다. 고려 정부는 누구를 왕으로 삼아야 할지를 원나라에 물었는데, 좀 더 나이를 먹은 공민왕 쪽에 비중을 두고 있었다. 원나라는 공민왕을 다음 왕으로 결정했고, 공민왕은 고려로 돌아갈 채비를 했다. 하지만 갑작스레 결정이 번복되어 저가 충정왕으로 즉위했다. 공민왕은 하루아침에 끈 떨어진 연 신세가 되어 신하들에게 버림받는 좌절을 맛보았다.

그로부터 3년이 지난 1351년 10월, 원나라는 충정왕을 폐하고 공민왕을 고려의 왕으로 삼았다. 원나라에 온 지 10년, 공민왕은 비로소 금의환향하게 되었다.

공민왕이 즉위하면서 충혜왕의 다른 서자는 머리가 깎여 절로 보내졌고, 폐위된 충정왕은 강화도에 귀양 보내졌다. 어린 폐왕(廢王)의 마지막은 비참했다. 먹을 것이 없어 굶주릴 만큼 비참한 환경에 놓였다가 이듬해 3월에 독살되었다. 누가 죽였는지는 분명하게 밝혀지지 않았지만, 공민왕에게 혐의가 돌아가는 것은 어쩔 수 없으리라. 설령 공민왕이 직접 명령을 내리지 않았을지라도, 조카의 죽음을 묵인했다는 사실만은 변하지 않는다.

이렇게 즉위하는 데만도 복잡한 사정을 겪었던 공민왕은 자신의 왕위도 그렇지만 사람들의 마음이 얼마나 손바닥 뒤집는 것처럼 쉽게 바뀌는지 경험했다.

고려의 원 간섭기는 참으로 불쾌한 시대였다. 고려 안에는 정동행성이나 만호부 등 내정에 함부로 집적대는 원나라 기관이 들어섰고, 쌍

성총관부나 탐라총관부 등은 사실상 원나라 땅이 되었다. 그리고 원나라의 세력에 붙어 있는, 왕을 무시하는 부원파들이 활개를 쳤다. 고려인이면서도 몽골인인 척하는 이들의 폐해는 아주 심각했다. 누가 시키지 않았는데도 (원래 쿠빌라이 칸은 고려가 자체 복식을 고수하는 것을 허락했다) 제풀에 몽골식 머리를 하고 옷을 입고, 고려 말이 아닌 몽골 말을 배워 출세할 기회를 찾았으며, 너도나도 자식을 원나라에 환관이나 공녀로 바쳤다. 개중에 유청신이라는 인물은 원나라에 고려를 직할성으로 만들어 달라고 요청한 일도 있었다. 이처럼 자체 세계화를 위해 전력투구하는 기회주의자들은 언제, 어느 시대에나 있어왔으니 새삼스럽지도 않다.

그런데 공민왕이 즉위하기 이전 몇몇의 고려 왕들이 원나라의 간섭으로 갈아치워지는 일이 반복되었으니, 부원파는 특히 기세등등할 수밖에 없었다. 애초에 공민왕이 즉위할 수 있었던 것은 이들 부원파가 어느 정도 합의한 덕분이기도 했다. 하지만 이런 상황에 염증을 느끼지 않으면 고려의 사람이 아닐 것이다.

공민왕은 이미 고려의 왕위가 원나라 뜻대로 왔다갔다하는 현실을 직접 경험했다. 이대로는 공민왕 역시 언젠가 원나라의 입맛에 따라 왕 자리에서 밀려날 수도 있다는 것을 뜻했다. 상황을 바꾸고 새 시대를 만들고 싶은 것이 당연하지 않겠는가.

다행히 공민왕은 혼자가 아니었다. 너무나도 길었던 원나라 간섭기에 염증을 느끼는 사람들은 그 외에도 많이 있었다. 이제현, 권준을 비롯한 개혁적인 성향을 가진 고려의 인사들은 이전부터 공민왕의 즉위를 지지했고, 그래서 공민왕의 개혁은 그의 독단이 아니라 충분한 공

감대를 토대로 진행될 수 있었다.

고려로 돌아왔을 때 공민왕은 오랜 몽골 생활 덕분에 앞머리를 면도하고 뒷머리를 땋는 몽골식 머리모양을 하고 몽골의 옷을 입고 있었다. 감찰대부 이연종은 귀국한 공민왕을 만나자마자 몽골의 습속을 폐지할 것을 권했다.

"변발과 호복은 선왕의 제도가 아니니 전하께서는 본받지 마십시오."

공민왕은 이 말에 기뻐하면서 당장 땋은 머리를 풀고 옷을 갈아입었다. 어쩌면 사소한 일이었지만 본디 어떠한 큰일도 처음에는 작은 것에서부터 시작하는 법이다.

다음해 봄에 발표된 즉위교서에서 공민왕은 태조 왕건에서부터 이어진 고려의 유구한 역사와 전통을 강조했다. 그냥 의례적인 인사말이었을까? 하지만 이미 고려의 옷으로 갈아입고 고려인의 머리모양을 한 공민왕은 진심으로 고려를 개혁할 마음을 품고 있었다. 그러려면 원나라의 영향력을 끊어야 한다는 것도 잘 알고 있었다. 머리모양이나 옷처럼 작은 것은 물론, 나라 전체에 이르기까지 나쁜 습속들을 씻어내야 했다. 그럴 작정이었으리라.

그렇게 공민왕이 바라던 대로 세상이 잘 굴러간다면 얼마나 좋았을까. 하지만 언제나 현실은 시궁창인 법이고, 개혁은 결코 쉬운 일이 아니었다.

목표를 위해
수단과 방법을 가리지 않다

공민왕의 개혁을 생각하면 모든 일이 좋고 긍정적이었을 것 같은 선입견이 있다. 부원파들이 걸림돌이긴 했지만, 이들을 없앤 뒤 모든 개혁이 말끔하게 진행됐고 모두가 행복했으리라고 말이다. 하지만 공민왕의 적은 부원파들뿐만이 아니라 공민왕 자신의 측근들이기도 했다.

고려에는 이미 기 황후의 오빠 기철을 비롯한 부원파들이 기득권을 독점하고 있었고, 공민왕은 오랜 외지생활로 국내의 세력기반이 그리 강하지 않았다. 공민왕의 지지자들은 앞서 충정왕이 즉위하는 것을 막을 수 없을 만큼 무력했다. 요즘으로 비유하자면 여소야대라고 할 수 있겠다. 어떻게 하면 구태의연한 판을 깨고 권력 구조를 개편할 수 있을 것인가. 공민왕이 선택한 방법은 파벌의 강제적인 제거, 그러니까 유혈 숙청이었다.

그런데 부원파의 제거는 공민왕 1년에 벌어졌던 조일신의 난이라는

사건과 밀접하게 관련 있다. 조일신은 공민왕이 원나라에서 머물 때부터 곁을 지킨 측근이었다. 그는 고려에 돌아오면 이때의 많은 고생을 담보로 크게 한몫을 잡을 작정이었던 것 같다. 그간 공민왕이 겪었던 고생을 생각하면 함께 했던 측근들이 보상을 원하는 것도 이해할 수 있다. 하지만 조일신은 그 정도가 많이 심했다. 그는 고려로 돌아온 이래 공민왕을 곁에서 모셨다는 것을 핑계로 거들먹거리고 다녔으며, 다른 신하들을 질투했다. 심지어 공민왕에게 자신의 편의를 봐줄 것을 대놓고 요구했고, 자신의 험담이 왕의 귀에 들어가지 않게 수작을 부리기까지 했다.

하지만 그것만으로는 모자랐던 걸까. 공민왕이 즉위한 지 1년도 지나지 않은 1352년 9월, 조일신은 난을 일으켰다. 난이라고 해도 제1목표는 공민왕이 아닌 부원파의 제거였다. 하지만 기씨 일족들은 조일신이 보낸 자객들을 피해 대부분이 무사히 달아났고, 닭 쫓던 개 신세가 된 조일신은 공민왕을 가두고 협박해서 자신을 정승에 임명하게 했다. 그러나 달아난 기철 등을 잡을 수 없게 되자, 조일신은 자신의 부하들에게 반란의 죄를 덮어씌워 처형했다.

이렇게 해서 자신은 살아남을 작정이었겠지만, 공민왕은 최영을 비롯한 장군들에게 명령을 내려 조일신을 반역자로 잡아 처형하게 했다. 난이 벌어진 지 고작 6일 만의 일이었다. 상황이 정리된 뒤, 기철을 비롯한 부원파들은 다시 멀쩡하게 돌아와 원래의 관직을 차지했다.

비록 조일신을 처형했지만, 공민왕 역시 이 상황을 타개하고 개혁을 추구하려면 부원파를 제거하는 것이 유일한 방법이라고 인식했던 것 같다.

그로부터 시간이 지난 공민왕 5년, 이번에 공민왕은 진정으로 부원파들을 제거하기 시작했다. 공민왕은 연회가 있다고 꾸며 기씨 일족들을 비롯한 부원파들을 한자리에 모은 뒤, 병사들을 시켜 이들을 몰살했다. 기철은 철퇴에 맞아 죽고, 다른 기씨들도 황천행이었다. 이날 궁궐 안은 온통 죽은 이들의 피로 낭자했다. 몇몇이 달아나자 공민왕은 계엄령을 내리고, 금위군을 풀었다. 길거리에 칼이 가득했고, 남은 부원파들을 마구잡이로 학살했다. 이로써 부원 세력이 소멸했고 공민왕은 본격적으로 개혁을 추진할 수 있게 되었다.

이때 죽은 기철은 동생 기 황후를 등에 업고 출세한 인물로, 공민왕에게 글을 올릴 때 자신을 신(臣)이라 부르지 않을 정도로 기고만장했다. 누이동생을 팔아넘기고 얻은 부와 권력인데, 무엇이 그리 자랑스러웠는지 모르겠다. 어쨌든 기철은 결국 머리가 깨져 비참하게 죽었다.

하지만 부원파의 제거를 이대로 넘어가기엔 찜찜한 구석이 남는다. 시기만 달랐을 뿐이지, 공민왕이 한 일은 조일신이 한 것과 너무 많이 닮았다. 이렇게 되니 의심마저 든다. 처음에 있었던 조일신의 난에서 공민왕은 그저 조일신에게 이용당한 것뿐이었을까?

벌건 대낮에 사람들을 때려죽이는 '방법'은 어쩔 수 없는 선택일 수도 있다. 그것이 국내 기반이 취약했던 공민왕으로서는 부원파를 제거할 유일한 방법이었을 수도 있으니까. 하지만 여기에서 문제 삼고 싶은 것은 공민왕의 '사람 쓰는 법'이다.

《고려사》는 조일신의 난은 조일신이 모든 일을 처음부터 끝까지 주도했고, 공민왕은 그저 이용당했던 것이라고 말하고 있다. 허나 어떤 사람들은 공민왕과 조일신의 합작품이었으리라고 보기도 한다. 처음

에는 둘의 연합이었지만, 상황이 나쁘게 돌아가자 공민왕이 조일신을 희생양으로 삼고 자신은 혐의를 벗었다는 것이다. 이 의견을 그냥 허투루 들을 수 없는 것은 이후 공민왕의 치세에서 비슷한 일이 몇 번이나 반복되었기 때문이다.

어쨌든 부원 세력을 성공적으로 제거한 공민왕은 정열적으로 개혁을 추진했다. 그간 내정을 간섭했던 정동행성을 폐지하고, 원나라의 연호를 없앴으며, 압록강 근처의 쌍성총관부와 동관부 등을 공격해서 고려의 옛 영토를 수복했다.

그런데 부원파를 몰아낸 직후, 공민왕은 당시 평리(評理) 벼슬을 하고 있던 인당(印璫)을 서북면병마사(西北面兵馬使)로 삼아 압록강 일대의 원나라 땅을 공격하게 했다. 인당은 군대를 이끌고 압록강을 공격했고, 다음으론 파사부를 쳐서 상당한 전과를 올리고 돌아왔다.

문제는 그 다음에 벌어졌다. 원나라에서 이 정벌을 빌미로 고려를 공격하겠다고 협박했던 것이다. 그러자 당황한 공민왕은 '본의가 아니다'라며 인당의 목을 베고, 잘린 목을 원나라 사신에게 들려 보냈다. 정벌을 명령한 것은 공민왕이었으니, 인당은 명령을 충실하게 이행했을 뿐이다. 하지만 공민왕은 인당이 자기 맘대로 군사를 일으켜 원나라를 공격했다며 누명을 씌운 것이다. 공을 세우고도 목이 잘려 원나라에 보내진 인당의 처지는 참으로 비참했다. 그래도 이 일은 약소국인 고려가 원나라와 싸울 수 없었기 때문에, 어쩔 수 없이 치러진 희생이었다고 애써 납득할 수 있을지도 모르겠다. 아직까지는 말이다.

하지만 이 정도로 끝나지 않았다. 공민왕이 시행한 정치적 숙청 중 가장 질이 나쁜 것은 1362년에 있었던 세 원수들의 처형이었다. 그보

다 앞선 공민왕 8년(1359)과 10년(1361)에는 홍건적의 침입이 있었다. 머리에 붉은 띠를 두른 이들은 원나라가 차츰 쇠퇴하면서 나타난 도적떼 겸 반란 세력이었다.

1351년, 처음 백련교라는 종교를 바탕으로 시작된 홍건적들은 차츰 10만을 넘는 대규모 반란 세력이 되었다. 이들은 수많은 군소 세력으로 나누어져 중국 본토를 휘저었고, 이 중 일부가 고려로 흘러들어온 것이었다. 훗날 이 세력의 한 갈래였던 주원장이 명나라를 세운다. 몽골족의 원나라에게 시달리던 중국의 백성들은 홍건적을 환영했고, 홍건적 역시 백성들에게 피해를 끼치지 않았다고 하지만 새빨간 거짓말이다.

어쨌든 공민왕 8년, 홍건적은 고려를 자신들에게 바치라는 굉장한 요구를 했고, 고려가 이를 당연하게 무시하자, 4만 명의 홍건적이 고려를 공격했다. 이것은 그럭저럭 넘겼지만, 그로부터 2년여가 지난 공민왕 10년, 홍건적은 장장 20만 명의 군사로 침입했다. 고려는 이방실, 이여경, 안우, 김득배 등을 시켜 맞서 싸우게 했지만 전황은 불리했고, 홍건적은 안주를 거쳐 개경으로 폭풍처럼 밀려들어 왔다.

결국 공민왕은 수도를 버리고 안동으로 달아났다. 피난하는 백성들 중 힘없는 노인과 아이들은 밟혀 죽었고, 추운 날씨 탓에 수많은 사람이 얼어 죽었다. 홍건적은 개경을 함락한 뒤 가축들을 있는 대로 잡아먹는 한편, 미처 떠나지 못한 사람들을 학살하고 여인들을 겁탈했다. 그리고 개경의 성벽에 가죽을 덮고 물을 뿌려 얼음 성을 만들었다.

공민왕의 피난은 전략적으로 어쩔 수 없는 선택일 수도 있지만, 이로써 인망을 크게 잃은 것은 사실이었다. "이 일로 천하의 웃음거리가

되었다."라고 신하들이 말할 정도이니, 이 사건은 공민왕의 이미지에 대단히 큰 타격을 주었다.

고려가 수세에 몰려 있었을 때, 반격의 실마리를 찾아낸 것이 정세운이었다. 피난 중 공민왕 주변에 남아 있는 신하들은 고작 28명 정도로 초라하기 그지없었다(임진왜란 당시 선조의 신하보다도 적은 숫자였다). 이때 왕을 호종하고 있던 정세운은 다시 군사를 모아 20만 명의 병력을 마련한 뒤 마침내 홍건적을 무찌르고 개경을 탈환했다.

진압했다고는 하나 홍건적의 피해는 대단히 심각했다. 고려는 나라 안팎으로 심각한 타격을 받은 것은 물론, 다시 친원 정책으로 전환하게 되었다. 홍건적의 침입을 이겨내려면 원나라의 도움이 필요했으니 아쉬운 고려 쪽이 굽힐 수밖에 없었던 것이다. 그래서 내정간섭 기관이던 정동행성이 부활했고, 한 번 없앴던 원나라의 제도를 되살리게 되었다.

하지만 정말로 맥이 빠지는 상황은 친원 정책의 부활보다, 정세운을 비롯한 고려의 장군들이 떼죽음을 당했다는 것이었다. 홍건적과 싸우다 죽은 것도, 전쟁에서 패배했기 때문에 죽은 것도 아니라 정치적 다툼 때문에 그렇게 된 것이었다. 홍건적의 난이 진압된 뒤, 고려군의 총사령관 정세운은 부하들이었던 안우, 김득배, 이방실 장군에게 피살되었다.

왜 이런 하극상이 벌어졌는가? 이것은 그들의 독단이 아니라, 공민왕이 내렸다는 밀지를 따른 것이었다. 그리고 정세운이 죽은 다음으로는 이 세 장군들이 모두 처형당했다. 이번에는 함부로 총사령관을 죽였다는 이유에서였다. 특히 안우는 궁궐로 들어가 공민왕에게 정세

운을 죽이라는 지령이 쓰인 비밀명령서를 보이려고 하다가 궁정 문지기에게 살해당했다. 이들을 모두 처형한 뒤, 공민왕은 교서를 내려 이들이 왕을 무시한 것이 잘못이라며 탓했다. '왕을 왕으로 보지 않았다'라고.

《고려사》에서는 정세운을 비롯한 장수들의 죽음은 모두 그들의 전공을 질투했던 김용의 계획이었고, 밀서 역시 그가 꾸며낸 것이었다고 적고 있다. 설령 이 모든 것이 김용의 음모 때문이었다고 해도, 공민왕이 장수들을 신뢰하지 않고 의심이 생겨도 사실 확인조차 하지 않았던 것 역시 틀림없는 사실이다. 공민왕은 신하들의 진심을 믿기보다는, 왕의 권위가 실추된 것에 더욱 크게 분노했다. 그래서 고려의 장군 네 명의 목이 한꺼번에 날아가게 되었고, 당연하게도 군의 사기는 물론 전력이 크게 떨어지게 되었다.

물론 정벌 이후 난을 피해 달아났던 왕의 위신이 추락했고, 상대적으로 홍건적을 물리친 장군들이 얻었던 인망과 권력을 생각하면 공민왕이 불안을 느끼는 것도 당연했다. 하지만 꼭 죽여야만 해결되는 일이었을까? 다른 방법은 없었던 것일까? 장수들이 모두 살해당하자, 공민왕은 불안했던 옥좌가 안전해졌다고 안심했을지도 모른다.

하지만 잔인한 사실은 이렇게 장군들이 모두 죽는 바람에 나라의 국방에 크나큰 공백이 생겼고, 이로써 최영은 물론, 아직까지 변경의 새내기 무장이었던 이성계가 새로운 스타로 떠올랐다는 데 있다. 이후 역사가 어떻게 굴러갔는지는 잘 알려진 대로이니, 참으로 기가 막힌 아이러니이다. 결국 공민왕은 고려의 멸망에 본의 아닌 보탬을 하게 된 셈이다.

씁쓸한 일이지만, 비슷한 일은 공민왕이 즉위한 이래 계속 반복되었다. 많은 이들이 왕에게 파격적으로 등용되었다가 그런 만큼 잔인하게 내쳐졌다. 조일신, 정세운, 김용 그리고 신돈에 이르기까지 누구 하나 제명에 죽은 사람이 없었다.

공민왕 대에 있었던 여러 사건들을 읽다 보면, 공민왕이 왜 '한때 총애했던' 신돈을 제거했는지도 알 수 있게 된다. 그를 총애했을지언정, 끝내 믿지는 않았던 것이다. 신돈 역시 그런 사실을 눈치 챘다면, 살아남기 위해 방법을 강구했을 것이다. 실제로도 신돈은 자신이 권력을 누리게 되자, 왕이 자신을 해칠까 두려운 나머지 모반을 꾸몄다고 한다. 이제까지 죽어갔던 다른 충신들이 그랬던 것처럼 말이다.

《고려사》에서는 당시 공민왕의 성격적 결함을 이렇게 말하고 있다.

> 왕은 성품이 시기심이 많고 잔인하여, 심복 대신일지라도 권세가 강성해지면 반드시 꺼리고 목을 베었다. 신돈은 자신이 폭위를 떨침이 너무 심함을 알고, 왕이 자기를 꺼릴 것이 두려워 반역을 도모하였다.

공민왕은 치세 내내 신하들을 무자비하게 쓰고 버렸다. 처음 원나라에서 공민왕을 모시다 귀국했던 측근은 연저수종공신(燕邸隨從功臣)으로 봉해졌다. 말 그대로 연경(북경)에서 모셨던 공신들이라는 뜻이다. 공민왕이 힘을 얻기 전, 가장 고달프고 힘들 때 함께 했던 신하들이다. 이들은 모두 37명이었으나 단 한 사람, 목인길 외에는 모두 반역 등의 다양한 죄명으로 비명에 죽었다. 아무리 권력자의 길이 외롭다

고는 해도, 그들이 다른 신하들의 집중적인 모함을 받았다고 해도, 이 바닥을 치는 생존율은 무엇을 뜻할까?

결국 공민왕은 사람을 믿지 않은 것이다. 계속 의심하고 또 의심하다가 어떤 빌미가 생기면 용서하지 않고 죽였고, 나중에 측근들을 죽인 것을 후회하기도 했다. 그런다고 죽은 사람이 살아 돌아올 리 없었고, 또 같은 일을 그만두지도 않고 반복했다. 결국 이렇게 피로 얼룩진 결과에는 공민왕의 책임도 분명히 있었다. 공민왕의 주변에 죄다 나쁜 신하들만이 있었던 걸까? 그러기엔 너무 많이 죽었다. 공민왕이 진심으로 신뢰한 사람이 있기나 했을까? 이 질문에는 단 한 사람의 예외가 있다. 그가 사랑해 마지않았던 왕비, 노국 공주 말이다.

유일한 믿음, 노국 공주

공민왕과 노국 공주의 사랑은 역사 속에서도 굉장히 유명하다. 10대의 어린 나이에 정략적으로 결혼한 사이였지만, 두 사람은 진심으로 서로를 아끼고 사랑했다고 한다. 《고려사》에는 노국 공주가 직접 스스로 목소리를 남긴 적이 드물다. 때문에 사서를 통해 그녀에 대해 자세하게 알기는 어렵다. 하지만 이 둘은 사랑의 상징으로 이후로도 널리 회자되었다. 이들의 사랑이 특히 주목을 받는 이유는 공민왕이 반원 정책을 펼쳤건만 노국 공주는 자신의 조국보다 남편을 따랐다는 것과 노국 공주가 죽은 뒤 공민왕이 반쯤 미쳤다는 데 있다.

대개 공민왕의 변화를 노국 공주의 죽음에서부터 찾곤 한다. 이것은 틀린 말이 아닐지도 모른다. 하지만 공민왕의 치세 중에서 가장 극적인 신돈의 개혁은 노국 공주의 사망과 함께 시작됐으니, 공민왕의 모든 삶을 노국 공주와 결부시키는 것은 조금 무리가 아닐까.

공민왕은 고려의 왕이 된 이래로 여러 차례 위협에 시달렸다. 그중에서 가장 극적인 것은 1363년에 있었던 암살 시도, 홍왕사의 난이다. 이 사건은 공민왕을 못마땅하게 여긴 부원 세력의 대표적인 방해공작으로 유명하다. 그런데 이 사건을 주도한 인물이 공민왕의 수종공신이자 측근인 김용이었다는 것은 의외로 잘 알려져 있지 않은 듯하다. 김용은 바로 전 장에서 등장했던, 밀서를 이용하여 고려의 장군들을 죽음으로 몰아넣었던 바로 그 인물이기도 하다.

홍건적의 난이 정리되고 개경으로 돌아온 공민왕은 불에 탄 왕궁 대신 홍왕사를 임시 왕궁으로 삼고 그곳에 머물렀다. 그러면서 원나라에 사신을 보내어 그때까지도 화를 풀고 있지 않았던 기 황후를 설득시키려고 애썼다. 이런 와중에 벌어진 것이 홍왕사의 난으로, 부원파 세력들이 공민왕을 암살하려고 시도하다가 실패했다.

하지만 사건의 추이를 자세히 보면 참으로 이상하다. 윤달 3월 깜깜한 밤중에 50여 명의 괴한들이 공민왕의 행궁인 홍왕사로 숨어들었다. 아니, 문을 지키는 사람을 죽이기까지 했으니 보무도 당당하게 문을 열고 들어온 셈이다. 이 어설픈 자객들은 큰 소리로 외치며 칼을 휘둘렀다.

"나는 황제의 명령을 받고 왔다."

여기에서 말하는 황제란 당시 원나라의 황제이자 기 황후의 남편인 순제를 일컫는 말이리라. 공민왕이 부원 세력이자 황후의 일가친척들을 제거한 것은 틀림없는 사실이었고, 여기서 황제의 명령이 무엇을

뜻하는지는 뻔했다. 이 말을 들은 군사들은 겁에 질려 모두 달아났고, 자객들은 공민왕의 침전에까지 도달했다. 공민왕을 모시던 환관은 공민왕을 업고 창을 통해 달아나 태후의 방에 왕을 숨겼고, 노국 공주가 문 앞을 막고 앉았다. 여인의 몸이라고는 하지만 노국 공주는 엄연히 원나라의 귀족이었다. 만약 그녀가 다치기라도 한다면 외교 문제가 될 수 있었고, 아마 그것 역시 염두에 둔 행동이었으리라. 결국 괴한들은 공민왕 대신 공민왕인 척 가장하고 침전에 누워 있던 환관 안도적을 대신 죽이고, 자신들이 정말로 공민왕을 죽였다고 여기고 좋아 날뛰었다. 그리고 정승을 비롯한 몇몇 관리들을 살해하고, 자신들끼리 벼슬자리를 나눠 갖고 괴뢰 정부를 만들었다. 하지만 최영을 비롯한 장수들이 군사를 이끌고 지원을 온 덕에 난은 순식간에 진압되었다.

이 사건은 공민왕을 해치려는 부원 세력들의 음모와 남편을 온몸으로 지키려던 노국 공주의 헌신적인 사랑을 드러낸 일화로 굉장히 유명하다. 하지만 이 사건은 그러려니 넘기기에는 뭔가 찜찜한 구석이 있다. 대체 누가 반란을 일으켰을까?

홍왕사에서 공민왕을 죽이려 했던 무리들은 그들 자신이 황제 운운한 대로 원나라의 원조를 얼마간 받았던 음모자일 수도 있다. 그런 것치고는 스케일이 작아 단번에 진압되었지만.

그런데 《고려사》는 다른 이야기를 전하고 있다. 이날 홍왕사의 변을 일으킨 진정한 원흉은 왕의 측근이자 제조순군(提調巡軍) 김용이라는 것이다. 김용은 앞서 세 원수를 모함해서 죽음으로 몰아넣기도 했다.

난에 참여한 사람은 90명 남짓이었다. 하지만 김용은 난을 진압한 뒤 사로잡힌 이들을 단 한 명도 제대로 심문하지 않았고, 마구 죽여 입

을 막으려 한다는 의심을 받았다. 그래서 공민왕도 처음에는 김용을 난을 진압한 공신으로 삼았다가 나중에는 귀양 보낸 뒤 목을 베어 죽였다. 난이 일어난 지 고작 한 달이 지난 다음이었다.

물론 무작정 벤 것은 아니었고, 역모 사실을 밝혀내기 위한 심문은 벌어졌다. 그런데 그 와중에 나온 변명이라는 게 참 궁색했다. 김용은 심문을 받으면서 자신은 이미 재상을 세 번이나 해서 다른 욕심은 없고, 다만 정적이었던 홍언박을 없애고 싶었다고 실토했다. 그것이 난을 벌인 이유였다는 것이다. 하지만 공민왕을 대신해서 죽은 환관의 이야기를 꺼내자 꿀 먹은 벙어리가 되었고, 더 이상 아무런 변명 없이 그대로 처형당하였다. 참 이상한 변명이다. 서로 맞지 않는 톱니바퀴가 덜걱덜걱 소리를 내는 것 같은.

이상한 것은 옛 친구뿐만이 아니다. 참여자가 고작 수십 명이라는 단출하기 짝이 없는 난의 규모도 규모이지만, 난의 주모자라는 김용은 고개를 갸웃하게 할 정도로 어설픈 행동을 했다. 자객들이 홍왕사를 습격하고 무신들이 이를 진압하는 중, 그는 전혀 다른 곳에서 신하들 틈에 섞여 있었다. 즉 왕에게 반기를 드는 중차대한 음모를 실행하면서도 이를 별동대에게 죄다 맡겼고, 일이 실패로 돌아가자 사로잡힌 부하들을 '나중에' 심문하면서 죽인 것이다. 난이 진압되는 와중에 암살자들이 '우리의 배후에는 김용이 있다'라고 실토했다면 어쩌려고 그랬을까? 나라를 뒤집을 역모치고는 굉장히 방만한 자세였다. 어쨌든 김용은 홍왕사 난의 주모자로서 죽었다.

그런데 공민왕은 김용을 처형한 뒤 굉장히 슬퍼했다. 옛 친구 김용을 가엾게 여긴 탓은 아니었다. "누구를 믿어야 좋단 말인가."라고 말

하며 자신의 불우한 처지가 슬퍼서 눈물을 흘렸다. 김용 역시 조일신이 그랬던 것처럼 함께 원나라를 다녀온 수종공신이었다. 김용이 정말로 홍왕사의 난을 일으킨 것인지, 아니면 그 스스로가 그래 왔던 것처럼 누군가가 판 함정에 빠진 것이든지, 공민왕은 언제나 자신을 배신했다는 이유로 가까운 신하들을 죽였다. 공민왕의 치세에 고려에는 배신자만이 들끓고 있었던가? 그렇게 사람 운이 나쁜 왕이었던가?

이러니 저러니 해도 공민왕의 치세에서 가장 유명한 신하는 바로 신돈이다. 승려였던 신돈이 공민왕을 처음 만난 것은 1358년이니, 둘은 즉위 초기부터 이미 알고 지내던 사이였다. 신돈은 비천한 신분이었지만 무척 총명했고, 그래서 공민왕은 내내 그를 우대했다. 그 때문인지 신돈은 다른 신하들에게 심한 질시를 받았고, 앞서 홍건적을 몰아낸 정세운은 신돈을 무척 싫어한 나머지 한때 죽이려 들었던 적도 있었다. 그래서 신돈이 정권을 잡은 것은 굉장히 오랜 시간이 지난 뒤였는데, 정확히는 노국 공주가 죽은 뒤 석 달이 지난 다음이었다.

흔히 아내를 잃고 실의에 빠진 공민왕이 나라를 다스릴 의욕을 잃고 신돈에게 모든 정치를 떠맡겼다는 선입견이 있다. 그런데 사실 공민왕이 그를 등용한 데에는 나름의 생각과 계획이 있었다. 그 포부는 공민왕이 스스로 말하고 있다. 힘 있는 세족들은 당파의 뿌리가 얽혀서 서로 봐 주고, 신진 세력들은 명성을 구하며 세족들과 얽혀들려고 애쓰기 일쑤고, 유생들은 여리고 약한데다 동문으로 연결되어 있으니 큰일을 맡길 수가 없었다. 게다가 공민왕은 이제까지 뜻이 맞지 않고 손발도 맞지 않는 재상을 많이 만났다. 하지만 신돈은 불도를 깨달은 승려로 욕심이 적고, 신분도 천한데다 친한 당파가 없었다. 그러니까 그

를 발탁해 정치를 맡긴 것이다.

하지만 신돈은 등용되기 전, 다른 신하들이 왕과 자신의 사이를 이간질할 것이 두렵다며 공민왕에게 자신을 저버리지 않겠다고 약속해 줄 것을 간청했다. 그래서 공민왕은 신돈에게 손수 이런 글을 써주기까지 했다.

사(師, 신돈)가 나를 구원하고 내가 사를 구원할 것이다. 생사를 같이 하여 다른 사람의 말에 의혹됨이 없을 것이니 부처와 하늘이 이를 증명할 것이다.

공민왕이 얼마나 신돈을 신뢰했는지를 단적으로 보여 주는 내용이다. 공민왕은 신돈을 진심으로 믿고 있었다. 이 글을 쓸 당시에는 말이다. 이로써 신돈에게 막강한 권력이 주어졌고, 주변의 질시를 받으면서도 여러 변화를 추진했다. 대표적으로 전민변정도감(田民辨整都監)을 설치해서 권문세가들이 억지로 빼앗았던 땅을 원래 주인들에게 돌려주었으며, 억울하게 노비가 된 사람들의 신분을 풀어 주기도 했다. 여기에 성균관을 설치하고 학업을 장려하는 일 등 긍정적인 사업들을 많이 벌였다.

하지만 신돈의 개혁이 워낙 파격적이다 보니, 그만큼 커다란 반발을 불렀다. 많은 신하들이 신돈을 제거하려 하다가 오히려 자신이 처분을 받는 일이 여러 차례 반복되었다.

《고려사》에는 신돈이 유부녀와 간통하는 등 갖은 음행을 벌이고, 대단히 심각하게 착복을 했다는 말까지 있다. 이 기록이 사실이고 아니

고를 떠나, 어지간히 지독한 미움을 받았다는 것만은 분명하다.

하지만 신돈이 휘둘렀던 권력은 모두 공민왕에게서 전적으로 부여받은 것이지, 결코 그 자신의 것은 아니었다. 말을 바꾸면 공민왕의 총애가 사라지는 순간, 신돈의 목숨은 없는 것이나 다름없었다. 처음 신돈이 공민왕에게 각서를 받은 것도 바로 그 때문이었으리라. 하지만 시간이 흐르면서 불신의 싹이 차츰 자랐다. 공민왕은 신돈을 의심했고, 고작 5년여가 지난 뒤 공민왕은 자신이 다시 정권을 잡겠다고 발표했다.

신돈의 몰락은 그의 등용만큼이나 파격적이었다. 공민왕 20년 7월, 신돈의 부하 중 한 사람이 신돈이 반역을 모의했다는 내용이 담긴 익명의 밀고를 써서 재상 김속명의 집에 던져 넣었다. 이 밀고서를 받아든 공민왕은 즉시 명령을 내려 신돈 심복들의 목을 베었다.

《고려사》는 신돈이 반역을 모의한 것이 사실이라고 주장하고 있다. 공민왕이 왕릉을 배알할 때 자객들을 시켜 왕을 암살하려고 했다는 것이다. 하지만 이는 실패로 돌아갔고, 다시 모반을 계획하던 중에 밀서가 날아들었다는 것이다. 그래서 앞에서 말한 대로 신돈의 부하들은 처형되었고, 신돈은 수원으로 귀양 보내졌다. 신하들이 신돈의 처형을 주장하자, 공민왕은 신돈에게 과거 맹세했던 글을 보여 주고 그의 목을 베게 했다.

목이 떨어지기 전, 신돈은 공민왕이 자신을 불렀다는 말을 듣고 용서받은 것이라고 생각하며 기뻐했다고 한다. 그렇지만 공민왕이 처음 써주었던 맹세는 아무 짝에도 쓸모없는 휴짓조각이었다. 과연 신돈은 역모를 꾸몄을까?

자제위는 조작이었을까

　노국 공주가 세상을 떠나고 신돈이 처형된 다음, 공민왕의 말년은 글자 그대로 지옥이었다. 《고려사》〈세가〉에는 공민왕이 벌인 음행이 자세하게 기술되어 있다.

　공민왕은 공신들의 자식들 중에서 잘 생긴 사람들을 모아 자제위라는 부대를 만들고, 자신의 경호를 맡겼다. 자신은 여자의 옷을 입고 부인처럼 곱게 화장을 했다. 그리고는 궁궐의 몸종[內婢] 중 어린아이를 방으로 들여 얼굴을 보자기로 가리고, 자제위를 시켜 윤간하게 했다. 공민왕은 옆방에서 그 광경을 지켜보았다. 그렇게 남이 윤간당하는 걸 보다가 흥분하면, 공민왕은 홍륜 등을 데리고 왕의 침실에 들어가 '남자와 여자가 그러는 것처럼' 자신에게 음행을 하게 했다. 그것을 한두 번도 아니고 수십 명과 하고 나서야 그쳤다고 한다.

　요즘 식으로 말하면 실사 스너프 필름을 보면서 욕구를 부채질하고

'자신도 그렇게 당하는' 놀이를 했다는 말인데, 솔직히 너무 대담하고 파격적이라서 웬만한 성인물 저리 가라 할 정도이다. 공민왕은 자신의 비빈들 역시 자제위에게 노리갯감으로 던져 줬고, 반항하는 비빈들에게는 칼을 뽑아 위협하기까지 했다. 몸종에게 벌어진 일이 똑같이 벌어졌으리라. 게다가 이런 일에 재미가 들린 자제위는 왕명을 핑계 삼아 자주 왕비들의 처소에 드나들었고, 무슨 일이 벌어졌을지는 모두가 상상할 수 있을 것이다.

요즘도 이런 내용의 영화가 만들어지면 성인용 딱지가 붙거나, 아예 상영 불가 판정을 받을 것이다. 크로스드레서, 강간, 윤간, 관음증, 동성애, 거기다 난교까지 충격적인 내용이 가득하니까. 조선의 유학자들이 고려가요를 두고 남녀상열지사라고 비난했다고 하지만, 남남상열지사가 이렇게까지 벌어졌다는 사실은 차마 말하지 못한 것 같다. 다른 누구도 아닌 개혁군주 공민왕이 그 주인공이니.

과연 이런 미친 행동들을 노국 공주가 죽은 탓으로만 돌려야 할까. 《고려사》에서는 '원래 공민왕이 여색을 즐기지 않아, 공주가 살아 있었을 때도 가까이 하는 일이 드물었다'라고 적고 있다. 이후 어머니 태후가 공민왕에게 비빈을 가까이하지 않는 이유를 묻자, 공민왕은 눈물까지 흘리면서 공주만한 사람이 없다고 답했다. 그러면 자제위들은 여자가 아니니까 괜찮다는 걸까?

개인의 성적인 취향은 자유이며, 노국 공주를 잃은 공민왕이 아무리 불쌍하다고 해도, 공정하지가 않다. 졸지에 봉변을 당한 몸종아이의 인권은 어떻게 되는 걸까. 마찬가지로 칼을 들이대는 공민왕의 협박 때문에 자제위들에게 억지로 난행을 당해야 했던 다른 왕비들은?

그런데 공민왕의 각종 비행을 두고 철저한 조작이라고 주장하는 사람도 있다. 고려의 독립을 못마땅하게 여겨 공민왕을 모함하고, 그것도 모자라서 암살하려고 했던 부원 세력이 공민왕의 행실을 최대한 나쁘게 기록했다는 것이다. 하지만 공민왕 17년에 원나라는 이미 망했고, 순제마저 사망했다. 물론 북쪽 카라코룸 일대에서 아직까지 북원이 나라로서 명맥은 잇고 있었지만, 고려에 영향력을 끼치기에는 너무 멀었다. 공민왕이 암살된 이후 원나라가 고려의 역사 기록에 영향력을 행사할 수 있었을까? 그렇다면 조선이 조작했을까? 그럼 공민왕이 개혁을 했다는 좋은 사실도 없애야 하지 않았겠는가? 왜 한편으로 좋은 이야기를 쓰고 다른 한편으로는 나쁜 이야기를 쓴 것일까?

무엇보다도 자제위와 그들의 난행을 꾸며낸 이야기라고만 의심할 수 없는 이유가 하나 더 있다. 바로 공민왕의 후계자 문제이다. 공민왕이 자제위들이 왕비들과 난행하도록 한 이유는 무엇일까. 본인의 관음증 취향을 만족시키려는 것도 있었겠지만, 한편으로는 자식, 정확히 말하면 후계자가 생기지 않아서였다. 공민왕에게는 그때까지 모니노를 제외한 공식적인 자식이 없었다.

공민왕은 노국 공주를 포함하여 모두 5명의 비를 두었지만, 자식은 신돈의 계집종이었던 반야를 통해 얻은 우왕뿐이다. 그런데 공민왕은 노국 공주와 10대 때 결혼을 했다. 사람마다 각자 차이는 있겠지만, 옛날에는 조혼을 하는 만큼 자식도 빨리 가질 수 있었다. 하지만 노국 공주와는 1349년 결혼하고 무려 16년 뒤에야 비로소 아이를 가졌고, 그나마 사산하고 노국 공주도 함께 죽었다. 부부 중 한쪽의 몸에 이상이 있다면 임신이 어려울 수도 있지만, 노국 공주는 아이를 가졌으니 공주 쪽의 문제가 아니다. 또 노국 공주가 죽은 후에도 공민왕은 다른 비와의 사이에서 자식이 전혀 없었다.

옛날이야 영아 사망률이 높았고, 아이가 너무 어려서 죽는다면 아예 족보에도 올리지 않고 기록하지 않기도 했다. 하지만 공민왕은 일찍부터 자식이 없는 걸 걱정했고, 그래서 대신의 자식들을 양자로 들이기도 했다. 노국 공주에게도, 다른 왕비에게도 아이를 얻지 못했다는 소리다. 공민왕이 21년 동안 즉위했던 사실을 생각하면, 공식적인 부부 사이에 자식이 태어나지 않았다는 것은 그냥 운이 나쁘다는 말로 설명이 되지 않는다.

원인이 무엇이든 공민왕이 후계자 때문에 가졌을 스트레스는 어마어마했을 것이다. 대를 이어 조상의 위업을 전해야 하는 왕조 시대의 왕에게 후계자를 낳는 것은 가장 중요한 임무 중 하나였다. 공민왕이 자식이 태어나지 않은 일로 얼마나 초조했을지는 불 보듯 빤한 일이다. 공민왕이 이대로 죽게 되면 정식 후계자가 없으니 심양왕이나 기타 부원파 세력에 속한 고려 왕족이 뒤를 이어 즉위할 수도 있다. 그러면 이제까지 갖은 굴곡을 겪고 지켜낸 왕 자리를, 말마따나 '죽 쒀서 개 주는' 꼴이 된다. 그게 아니더라도 똑똑한 양자보다는 못나도 내 핏줄에게 모든 걸 물려 주고 싶은 것이 어쩔 수 없는 사람의 본성일지도 모르겠다.

어쨌든 이런 상황이다 보니 공민왕에게 어떤 문제가 있었을 가능성이 농후하다. 그래서 자제위의 난행이 꽤나 설득력 있게 느껴지는 것은 물론, 이후 조선 왕조가 우왕과 창왕의 혈통을 의심했던 것도 어쩔 수 없겠다.

역사상 비슷한 인물을 들자면 일본의 도요토미 히데요시가 있다. 그는 일본 최고의 권력자가 되었지만, 정실부인 네네를 비롯하여 40명 가까운 첩에게서도 자식을 전혀 얻지 못했다. 그래서 양자를 대신 세우기까지 했다. 그런데 첩으로 맞아들인 오이치 히메(그녀는 오다 노부나가의 여동생이었고, 전국 제일의 미녀로 이름이 높았다)의 딸 차차 히메, 요도기미는 놀랍게도 히데요시의 아들을 낳았으니 이게 바로 히데요리였다. 히데요시는 대단히 기뻐하며 양자로 키우던 조카 히데쓰구를 억지로 자결시키고, 다이묘들에게 네 살의 어린 아들에게 충성을 맹세하게 했다. 그러나 히데요시가 죽은 뒤 당연하게도 히데요리의 혈통을 의심하는 루머가 유포되었다. 또한 히데요리를 중심으로 한 서군의 세력이 차츰 약화되었다. 결국 세키가하라의 전투는 도쿠가와 이에야스의 승리로 돌아갔고, 자식에게 천하를 물려 주려고 했던 히데요시의 집념도 끝나게 되었다.

공민왕도 비슷하지 않은가. 공민왕이 끌어안고 있었던 고뇌는 한심하다기보다는 굉장히 처절하고, 그래서 더욱 불쌍한 마음이 든다. 사랑하던 왕비 노국 공주가 죽었다. 그것도 뱃속의 아이와 함께 죽었다. 수십 년간 아이 없는 고통을 겪다가 처음으로 가진 아이였다. 그것도 사랑해 마지않는 정비 노국 공주의 몸에서. 아이가 남자아이라면 후계자 문제가 단번에 해결되고, 딸이 태어나도 다음에는 후계자를 얻을 수 있으리란 희망이 있다. 왕비의 뱃속에서 아이가 자라는 열 달 동안 공민왕은 얼마나 기뻐했을까? 실제로 공민왕은 노국 공주가 아이를 낳기도 전부터 죄수들을 사면하는 등 만반의 준비를 갖추기까지 했다. 그런데 그런 꿈이 한순간 날아간 것이다. 실성하는 것도 어쩌면 당

연하다.

차라리 공민왕이 후계자 만들기를 일찌감치 포기하고 잘 기른 양자를 후계자로 만들었다면 어떻게 되었을까? 옛날이니 (아니 어쩌면 지금도) 후계자의 핏줄에 집착하게 되는 것은 어쩔 수 없는 일이지만, 그래도 아쉽다. 바로 그 혈통에 매달린 탓에 공민왕 자신이 망가지고 자신의 죽음마저 초래했으니까 하는 말이다.

미래는 중요한 것이지만, 그렇다고 현재를 충실하게 살지 못한다면 아무 소용없다. 신뢰 없이, 절차 없이, 수단과 방법을 가리지 않고 어떻게든 미래를 쥐어짜내려 한 공민왕은 모래밭 위에 고층빌딩을 세우려 한 것이다. 그러니 무너질 수밖에.

아무도 믿지 못한 개혁군주

1374년 9월, 공민왕은 살해당했다. 공민왕의 왕비 중 한 사람인 익비 한씨가 아이를 가졌는데, 총애하던 자제위 중 하나인 홍륜이 임신시킨 것이었다. 하지만 임신 소식을 들은 공민왕은 화를 내기는커녕 크게 기뻐했다. 영전을 부탁할 사람, 그러니까 대를 이을 사람이 없어 걱정했는데 이제 왕비가 아이를 가졌으니 무슨 근심이 있겠느냐며.

하지만 익비의 뱃속에 있는 아이가 자신의 아이가 아니라는 것을 공민왕은 잘 알고 있었다. 그리고 이 사실이 어떤 사태를 초래할 수 있는지도. 그에 앞서 공민왕은 신돈의 여종 반야에게서 얻은 강녕대군 우(훗날의 우왕)를 두고 있었지만, 그 아이 역시 공민왕의 아이인지 의심을 받는 상황이기는 했다. 어쩌면 공민왕 자신이 제일 잘 알고 있었던 게 아니었을까?

자, 그럼 이제 어떻게 할까. 공민왕은 익비를 임신시킨 것이 자제위

중 홍륜이라는 사실을 확인하기까지 했다. 그런데도 자신의 왕비가 낳은 아이를 자신의 자식으로 꾸밀 작정이었던 것이다.

그런데 정말 기괴한 것은 그 다음이다. 공민왕은 당장 다음날로 이 사실을 아는 자제위를 모두 죽여 입을 막으려고 했다. 그런데 이런 계획을 환관 최만생에게 모두 말한 뒤 "너도 이 계획을 알고 있으니 마땅히 살아남지 못할 것이다."라고 말한 것이다. 죽이겠다고 예고하다니, 미쳐도 단단히 미친 게 틀림없다. 공포에 질린 최만생은 함께 죽을 운명이 된 자제위들에게 공민왕의 계획을 알렸다. 왕이 시키는 대로 온갖 나쁜 짓을 저질렀다가 죽게 된 이들은 궁지에 몰린 쥐처럼 고양이를 물었다.

바로 그날 밤, 최만생과 홍륜 등 자제위는 술에 취한 공민왕을 칼로 찔러 시해했다. 그리고 큰 소리로 도적이 들어왔다며 외쳤다. 궁궐을 지키던 병사들은 겁에 질려 꼼짝 못했고, 재상들과 다른 신하들은 왕이 살해당했다는 말을 듣고도 두려운 나머지 오지 않았다.

이 내용만 보면 '흥왕사의 난 시즌 2'이다. 다만 공민왕은 이번에는 살아남지 못했다. 언제나 신하들을 배신했던 공민왕이었지만, 이번에는 자신이 그렇게 당한 것이다. 이후 병풍과 최만생의 옷 위에 뿌려진 핏자국이 발견되어 공민왕 시해 사건의 전모가 드러났고, 암살자들은 체포되어 수레에 묶여 갈가리 찢겨 죽었다.

이제까지 이야기한 공민왕을 대단히 낯설게 느낀 사람이 있을지도 모른다. 고려를 되살리려고 했던 개혁군주의 이미지와는 다르게 신하들을 차례차례 배신하고, 그들에게 배신당하고, 그리하여 죽임당한 이 사람이 정말로 공민왕이냐고 묻고 싶기도 할 것이다.

공민왕의 시대에서 개혁이라는 커다란 껍데기를 한 겹 걷어 보면, 그 아래는 좋고 나쁜 것이 뒤섞인 커다란 소용돌이가 있다. 그리고 여기에 휘말려서 정말로 많은 사람들이 죽어갔다. 개혁이라는 대의명분으로 모든 것을 덮기에는 너무 많은 뒤틀림이 있었다는 소리다. 공민왕은 분명 개혁을 시도했지만, 그것이 불변의 진리는 아니었으며, 이렇다 할 실효를 거두지 못한 구석도 있었다.

그리고 개혁의 실태란 수많은 희생으로 얼룩졌다. 수많은 측근들이 계속해서 반역자 소리를 들으며 처형당했다. 몇 번이나, 몇 번이고. 공민왕이 정말로 결백하고, 몇 번의 환란이 모두 그 주변에 몰려든 간신배들에게 이용당한 것뿐이라고 해도, 공민왕의 책임이 아예 없다고 할 것인가? 개혁을 하면서도 자신의 주변에 들어찬 간신배들을 보지 못하고, 그들이 다른 죄 없는 신하들을 학살하는 것을 몇 번이고 내버려 두었다면 공민왕에게는 아무 책임이 없는가?

때로는 공민왕에게 잘못 한 점 없고 처음부터 끝까지 누명을 썼다고 생각하는 의견도 있는 것 같다. 그래야만 개혁의 의미가 퇴색하지 않는다는 듯이. 하지만 피로 얼룩진 개혁이, 피로 피를 씻는 혁명이 얼마나 좋은 세상을 만들어낼 수 있을지는 의문이다.

조금은 공민왕을 동정할 수 있을지도 모른다. 공민왕은 이미 즉위하기 전부터 주변의 사람들에게 자주 배신당했고, 즉위 직후에는 조일신의 난마저 겪었다. 홍건적의 침입으로 자신의 개혁을 포기한 적도 있었으며, 덕흥군에게 왕위를 빼앗길 위기 역시 겪었다. 그랬기 때문에 한때 총애했던 신하는 '반드시'라고 할 수 있을 만큼 죽임을 당했다. 왕은 신하를 믿지 못했고, 그러니까 신하들 역시 왕을 믿지 못했다. 그

래서 공민왕의 시기는 피와 배신으로 얼룩져 있었다.

《고려사》에는 몇 번이고 이런 말이 반복된다. 왕에게 의심과 시기가 많아서 공신 중에서 목숨을 보전한 사람이 없다고. 그런 두려움 때문에 일부러 벼슬을 버리고 공민왕의 곁을 떠난 이들도 있었다. 이것이야말로 공민왕이 만들어낸 지옥이었고 개혁이 실패한 진정한 이유일 수도 있다. 과연 이 모든 것이 개혁이라는 말 하나만으로 정당화될 수 있을까? 심각한 인간 불신, 그리고 변덕, 배신에 이르기까지.

설령 공민왕에게 아무 죄가 없다고 해도 책임이 완전히 사라지는 것은 아니다. 왕은 그 시대의 모든 것을 책임지는 인물이다. 그래서 공민왕의 어머니 명덕태후는 한참 엇나가고 있던 아들에게 이렇게 충고를 하기도 했다. 오히려 지금은 난폭했던 충혜왕 때보다도 많은 신하들이 죽어가고 있다고 일깨우면서.

"백성들이 다 죽으면 너는 누구의 왕이냐?"

그래서 신하들을 믿지 못했던 공민왕은 홀로 죽었다.

조선 연산군

폭군이 갖춰야 할 모든 것

연산군은 나쁜 일을 바로잡기 위해서라면 포락을 써도 괜찮다고 말했지만, 자신에게는 무한히 관대했다. 이런 사람의 명령이 어떻게 권위를 가질 수 있을까? 공정하지 않은 엄격한 법을 적용하는 것은 깡패이지 결코 법치가 아니다.

年 代 表

성종

7년(1476) 11월 7일, 연산군 출생. 임사홍, 이극기, 홍귀달을 비롯한 대소신료들과 종친들이
모두 축하.

10년 6월 2일, 윤씨 폐출.

11년 11월 8일, 정현왕후 윤씨를 왕비로 책봉(중종의 어머니).

13년 8월 16일, 폐비 윤씨 사사.

14년 2월 6일, 연산군 세자 책봉.

20년 5월 20일, 성종, 은밀히 폐비 윤씨의 제사를 지내도록 명하다.

25년 12월 24일, 성종 사망.

12월 29일, 세자 연산군 즉위.

연산군

1년 3월 16일, 연산군, 어머니의 폐비 사실을 알게 됨.

3년 5월, 궁궐 담 바깥 100자 내의 민가를 철거하려다가 신하들의 반대로 그만두다.

4년 《성종실록》의 실록청 설치.

7월 11일, 김일손의 사초에서 〈조의제문〉이 문제가 되다. 무오사화의 시작.

7월 17일, 김종직의 부관참시 결정. 처벌의 경감을 주장한 대간들을 끌어내어
곤장을 치다.

9년 11월, 성균관 근처와 왕궁을 내려다보는 위치의 민가를 철거하게 하다.

10년 3월 13일, 연산군, 환관들에게 입 조심하라는 패를 차고 다니게 하다.

4월, 후궁 전향, 수근비가 투기했다고 하여 관계자를 잡아들이다.

6월, 두 후궁을 처형하고 목을 잘라 궁인들에게 보인 뒤 외딴 섬에 묻음.

7월 19일, 연산군의 통치를 비방한 익명서가 발견되다.

의녀 3명을 비롯한 수많은 혐의자들이 체포, 심문을 받다.

8월, 금표에 숨어든 사람을 처형하고 목을 내걸다.

10월, 갑자사화 발생. 훈구와 사림을 막론하고 대대적으로 숙청.

12월 24일, 흥청(興淸) 300명, 운평(運平) 700명으로 광희(廣熙)의 정원을 늘이다.

12년(1506) 1월 28일, 연산군을 시해할 것을 주장하는 익명서가 종루에 나붙다.

9월 2일, 중종반정으로 연산군 폐위. 정현왕후의 아들 진성대군이 중종으로 즉위.

중종

즉위년(1506) 11월 8일, 연산군이 강화도에서 역질로 사망.

촉망받았던 후계자

　조선의 10대 왕 연산군은 그야말로 폭군에게 필요한 모든 것을 갖춘 종합 선물세트 같다. 광해군은 근래 들어 외교적인 성과를 주목하거나, 다음 대 인조의 부정적인 통치와 비교하는 등 재평가하는 움직임이 어느 정도 있다. 그에 비해 연산군은 정말 구제의 여지가 없다.

　그는 온갖 사치와 방탕을 누렸고, 한글(언문)의 사용을 금지했으며, 무고한 사람들을 죽인 사화를 일으켰다. 백성들을 괴롭히고, 신하들을 마구 죽였으며, 심지어 아버지의 후궁들을 때려죽이고, 할머니 인수대비를 죽음으로 몰아넣은 패륜아 소리까지 듣고 있다.

　물론 연산군도 다른 방향에서 동정의 대상이 되기는 한다. 어머니 폐비 윤씨가 아버지 성종에게 사약을 받아 죽은 기구한 사연 때문이다. 이 때문에 드라마나 각종 매체에서는 그가 폐비 윤씨의 비극적인 죽음 때문에 슬픔과 울분을 터뜨리게 되었고, 어머니의 원수를 갚으려

고 했으며, 그러다 보니 나쁜 왕이 된 것이라며 인간적인 상처와 고통에 호소하는 우회적인 변명을 하곤 한다.

딱히 현대 사람들만 그런 건 아니다. 연산군의 야사들도 모두 그가 어머니를 잃은 고아라는 점에 초점을 맞추는 경향이 있다. 어린 연산군이 어미 소와 송아지를 보고 "저 소도 어미가 있는데 왜 저에게는 어머니가 없습니까?"라고 말한다거나, 몇 년 전 크게 유행했던 영화에서는 어머니가 보고 싶다고 아버지에게 슬프게 하소연하는 소년 연산군을 묘사하기도 했다. 이런 내용들은 드라마틱해서 보는 재미가 있긴 하지만, 실제의 연산군과는 상관없이 그럴 것이라고 믿고 싶은 사람들의 바람을 반영할 때도 있는 것 같다.

그렇다면 실제의 연산군은 어떨까? 연산군 시기를 기록한 실록 《연산군일기》에 따르면, 그는 왕이 되고 난 이후에야 비로소 어머니의 일을 알게 되었다고 한다. 연산군 1년 3월 16일, 연산군은 아버지 성종의 묘지문을 보고 승정원에 전교를 내렸다. 묘지문에 윤기무(尹起畝)의 이름이 적혀 있는데 윤호(尹壕)를 잘못 적은 게 아니냐고 물은 것이다. 윤기무는 폐비 윤씨의 아버지이자 연산군의 외할아버지이고, 윤호는 정현왕후의 아버지이다. 연산군은 그때까지 윤호가 자신의 외조부요, 정현왕후가 어머니인 줄 알고 지냈던 것 같다. 승지들은 왕의 질문에 사실을 고했다.

"윤기무는 폐비 윤씨의 아버지인데, 윤씨가 왕비가 되기 전에 죽었습니다."

이에 연산군은 주변의 사람들에게 폐비 윤씨가 누구인지, 왜 폐해졌는지 물었을 것이다. 실록은 연산군의 반응을 짤막하게 적고 있다. '왕이 비로소 윤씨가 폐위되어 죽었다는 것을 알고 수라를 들지 않았다'라고. 충격이 그만큼 컸으리라. 과연 연산군은 어머니의 일 때문에 폭군이 되기로 결심했던 것일까?

그런데 다소 의외로 들릴 수 있지만, 성종 시절의 세자 연산군은 진정으로 촉망받는 후계자였다. 여기에는 연산군 개인의 자질 이외에 역사적인 이유도 있었다. 연산군 이전까지 조선의 왕위 계승은 대단히 변칙적으로 벌어졌다. 성종만 하더라도 세자였던 아버지가 요절한 덕에 삼촌인 예종이 즉위했고, 또다시 예종이 요절하자 사촌인 제안대군과 형 월산대군을 제치고 왕이 되었다. 그래서 적자인 연산군이 태어났을 때 임금과 신하들은 이보다 더한 경사가 없다며 지극히 기뻐하며 축하했다.

하지만 연산군이 태어난 지 고작 7개월 되었을 무렵, 윤씨가 폐비되어 서인이 되었다. 원인은 잘 알려졌다시피 심각한 부부싸움이었다. 성종이 후궁의 거처로 행차하자 질투심에 불탄 윤씨가 뛰어들었고, 야사에 따르면 이때 성종의 용안에 손톱자국을 남겼다고 했다. 성종은 화가 머리끝까지 나서 신하들의 만류에도 불구하고 윤씨를 폐서인했다. 한때는 사랑하는 사이였거늘, 이렇게까지 파국을 맞게 된 것은 대체 누구를 탓해야 할까. 정말로 불쌍해진 것은 아이, 그러니까 연산군이었다. 조선 초기의 왕자들은 곧잘 다른 왕족이나 대신 집에서 양육되었고, 연산군 역시 5살 무렵까지 왕족과 대신들의 집에서 성장했기에 부모의 결별을 직접 보지는 못했다. 그러나 이 사건은 이후 그의 인

생에 깊고도 어두운 그림자를 드리웠다.

이미 윤씨에게 정이 떨어진 성종은 대단히 신경질적이 되었고, 연산군(당시 원자)을 왕궁에 들이자는 의견을 거절하는 한편, 윤씨의 이야기를 하는 신하에게는 "죽을 죄를 지었다."라며 화를 냈다. 어떤 신하는 "원자가 나중에 이 사실을 알면 마음 아파하지 않겠습니까?"라고 했다가 국문을 받기도 했다.

그렇게 몇 년이 지난 성종 13년(1482) 윤씨에게 사약이 내려졌는데, 이유는 나중에 윤씨가 세자(당시는 원자)를 조종해서 종묘사직을 망칠 위험이 있기 때문이라는 것이다. 오랜 역사를 뒤져 보면 여태후나 측천무후처럼 아들을 조종해서 나라를 망하게 할 뻔한 왕들의 어머니가 있기는 했다. 하지만 이미 폐비된 윤씨에게 그럴 힘이 있었을까? 그래도 성종은 윤씨의 폐비 및 사사가 나라를 구하기 위한 결단이라고 애써 주장했다.

윤씨가 사약을 마시고 죽었을 당시 연산군의 나이는 6살이었다. 연산군은 과연 어머니가 아버지에게 죽임당했다는 사실을 알았을까? 어느 정도 철이 들었을 나이이긴 하지만, 어머니의 비극과 어른들의 사정을 알기엔 너무 어렸을 것이다.

어쨌든 역설적이지만 윤씨의 죽음은 연산군의 자리를 굳건하게 해주는 역할을 했다. 윤씨가 모든 잘못을 뒤집어쓰고 죽었기에, 연산군은 조선 왕조의 후계자로서 아무 하자도 없어졌던 것이다.

그래서 7세의 나이로 세자로 봉해진 이후 연산군은 별 탈 없이 후계자 코스를 밟게 된다. 15세에《소학》을 떼고《대학》,《중용》,《논어》같은 공부를 차곡차곡 해냈으며, 원손마저 떡하고 낳아 왕가를 안심시켰

다. 적어도 《성종실록》에 나타나는 연산군은 꽤 타이트한 세자의 교육과정을 무리 없이 이수하면서 맡은 일을 척척 해냈다.

성종은 세자를 기특하게 여기고, 너무 많은 것을 익히기보다는 조금씩 차근차근 익히라고 자상한 전교를 내리기도 했다. '공부도 쉬엄쉬엄 해라' 라는 소리다. 그리고 신하들과 세자의 교육방법을 의논하는 한편, 세자의 얼굴에 난 심한 종기를 치료하기 위해 중국에서 의약을 찾기도 했다. 무엇보다도 세자가 성년이 된 이후로는 오랜 미움을 삭이고 '세자를 위해' 폐비 윤씨의 제사를 지내라고 밀지를 내리기까지 했던 것이다.

연산군은 모범적인 세자였다. 《성종실록》이 연산군 때 쓰였으니 연산군에게 우호적이었으리라는 점을 감안하더라도, 만약 그의 품행에 문제가 있었다면 반드시 사간원들이 물고 뜯었을 것이다. 똑같이 적장자이면서 대형 사고를 연속으로 쳤던 양녕대군에 비하면 세자 시절의 연산군에게 훗날 폭군의 조짐은 찾아보기 어려웠다. 이렇게 세자 시절과 왕이 된 이후가 판이하게 다르다 보니, 연산군이 어머니의 죽음을 알게 된 충격으로 미쳤다는 말이 나오는 것도 무리가 아닌 것 같다.

하지만 연산군은 조선의 왕이었고, 그가 폭군으로 불리게 된 것은 개인적인 성격이나 자질 때문이 아니라, 통치의 잘못에서 기인한 것이기도 했다. 어쩌다 연산군은 폭군이 되었을까? 몇 발자국 뒤로 물러서서 연산군이라는 개인 외에 그의 시대를 널리 조망해 본다면, 또 하나의 이유가 드러난다.

성종의 시대에는 유교 국가 조선의 기틀이 단단해졌고, 큰 외란도 내란도 없이 안정된 시기였다. 무엇보다도 성실한 군주였던 성종은

진실로 성군이 되기 위해 노력했다. 밤낮 없이 공부를 하는 한편, 신하들에게 말의 자유를 전폭적으로 허락했다. 자신을 폭군의 대표격인 걸왕이나 주왕에 빗대어 말하더라도 미워하지 않겠다고 하고, 신하들에게 자신의 결점을 말해 달라고 부탁하기까지 했다.

이렇게만 본다면 성종의 시대는 태평성대였을 것 같지만, 그런 와중에도 부작용은 있었다. 성종의 치세 내내 왕권을 견제하는 사간원 및 홍문관의 기능이 활발해졌고, 정책의 결정과 사람의 임용에 다양한 의견이 활발하게 쏟아져 나왔다. 여기까진 좋다. 그런데 그 정도가 너무 지나쳤다는 게 문제였다.

최소한 성종 말의 사간원들은 한도를 망각하고 폭주하고 있었다. 이들은 새로운 정책이나 임명되는 관리의 자질을 놓고 이러쿵저러쿵 헤집고, 온갖 시시콜콜한 것들을 들이대며 대신을 파면하라고 비난했다. 부정축재를 했다거나, 비도덕적인 일을 저질렀음을 지적한 경우도 있지만, 학식이 부족하다거나 여자처럼 나약하다는 등의 이유로 무작정 비난하기도 했다. 개중에는 불확실한 유언비어를 근거로 '아님 말고'라는 식으로 비판하기도 했다.

이에 노사신이 사간원의 지나침을 지적하면서 "자기들 뜻과 다르면 무작정 몰아세우는 폐단을 없애야 한다."라고 하자, 그를 당장 파직시킬 것을 청하면서 "그 살과 고기를 씹고 싶다."라는 극언을 퍼부어댔다. 이런 살벌함은 사간원 내부마저 흉흉하게 만들었고, 비난에 동참하지 않으면 권력에 아부하는 '알바'라며 왕따가 되었다. 분명히 정상적인 분위기가 아니었다. 비판이 아예 없는 정치는 폭주할 위험이 있지만, 비판을 위한 비판이 난무하게 된다면 국정은 나아갈 방향을

잃고 표류하게 된다.

그런 의미에서 성종은 조선 왕조의 임금들 중 가장 뛰어난 인내심의 소유자였다. 지나친 스트레스 때문이었는지 36세의 젊은 나이에 세상을 뜨게 되지만, 이처럼 신하들의 무수한 잔소리 속에서도 꿋꿋하게 왕 노릇을 하며 때로 굽히고 양보했다. 참다못해 불만을 터뜨리고 화를 낼 때도 있었지만 그것도 잠깐이었고, 사간원을 필두로 한 신하들이 억지를 부리더라도 좋게 말하며 인내했다. 설령 거슬리는 말이라도 잘 듣는 것이 임금의 덕이라는 원칙을 충실히 이행한 것이다.

하지만 성종이 세상을 떠나고 연산군이 19세의 나이로 그 뒤를 이으면서 문제가 벌어졌다. 연산군에게는 어머니가 살해당했다는 개인적인 비극과 뛰어난 성군이던 아버지에 대한 콤플렉스보다도, 신권이 너무 커지고 기괴하게 비틀린 조선 왕조의 상황이야말로 최악의 유산이었다. 태평성대로 보인 성종의 시대였건만, 어떤 의미에서는 폭군 연산군이 자라날 수 있는 토양이 충실하게 마련되어 있었던 것이다.

19세라는 나이의 임금이란 어떤 것이었을까? 요즘 기준으로 한다면 갓 고등학교를 졸업하거나 대학교에 들어갈 나이이다. 세자 연산군은 12년 가까이 후계자 교육을 철저히 받았고 이미 자식도 두고 있었으나 나라의 왕으로서는 성숙했다고 볼 수 없었다. 게다가 왕이 바뀌었지만 신하들은 그대로였다. 새 왕 연산군은 아버지 성종의 나라를 다스리게 되었다.

앞서 말했듯이, 태평성대였던 성종의 시대는 신권이 지나치게 커져서 왕권을 압박하고 있었다. 당시 사간원을 비롯한 사림의 선비들은 자신들이 정의라고 믿어 의심치 않으면서, 현실 정치의 비판에 앞장섰다.

하지만 사회적으로는 아무리 옳아도 현실 정치에서 인정할 수 없는 것이 있다. 예를 들어 세조의 비정상적인 즉위가 그런 경우였다. 단종이 어린 나이에 불쌍하게 죽은 것은 사실이지만, 그에게서 왕위를 빼앗은 세조는 조선 왕조의 어엿한 임금이자 다음 임금들의 선조였다. 만약 세조가 찬탈했다는 사실을 인정한다면, 그 자손인 성종이나 연산군 역시 불법으로 왕위를 점유했다는 말로 번질 수도 있었던 것이다. 꽤나 민감해질 수 있는 사안이건만, 사림을 비롯한 선비들은 자신들이 옳은 말을 한다며 당당하게 목소리를 높였으니 이게 문제였다.

성종은 어쨌든 참았다. 신하들의 무수한 비난은 물론이거니와 김종직이 "사육신은 충신입니다."라고 말하자, 안색만 변한 채 침묵을 고수했을 만큼 초인적인 인내심을 발휘했던 것이다. 하지만 연산군은 참지 않았고, 화를 내며 맞받아쳤다. 신하가 감히 왕을 능멸하고 우습게 보는 사실 자체에 분노했던 것이다. 그래서 사간원이 "임금이 (나라의) 일을 하려면 먼저 간하는 말을 들어야 한다."라는 말을 했을 때, 연산군은 "임금을 가벼이 여기므로 감히 그런 말을 하는 것이다."라며 화를 벌컥 내기까지 했다.

왜 성종은 참고 연산군은 참지 않은 것일까? 여기에는 성격 차이도 있겠지만, 성종과 연산군의 입장이 많이 다른 탓도 있었을 것이다. 사실 성종은 즉위한 순간부터 마음을 놓을 수 없는 불안한 위치에 있었다. 삼촌 예종의 뒤를 이어 왕이 되기는 했지만, 형인 월산대군과 사촌이자 예종의 아들이던 제안대군이 시퍼렇게 눈을 뜨고 살아 있는 상황이었다. 만약 무엇 하나 어긋났다 하면 '차라리 누구를 왕위로 할 것을'이라는 말이 나오기 십상이었고, 그래서 언제나 좋은 임금이 되

기 위해 자기 자신을 다잡아야 했다. 하지만 연산군은 정당한 왕위 계승자로 태어나고 자랐으며, 그의 라이벌이 되었던 진성대군(중종)은 무려 열두 살이나 어렸다. 따라서 연산군은 독보적인 위치에서 강력한 권위를 타고났기에, 스스로도 신하들에게 굽혀야 할 필요가 없다고 생각했던 것 같다.

신하인 주제에 감히 왕에게 대든다. 이것은 즉위 초기부터 연산군이 신하들에게 불만을 터뜨린 사안이었다. 여기에서 한발 더 나아가, 연산군은 자신이 아끼는 사람을 향한 비난마저 자신에 대한 공격으로 받아들였다. 게다가 연산군에게는 나쁜 버릇이 있었는데, 욱하는 성미가 있는데다 신하들이 올린 글에서 말꼬리를 잡아 사람 속을 박박 긁어대는 막말을 쏟아냈던 것이다.

《연산군일기》를 읽노라면 연산군이 정말로 달변이라는 사실을 실감하게 된다. 기발한 표현을 쓰기도 하고 적절하게 치고받는 호흡이 기가 막다. 분량이 너무 많은지라 연산군과 신하들 사이에서 오갔던 설전을 하나하나 옮길 수는 없지만, 그 어느 것이나 활달하고 힘이 넘쳐서 웬만한 텔레비전의 토크쇼를 방불케 한다.

> "전의 상소에서는 대신을 비방했고, 지금은 대신을 내쫓자고 하니, 그러면 너희들에게 그 소임을 맡길까? 너희는 문서나 맡은 관리[刀筆之吏]이다."
>
> "임금의 과실도 다 말해야 하는데 대신의 과실을 어찌하여 말하지 못하겠느냐."
>
> "이와 같은 일은 입이 있는 자라 하여 모두 말할 수 있는 일이 아니

요, 이미 변방의 일을 잘 아는 재상으로 더불어 상의하였으니, 어찌 지식이 얕은 유생들의 알 바이겠는가."

"대저 임금이 수의를 하는 것은 그 좋은 것을 취택하려는 것인데, 지금 대간이 일일이 논박하니, 그렇다면 단지 대간만으로 나라를 다스려야 하느냐."

왕이 이 정도로 말을 하니, 사간원의 벼슬아치들도 수준을 맞춰 막 말을 쏟아대며 왕과 다퉈댔다. 연산군과 신하들이 말싸움 벌이는 대목을 읽다 보면, 왕과 신하 사이의 대화가 아니라, 철이 덜 든 학생들이 유치하게 싸우는 꼴을 보는 듯하다. 이를테면 날씨가 나빠지고 천재지변이 일어나면, 신하들은 왕에게 덕이 없어서 이런 일이 벌어졌다고 주장하고, 연산군은 신하들이 못났으니 나쁜 일이 벌어진 것이라고 똑같이 맞받아쳤다.

덕분에 《연산군일기》는 오가는 말싸움으로 꽤 생기발랄한 기록이 되었고, 강 건너 불구경이 그러하듯 읽는 재미마저 있다. 하지만 이래서야 나라꼴이 정상적으로 돌아간다고 할 수는 없다. 왕의 원래 임무는 나라를 다스리는 것이지 신하와 말싸움을 하는 게 아니다. 왕과 신하는 서로 싸워 물리쳐야 할 적이 아니고, 함께 힘을 합쳐 나라를 잘 굴려야 하는 동반자이거늘. 왕과 신하가 서로의 속을 긁어대며 '말대꾸 누가 잘 하나'를 겨루고 앉아 있으니 한심한 것도 이 정도면 수준급이다. 이 악순환을 끊으려면 누군가가 참거나, 아니면 순환 자체를 파괴하는 방향으로 나설 수밖에 없었다. 연산군은 후자를 선택했고, 그것이 바로 사화(士禍)였다.

왕에게 잔소리 하지 말라,
두 차례의 사화

갓 즉위한 연산군은 왕권과 신권 사이의 균형을 되찾을 가능성을 가지고 있었다. 그럴 힘은 분명히 그에게 있었다. 정당한 계승자이자 최고의 교육을 받았고, 평화로운 시대를 이어받았다. 그리고 지나친 사간원들의 비난과 참견에는 비단 연산군뿐만이 아니라 대신들 역시 염증을 내고 있었다.

하지만 이 가능성은 사화라는 최악의 결과를 만들었다. 연산군의 치세에는 두 번의 사화가 있었다. 무오사화와 갑자사화. 워낙 중요한 사건이었던 탓에 이를 기준으로 연산군의 시대를 셋으로 나누기도 한다.

먼저 무오사화는 연산군 4년, 김일손이 사초에 스승 김종직의 글 〈조의제문〉을 기록한 것이 계기가 되었다고 알려져 있다. 그러니까 김종직이 꿈속에서 항우에게 왕위를 빼앗기고 살해당한 초회왕을 만

난 후 〈조의제문〉을 지었는데, 이것이 단종을 동정하고 세조를 비판하는 내용이라는 혐의를 받았던 것이다. 이 사건에는 유자광이 크게 관여했는데, 김종직이 유자광의 시를 불태웠다는 개인적인 원한으로 모함을 했다는 뒷소문도 있다. 그러다 보니 어머니의 복수를 하고 싶었던 연산군이 〈조의제문〉을 빌미로 신하들에게 복수를 시작했다고 보는 의견도 있다. 하지만 사화를 벌였던 연산군에게는 어머니의 복수 외에도 좀 더 복잡한 목표가 있었던 것 같다.

먼저 무오사화의 인명 피해부터 살펴보자. 사림들이 처참하게 죽임당했다는 선입견이 있지만, 실제 이 일로 사형당한 것은 7명이었고, 이들을 포함하여 유배 등의 다른 처벌을 당한 사람을 합치면 모두 44명이었다. 물론 죽은 사람이 일곱이라 해서 별 것이 아니라는 말은 아니다. 이들의 생명을 앗아간 것은 물론, 이미 죽은 김종직을 관에서 끌어내 목을 자르는 참혹한 일도 있었다. 그래서 당시로서는 큰 충격을 주는 사건이었지만, 그렇게까지 극악한 지경은 아니었다는 말이다. 앞서 말했듯이 신권이 지나치게 부풀려지다 보니 사간원들이 화를 자초한 면도 있었다. 어쩌면 사화를 통해 왕권과 신권이 조화를 되찾을 수도 있었다.

하지만 상황이 더 나빠질 조짐이 나타났다. 무오사화가 진행되면서 이미 죽은 김종직의 처벌 문제가 불거지자, 대부분의 신하들은 부관참시를 외쳤지만 사간원을 비롯한 삼사는 조금 다른 의견을 제출했다.

"종직의 〈조의제문〉은 부도(不道)하오니, 죄가 베어도 부족하옵니다. 그러나 그 사람이 이미 죽었으니 작호(爵號)를 추탈하고 자손을 폐

고(廢錮)하는 것이 어떻겠습니까?"

이미 죽은 사람이니 관직을 삭탈하고 자식들이 과거를 보지 못하게 하는 처벌을 주장한 것이다. 그러자 연산군은 삼사의 의견을 대역죄를 옹호하는 것이라고 간주했고, 당장 의견을 제시한 사람들을 끌어내 곤장을 치게 했다. 이로써 쇠사슬을 든 나장 10여 명이 재상, 대간 이하 관리들이 모두 모인 장소로 들이닥쳐 해당자들을 억지로 끌어내어 곤장을 수십 대 쳤고, 신하들은 일시에 놀라 우왕좌왕했다. 비교적 온건한 의견을 제시했다가 지독한 모욕과 처벌을 받은 것이다. 그런 일이 있은 뒤로 연산군은 이런 전교를 내리기까지 했다.

> 대간(臺諫)이 일을 말하며 꼭 공의(公議)라 하는데, 어떻게 다 공의이겠느냐. 요사이 대간이 망령되게 공론이라 이르고 큰일을 잘못 논한 것은 경들이 함께 본 바이다. 또 선비들이 당파를 만들어 나쁜 짓을 하였는데, 대간이 용렬하여 능히 탄핵하지 못하므로 요즈음의 일을 초래한 것이다.

무오사화 직후에도 연산군은 '이전의 대간처럼 불초하거나', '어린 사람과 너무 나이 많은 사람을 뽑지 말라' 라는 등의 임용가이드를 내리기까지 했다. 결국 대간이 잘못해서 처벌을 내렸다기보다는, 본때를 보여 주려던 참에 좋은 건수를 잡았던 것이다.

이 사건은 물론이거니와 이후로도 연산군의 치세에서는 한 가지 일관성을 찾아볼 수 있다. 그것은 바로 연산군이 절대적이고도 신성한

왕권을 주장했고, 모든 다른 의견들을 하극상으로 간주했다는 것이다. 그 의견이 좋건 나쁘건 구분하지 않고 말이다. 연산군이 치세 내내 입버릇처럼 했던 말이 있는데, 바로 '능상(凌上)'이라는 말이다. 감히 윗사람을 업신여기는 것, 그런 사람 혹은 태도. 연산군은 즉위 초기에서부터 자신은 이런 능상의 풍속을 고치겠다는 말을 입에 붙이고 있었고, 행동으로도 옮겼다.

연산군 때 두 번째로 벌어진 사화였던 갑자사화 역시 폐비 윤씨의 복수를 위해 벌였다는 선입견이 있다. 하지만 내막을 들여다보면 그리 단순하지만은 않으며, 복잡하게 얽혀 있다.

무오사화만 하더라도 어느 정도 사회적 공감을 얻을 수 있었다. 앞서 말했듯이 성종 이래로 대간 및 홍문관들에게 너무 지나친 면이 있었는데, 무오사화 이후로 어느 정도 타격을 받았고 그 기세도 꺾였다. 이전처럼 극단적인 간쟁이 조금은 줄어들었던 셈이다. 이는 곧 왕권의 강화를 뜻했는데, 연산군은 이렇게 얻은 권력을 국정이 아닌 본인의 취미생활에 투자했다.

절에 선물하거나 불경을 만드는 것은 그나마 왕에게도 종교의 자유가 있다고 이해할 수 있을지도 모르겠다(조선이 유교 국가이긴 했지만). 하지만 3년을 입어야 하는 상복제도를 단 27일만 입는 것으로 뜯어고치는 실용 정신을 발휘한 것은 유학자들의 반발을 부를 수밖에 없었다. 당시의 예는 허례허식이 아니라 사람이 사람으로 살기 위한 기본 조건이었으니 말이다.

그러면서도 예술가 기질이 충만했던 연산군은 자신의 취미를 대놓

고 즐겼다. 연산군은 툭하면 시를 지어 신하들에게 내렸는데,《연산군일기》에 기록된 것만도 백여 수가 훨씬 넘는다. 그런데 이 시를 짓는 게 지나치다 보니 나라가 굴러가는 것 역시 예술이 되었다.

연산군의 통치가 오래갈수록 국정을 운영하는 장소에서 '시 짓기 대회'가 벌어지곤 했다. 재색을 겸비한 수많은 여인들을 불러 모으고, '흥청망청'의 어원이 된 흥청(興淸)의 인원을 대폭 확충한 것은 그가 여색을 즐기는 일 외에 여성의 재능을 아꼈던 것이라고 봐야 할까? 게다가 신하들에겐 냉혹해도 내 여자에게는 상냥한 조선 남자였던 연산군은 여인들에게 지극정성을 쏟았고, 선물을 일일이 챙겨주거나 그녀들이 죽으면 찾아가기 쉬운 곳에 무덤을 마련하기도 했다. 하지만 문제는 여기에 드는 비용이 전부 나랏돈이라는 데 있었다.

사실 왕이라는 자리가 수많은 사람을 거느리다 보니 약간의 사치는 피할 수 없을지도 모르겠으나, 여기에도 정도라는 게 있는 법이다. 연산군 시대에는 궁궐에서 잡일하는 사람만 2만 2천 명이었고, 후원에서 불을 피울 때 땔감이 아닌 향을 태웠다고 한다. 이는 '의자왕의 3천 궁녀'와 '신라에서 숯불로 밥을 지었다'라는 것과 동급의 전설인 듯도 한데, 연산군의 낭비벽은 좀 더 구체적이고 다양하다.

세금으로 올라온 면포 80만 필을 20일 만에 다 쓴 것을 시작으로, 담비가죽, 금, 꿩, 공작 깃털 등 사치품 수입에 열을 올렸으며, 심지어 얇고 거친 종이에 글을 써서 올리는 것은 임금을 존경하는 게 아니라며 깨끗하고 좋은 종이를 쓰게 했다. 황당한 명령이지만 예술적 감수성과 과시욕이 강했던 연산군과 꽤나 어울리는 일이기도 하다.

이렇게 사치를 부릴 수 있었던 것은 연산군이 왕이었기 때문이다.

헌데 당연하지만 아무리 나라의 재산이 많아도 끝없이 돈이 나오는 화수분은 아니었다. 재정 문제로 쪼들리게 되자 연산군은 재상들에게 주는 부의금의 액수를 깎았다. 연산군 8년에는 충훈부(忠勳府)에서 "어떤 공신이 오랫동안 녹봉을 받지 못했으니 지급해 주자."라는 의견을 올리자, "봉록을 주는 것은 임금의 권한인데 아랫사람이 스스로 먼저 함부로 아뢰었다."라며 국문하려 들기까지 했다. 조잔함의 극치였다. 결과적으로 무오사와 이후 연산군의 권위는 강력해지기는커녕 차츰 무너지게 되었다.

처음 무오사화는 왕과 훈구 세력들이 어느 정도 합의한 결과물이었다. 김종직의 처벌에서 삼사를 제외한 다른 관료들이 목소리를 합한 것만 해도 그랬다. 하지만 이렇게 왕권이 강화되자 연산군은 제멋대로 권력을 휘둘렀고, 그러자 그동안 호의적이었던 대신들(훈구 세력)은 왕에게 등을 돌렸다. 즉 대신들과 사간원이 함께 의견을 합쳐 왕이 고립되는 지경에 이른 것이다.

그러자 연산군은 스스로 반성하고 사태를 해결하는 대신 대신들이 능상을 한다며 분노했다. 대간들이 간언을 하면 이것을 하나하나 적게 해서 나중에 사용할 증거로 남겼으며, 아예 그들이 경연에 참여하지 못하게 막기도 했다. 갑자사화가 벌어지기 직전에는 관리들에게 사심을 버리고 공무에 힘쓰라는 전교를 내리기까지 했다.

신하된 도리가 성의를 다하여 위를 받들되 평탄하거나 험난하거나 한결같아야 하는 것인데, 근래에 인심이 예전 같지 않아 조정에 있는 선비들도 거개 제 몸 편히 하기만 힘쓰고, 나라에 목숨 바치는 절개는

힘쓰지 아니하여, 마음에 하고 싶은 것은 다방면으로 이루고, 뜻에 하고 싶지 않은 것은 온갖 계교로 피하니, 이것이 어찌 몸을 바쳐 신하되는 의리이겠는가? 쌓인 습성이 폐단이 되어 오래되면 바로잡기 어려우니 백관에게 각각 그 마음을 다하고, 제 생각만을 하는 풍습을 되풀이하지 말도록 하라.

　연산군은 연산군 대로 화가 났고, 신하들도 신하들 나름으로 불만을 품고 있었다. 이렇게 바짝바짝 긴장이 올라가던 터에 터진 것이 갑자사화였다. 그러니까 사화의 명분은 폐비 윤씨의 복수였지만, 연산군은 이를 훈구와 사림을 동시에 제거할 기회로 삼고 있었던 것이다. 게다가 그에게는 어머니뻘인 아버지의 후궁들까지도 목표로 삼아 처벌(손수 때려죽였다고 한다)할 만큼 무차별적이었다.

　그래서 갑자사화 때에는 위로는 영의정에서부터, 아래로는 하인과 일가친척에 이르기까지 피의 광풍이 몰아닥쳤다. 폐비 윤씨에게 사약을 날랐다는 이유만으로 처벌받은 것은 얼마나 사소한 일로 죽음에 이를 수 있는지 보여 주는 단적인 예이다. 이것 말고도 폐비 윤씨가 폐출되거나 사약을 받을 때 이를 말리지 않았다는(당시 성종의 분노가 어마어마했으니 말릴 수도 없었을 것이다) 하잘것없는 이유로 많은 사람이 죽었고, 이미 죽은 사람은 관에서 끌어내 목을 쳤다. 게다가 그들의 가족과 친척까지 줄줄이 연루되었으니 피해는 어마어마하게 늘어났다. 최소 65명이 처형되고 300명 가까이 귀양 가거나 처벌받았는데, 이들의 친인척들 역시 모진 고초를 여러 번 겪었다. 이렇게 사화를 통해 연산군은 사림은 물론 훈구 세력까지도 싹쓸이했으며 막강한 권력을 손에 넣게 되었다. 그 대신 정당성을 잃었지만.

명분이 어떻든 간에, 연산군이 어머니 폐비 윤씨에게 그렇게까지 애틋한 감정을 가지지 않았다는 주장도 있다. 그가 어머니 기일에 자중하고 슬퍼하는 대신 여자들과 놀러 나갔다는 사실이 《연산군일기》에 기록되었기 때문이다. 연산군이라는 인물에 대해 생각해 보자면 나름대로 어머니 일에 슬퍼했을지도 모른다. 다만 그는 어머니를 위한 슬픔을 느끼기보다는 자신을 위해 분노했다. 계속 왕을 우습게 보며 자신을 어린 아이 취급하는 신하들에게 쌓여 있던 불만을 터뜨릴 빌미를 찾아낸 것이다.

앞서 본대로 연산군은 이미 어머니 윤씨의 일을 알고 있었으니, 야사에서처럼 임사홍이 피에 묻은 적삼을 가져와 연산군이 분노하고 사화를 일으켰다는 사실을 곧이곧대로 믿기보다는, 얄미운 신하들을 때려잡기 위한 명분으로 어머니의 일을 이용했다고 보는 쪽이 더 어울릴 것 같다. 결론은 불효자라는 소리다.

언론의 탄압,
나붙는 익명서

입은 재난을 불러들이는 문이요, 혀는 몸을 베는 칼이다. 입을 다물
고 혀를 깊이 간수해야 몸이 편안하고 어디서나 든든하리라.

장황하게 해설을 하지 않아도 이 말이 입조심 하라는 뜻이라는 것은
금방 알아차릴 수 있다. 《소문쇄록》에 따르면, 연산군은 이 글귀를 새
긴 패를 모든 관원들에게 차고 다니게 했다고 한다. 그러니까 자신을
비판하는 사람이 있을까 우려했기 때문이다.

그런데 《연산군일기》에서는 이 패가 연산군 10년 3월에 만들어진
것이라고 한다. 그것도 관리가 아닌 환관들이 차고 다닌 것으로 되어
있다. 관원과 환관은 분명 큰 차이가 있다. 환관이란 왕궁의 일을 도맡
은 하인들이니 왕의 치부를 알기 쉽고, 그들이 이런 사실을 외부에 흘
리면 걷잡을 수 없게 된다. 더군다나 환관은 자칫하면 왕의 눈을 가리

고 나라를 망치기도 했으니, 대표적인 예로《삼국지》의 십상시나 중국 환관의 폐해를 들 수 있다. 그렇다면 연산군이 관원들에게 입조심 패를 차게 했다는 말은 꾸며진 '연산군 폭군 전설'의 일환일 뿐일까?

그렇지는 않다. 연산군이 언론의 자유를 비정상적으로 틀어막은 것은 분명한 사실이기 때문이다. 조선의 역대 왕 중에서 사간원과 홍문관을 없앤 '위업'은 아무나 한 것이 아니었다. 또한 연산군의 편협함을 잘 드러내는 것은 역시 언문 금지의 명령이었고, 이보다 앞서 익명서 사건이 있었다.

익명서란 말 그대로 이름이 적혀지지 않은 투서였다. 이런 익명서는 벼슬아치 중 누군가의 비리를 고발하거나 흉을 볼 때 활용되곤 했고, 늘 큼지막한 사건으로 번지곤 했다. 바로 그런 이유 때문에 조선의 법전이었던《경국대전》에는 '설령 익명서가 있어도 내용을 읽지 말고 없애라'라는 조항이 있었다.

그런데 연산군 8년 즈음에는 누군가의 비방을 써서 사람들이 볼만한 곳에 붙여두는 일이 자주 벌어졌던 모양이다. 어떤 신하가《경국대전》을 따라 익명서 내용을 공개하지 말자고 주장하자, 연산군은 "법이 엄중하지 않은 것이 아니라 풍속이 경박하기 때문에 이같이 되었을 뿐이다."라는 애매한 대답을 했다. 언뜻 들으면 맞는 것도 같지만, 사태 해결에는 전혀 도움이 안 되는 말이었다.

연산군 10년 4월에 궁녀 전향(田香), 수근비(水斤非)의 사건이 바로 그랬다. 한때 이들은 연산군의 후궁이었는데, 장녹수로 더 잘 알려진 장 숙원이 등장하면서 총애를 잃게 되었다. 이후 두 여인은 장 숙원을 질투하다가 (혹은 장녹수의 모함으로) 지방으로 귀양을 가게 되었다. 그

런데 갑작스레 장 숙원을 비방하는 익명서가 나붙는 일이 벌어졌다. 그러자 연산군은 이미 유배 가 있던 전향과 수근비를 범인으로 지목하고, 이들의 가족과 친족, 지인까지 굴비 두름 엮듯이 잡아들여 총 60여 명을 심문했다. 그냥 적당히 곤장을 때리는 데에서 그치지 않고 낙형, 그러니까 불로 지지는 형을 남녀 불문하고 시행했다. 당연히 전향과 수근비도 예외 없이 유배지에서 끌려나와 형장을 맞는 신세가 되었다. 국문하는 신하들은 "아무리 그래도 왕의 후궁을 때리는 것은 할수 없다."라고 호소했지만, 연산군은 듣지 않았다.

그런데 이렇게 사달을 냈음에도 불구하고, 뾰족한 증거가 있었던 것은 아닌 듯하다. 사람들은 처음에는 완강히 혐의를 부인하다가 문초가 계속되다 보니 마침내 자백을 했는데, 내용들이 죄다 뒤죽박죽이라 오히려 들어맞지 않는 것투성이였다. 한마디로 고문에 못 이겨 억지로 말한 것이라는 소리다.

그럼에도 연산군은 범인이 밝혀졌다고 단정 짓고, 한때 자신의 후궁이었던 여인들을 능지처참에 처했다. 그것만으로 모자랐는지, 연산군은 이들의 잘린 머리를 가져와 궁인들에게 보이고, 외딴 섬에 묻고 죄를 적은 표를 세우게 했다.

연산군 10년 4월에 터지고 6월에 처형이 끝난 이 사건의 처리는 잔인하고 끔찍한 과정에 비하면 끝마무리는 애매하고 어설펐다. 정말로 전향과 수근비가 장녹수를 비방하는 글을 적었을까? 설령 그랬다고 해도, 이렇게 참혹하게 처형당할 만큼 큰 죄였단 말인가? 연산군이나 이 사건을 담당한 관리들도 이런 사실을 모르지는 않았을 것이다. 그런데도 어째서 이렇게까지 가혹하게 처리했던가? 답은 어렵지 않게

나온다. 본보기인 것이다.

　그런데 이보다도 더 심각한 익명서 사건은 연산군 10년 7월에 터졌다. 19일 새벽에 연산군의 왕비인 신씨의 삼촌 신수영에게 한 통의 익명서가 전달되었다. 신수영은 이 사실을 연산군에게 알렸고, 연산군은 당장 군사를 동원해 도성의 각 문을 걸어 잠그게 했다. 그런 다음 사람들을 물리고 혼자서 문서의 봉인을 뜯어 보았다. 익명서는 언문, 그러니까 한글로 쓰여 있었는데 개금(介今), 덕금(德今), 고온지(古溫知)라는 세 의녀가 자기들끼리 놀다가 주고받았던 대화록이 적혀 있었다. 언제 어디서 어떤 상황이었는지도 말이다.

> 개금 : 옛 임금은 난시(亂時)라도 이토록 사람을 죽이지는 않았는데, 지금 임금은 어떤 임금이기에 신하를 파리 대가리 자르듯이 죽이는 걸까.
>
> 덕금 : 그렇다면 오래 가지 못할 게 틀림없지.

　이 외에도 이들은 연산군이 지나치게 여색을 밝힌다는 점을 지적하며 기생이나 의녀들을 모조리 후궁에 집어넣고 있다고 흉을 보거나, 중전의 집안인 신씨가 연산군의 폭정을 모른 체하고 있다며 이들의 씨를 말려야 한다고 비난하고 있었다. 익명서는 세 사람이 모여 임금을 욕하거나 그걸 듣고도 모른 척했으니 신고해야 하며, 만약 처벌되지 않는다면 오히려 그쪽을 가만히 안 두겠다는 고발 겸 협박을 담고 있었다.

　의녀들의 대화를 보면 시간과 공간과 상관없이 어디서 본듯한 느낌

이 든다. 그리고 대화의 내용을 몰래 일러바친 상황은 '막걸리 보안법'이라는 옛날 말을 저절로 떠올리게 한다. 군사 정권 때 술집에서 친구들과 모여 놀다가 대통령과 현 정부 욕을 하면 안기부가 있는 남산으로 끌고 간다는. 어쩌면 이 익명서는 고발당한 사람들에게 원한이 있는 누군가가 쓴 짓일지도 모른다. 익명서에 실린 3개의 대화록이 모두 '이런 계집은 징계해야 한다'라는 말투로 끝난 것을 보면 작정하고 사람을 해치려 쓴 것 같다.

이때 고발자가 자신의 이름을 적었다면 오히려 포상을 받을 수 있었을 텐데 익명으로 적은 걸 보면, 그냥 익명서라는 형식을 빌려 연산군을 비난한 게 아니냐는 주장도 있다. 그 숨겨진 사정이야 알 수 없는 노릇이지만, 연산군의 조치는 대단히 신속했다.

당장 그날로 익명서에 나온 인물들은 물론이거니와, 그녀들의 지아비를 비롯한 일가친척을 모두 잡아와서 문초를 벌이고 사정을 캐물었던 것이다. 또한 이 익명서가 발견된 바로 다음날 계엄령을 내리는 한편, 획기적인 조치를 내렸으니 바로 언문 금지령이었다.

> 앞으로는 언문을 가르치지도 말고, 배우지도 말며, 이미 배운 자도 쓰지 못하게 하며, 언문을 아는 모든 자를 한성의 오부(五部)로 하여금 적발하여 고하게 하되, 알고도 고발하지 않는 자는 이웃 사람을 아울러 죄주라.

익명서의 내용이란 하잘것없는 의녀들이 술을 마시며 자기들끼리 수다를 떤 이야기이다. 과연 이렇게까지 사달을 벌일 정도로 큰일이

었던 걸까. 물론 비난을 들은 당사자인 연산군에게는 중요한 일이었겠지만, 어떻게 대처하느냐가 문제이다. 백성들 사이에서 왕을 비난하는 말이 나왔다손 치자. 어쩌다 백성들마저 왕을 원망하게 되었는지 이유를 찾아야 할까, 아랫것들의 건방짐을 성토하며 입을 다물라고 형벌을 내려야 할까? 연산군은 후자를 선택했다.

다시금 피바람이 불었다. 서릿발처럼 엄한 형벌과 취조가 거듭되었지만, 좀처럼 익명서를 쓴 진범은 밝혀지지 않았다. 해결의 기미는 지지부진하되 왕의 명령은 추상같으니, 기기묘묘한 방안들이 동원되었다. 앞서 체포되었던 이들과 알고 지내던 사람들이 모두 잡혀가는 한편, 익명서와 필적이 조금이라도 비슷하거나 비슷한 글귀를 쓴 적이 있으면 마찬가지로 줄줄이 잡혀가서 형장으로 두들겨 맞았다.

이뿐이랴? 직접적인 혐의가 없어도 연산군에게 불만을 가질 법한 사람들 모두 국문의 대상이 되었다. 앞서 사화에 휩쓸려 죽은 사람들의 친인척들은 물론이요, 연산군의 쾌락적인 취미생활인 운평, 흥청에 강제로 끌려온 여성의 남편들, 과거 시험에 합격했으나 자격이 정지된 사람 등등. 모두 익명서를 쓸 가능성이 있다는 이유만으로 끌려와서 문초를 당했다. 이런 와중에 밀고와 잘못된 처벌이 횡행해서 노비가 자신의 주인이 언문으로 된 책을 가지고 있다고 고발하는 하극상마저 벌어졌다.

진실로 엉망진창이었다. 수많은 사람들이 끌려가고, 고문당하고, 또 죽었다. 이 사건은 1년하고도 반년이 더 지난 연산군 11년 말까지도 160여 명이 감옥에 갇혀 있을 정도로 끔찍하게 길어졌다. 아이러니한 것은 처음 익명서에 이름이 실린 의녀들은 사건이 종결될 때까지도

멀쩡히 살아 있었지만, 수사가 확대되는 와중에 잡혀들어간, 사화에 휘말린 사람들의 친인척이 오히려 많이 죽어나갔다는 점이다.

용두사미 꼴이긴 하지만 겨우 의녀들의 익명서 사건이 종결되었다. 그러나 얼마 지나지 않은 연산군 12년 1월 28일, 또 다른 익명서가 종루에 나붙었다. 이번엔 누군가를 고발하는 것이 아닌, 연산군을 비난하고 성토하는 내용이었다.

> 임금을 시해(弑害)하는 일이 역사책에도 있으니, 가엾은 사량(司良, 선비와 양민, 모든 백성)들아, 나의 의병(義兵)을 따르라.

연산군은 이 익명서의 소식을 듣자마자, 범인이 성균관 유생들이라고 단정 지었다. 증거도 없는데 왜 그런 결론을 내렸는지는 알 수 없다. 어쨌든 명탐정 연산군은 결론을 내린 뒤에 증거를 찾았다. 그래서 성균관에서 범인을 색출하게 하는 한편, 금표(禁標)의 설치로 집이 철거되어 원한을 품은 사람들 중 유생들을 잡아들이라 명령했다. 또한 무리 지어 있는 수상한 사람들이나 글자를 알고 있는 사람들을 모두 잡아들이라고 했다. 앞서 사화에 말려들었거나 귀양 간 사람들의 (아직 안 죽은) 친인척을 잡아들이라는 말도 잊지 않았다. 더 많은 혐의자들을 찾아 수사망은 넓어졌고 더욱 가혹해졌다. 그해 7월에 내려진 연산군의 명령은 더욱 섬뜩하다.

> "간신의 동성 친족이지만 (국문에) 빠진 사람을 서인(庶人)까지 아울러 모조리 찾아내고, 명성을 노리는 대간(臺諫)과 죽임당한 사람의 족

친을 또한 아울러 모조리 찾아내어 익명서(匿名書)에 대해 묻되, 날마다 고문하여 멸종되도록 하라."

사람을 멸종시킨다는 말이란 얼마나 끔찍한가. 천만다행으로 두 달 뒤에 중종반정이 일어나는 바람에 더 잔인한 일은 벌어지지 않았다.

정체불명의 익명서는 사람들에게 외치고 있다. 왕을 시해하는 일은 역사상 얼마든지 있어 왔다고. 명색이 임금이 하늘이던 왕조 시절이었는데, 이렇게까지 대담한 주장이 종로 한복판에 붙을 수 있다는 것은 놀라운 일이다. 그 전의 의녀들이 뒷담화를 하는 데 그쳤던 것에 비해, 익명서는 사람들에게 외쳤던 것이다. '왕을 죽여라! 역사가 언제나 그래 왔다!' 라고.

비록 누가 썼는지 알 수 없는 문서이건만, 당시 연산군에게 쏟아지는 증오가 얼마나 크고 깊었는지 짐작할 수 있게 한다. 그리고 무엇보다 연산군은 자신에게 쏟아지는 비난에 제대로 대처하지 못했다.

환관들에게 입 조심하라는 팻말을 차게 한다, 왕을 비난하는 익명서에 등장한 사람들을 가혹하게 심문한다, 그러면 그 효과는 당장 드러난다. 누구나 입 조심을 하며 감히 말하지 못하는 공포가 사회를 위축시킨다. 비록 연산군은 환관만 입 조심시키려 했다 해도, 그런 조치가 있다는 것만으로도 다른 신하들과 백성들은 공포에 질린다.

한편 연산군의 언문 금지 조치는 환관이나 궁인들에게 한정된 것이었으며, 그다지 잘 시행된 것도 아니라는 연구결과가 있다. 그러나 왕이 말과 글을 금지하는 명령을 내렸을 때, 일반 백성들은 그 조치의 허와 실을 조목조목 따지면서 자신은 해당사항이 없다며 안심하진 않을

것이다. 이게 문제다. 시대를 지배하는 공포와 압제. 지나치게 잔인하고 끔찍한 처벌, 겁에 질려 침묵하는 신민들. 그래서 연산군은 폭군인 것이다.

앞서 익명서 사건 이후, 연산군은 한 관리가 장녹수에게 사소한 실수를 저지르자 윗사람을 우습게 본 것이라며 처벌하라는 명령을 내렸다. 당연히 신하들은 반대했다. 그러자 연산군은 익명서의 사건도 그렇고, 자신이 다스리는 때는 유난히 윗사람을 우습게 보는 풍조가 만연하다면서[凌上] 시를 하나 지어 보냈다.

> 참소를 당하니 진실로 덕이 없음을 알겠노라.
> 꿈을 이루기 어려운 속에 한과 부끄러움이 가득하네.
> 누가 능히 충경(忠敬)을 다하여
> 용렬한 인군 도와 잘못된 풍속 바로잡으랴.

시만 보아도 알 수 있듯이, 연산군은 곧 죽어도 자기 잘못 탓은 안 하고, 풍속의 탓을 하거나 쓸 만한 신하가 없다고 투덜댔다.

이렇게 피비린내나는 굵직굵직한 사건 외에도, 연산군은 치세 내내 정말 사소한 일에도 예민하고 까다롭게 굴었다. 이를테면 꽃무늬를 잔뜩 넣은 돗자리를 만드는 데 반대한 사람이 누구인지 찾아내라는 명령을 내리기까지 했다.

혹자는 후세에 연산군을 비난하기 위해 나쁜 점을 부풀렸으리라는 가능성을 말할 수도 있겠다. 그러나 연산군의 이런 까다로움이 워낙 다양한 레퍼토리를 선보이는 것은 물론, 적어도 한 가지 문제에서는 일관성을 보이고 있다. 감히 왕에게 반론을 제기하는 것을 조금도 용납하지 못했다는 점에서 말이다.

재개발과 철거, 금표의 설치

금표(禁標)는 왕이 사냥을 하거나, 군사훈련을 하거나 산림을 보호하기 위해 만들어진 일종의 개발제한 구역이다. 연산군 때는 특히 왕성 주변의 민가가 문제 되었는데, 이 역시 왕의 필요에 따라 땅을 제한한 것이니 넓게 보아 금표의 범주 안에 들어간다고 할 수 있다.

조선 법률의 근간인 《경국대전》을 보면 궁성에서 100자 이내에는 민가를 세우지 못한다는 법이 있다. 왕성의 보안이나 위엄 등 여러 문제를 감안한 조치일 것이다. 그런데 이 법령은 그다지 잘 지켜지지 않은 듯하다. 당시 조선은 이미 수백 년이 지난 나라였다. 큰 전쟁이 없었고, 내분도 없는데다, 나라의 수도이다 보니 세월과 더불어 인구는 꾸준히 불어났다. 하지만 땅은 한정되어 있었으니 불법으로 집을 늘리는 일도 있었고, 가난한 사람이 함부로 지은 주택들이 부쩍 불어나 있었다.

연산군은 즉위 초부터 성균관 앞에 들어선 민가 10여 채를 철거하라는 명령을 했으나, 신하들의 만류로 그만둔 적이 있었다. 그러다가 연산군 3년 5월에는 궁궐 담의 바깥에서 100자 이내의 민가를 철거하라는 명령을 내렸다. 《경국대전》의 법대로 창덕궁과 성균관 근처의 민가를 철거하라는 것이다. 물론 당장 하라는 것은 아니고 '가을이 되면'이라는 말을 덧붙였다.

이런 사정에 몇몇 신하들이 '그런 법이 있긴 하지만' 백성들의 원망을 중요하게 여겨야 하는데, 이미 몇백이나 되는 집이 철거되어 백성들의 통곡소리가 길을 메웠다며 반대의견을 냈다.

연산군은 이를 받아들였다. 물론 순순히 받아들인 것은 아니었다. 정당한 법은 이렇지만 너희들이 그렇게 말하니까 그리하겠다는 투의 말을 남기며, 신하들에게 불만을 잔뜩 터뜨렸다.

"대간들이 들어줄 수 없는 말을 늘어놓으며 궐의 뜰에 서 있으니
여기엔 백성들의 원망이 없겠느냐?"

뒤끝을 지극하게 남기는 연산군의 뒤틀어진 심사는 연산군 9년 11월 4일에 본격적으로 터진다. 승정원에게 궁궐을 내려다보는 곳에 들어선 인가를 철거하라는 명령을 내린 것이다.

"이전에 대궐을 내려다보는 민가를 철거하려다가 반대하는 사람이
있어 그만두었는데 역시 철거하는 게 좋지 않겠는가? 만일 백성들의
집이 경들의 집을 내려다본다면 경등의 생각에는 어떻겠는가?"

바로 그 다음날에 내려진 명령에는 연산군의 통치 철학이 담겨 있다. 궁궐이 내려다보이는 곳, 그리고 금지된 곳에 집을 짓는 것은 백성들이 '윗사람을 업신여기기 때문[凌上]'이라는 것이다. 여기에 더해 백성들뿐만 아니라 신하들이 자신을 우습게 본다며 화를 냈다.

> "법을 무릅쓰고 집을 지은 것은 위를 업신여기는 풍습이 있기 때문이다. 재상이나 조사(朝士)들이 모두 위를 위하지 않고 아랫사람과 부동(符同)하여 태만하게 금지하지 않았는데, 신하로서 인군(人君)을 정성과 공경으로 섬겨야 하건만, 국법을 무서워하지 않고 집을 짓는 자 역시 참으로 잘못되었다. 지금 집을 헐리게 된 사람으로 원망하는 사람도 혹 있지만, 사리를 아는 사람으로서야 어찌 이럴 수 있겠는가? 재상이나 대간(臺諫)이 더러 추운 겨울에 민가를 헐 수 없다고 말하는 것도 역시 공평하지 않다."

그래서 당장 2주 안에 사람들의 집을 철거하라는 명령을 내렸다가, 또 이런 말을 하기도 했다.

> "나의 토지니까 남의 것을 빼앗은 게 아니다."

연산군의 말이 아주 틀리지는 않았다. 나라의 법이 그러했으니까. 세종 시대에서부터 불법 건물을 철거하는 일은 있었다. 헌데 이것은 화재를 예방하기 위해서였다. 이미 세종 5년에 서울의 5분의 1이 불타는 대화재가 벌어졌고, 이 때문에 불이 옮겨 붙는 것을 막고 불을 끌

물을 나를 통로를 확보하기 위해 지나치게 밀집되거나 난립된 건물을 철거했던 것이다. 그리고 왕궁의 보안 문제 역시 무시할 수 없었다. 하지만 이렇게 무자비한 철거는 사람이, 나라의 왕이 할 짓은 아니었다.

연산군의 민가 철거는 백성들이 감히 왕의 땅에 건물을 짓거나, 왕궁을 내려다보는 것을 금지하고 본때를 보여 주기 위해 실시되었고, 그 진행 역시 기괴하면서도 엉망진창이었다. 금표 설치는 나름대로 왕권 강화의 결과물이라고 할 수 있다. 반대하는 신하들의 입을 다물게 하고, 백성들을 삶의 터전에서 쫓아낼 수 있었던 것도 연산군 말기에 지나치게 강력해진 왕권 덕분이긴 하니까 말이다.

하지만 금표의 설치는 이 정도로 끝나지 않았다. 연산군 10년 윤4월, 이번에는 성균관 일대의 민가를 본격적으로 철거하게 했다.

> "일전에 대간이 사람이 사는 집들을 헐면, 백성의 원망이 많을 것이라 했는데, 이것은 사실을 알지 못해서 하는 말이다. 처음 집을 지을 때 백성들이 법을 어긴 것인데, 그것을 밝혀내지 않은 것은 관청의 과실이다."

백성들이 법을 어긴 것은 틀림없다. 연산군이 합법적인 것도 틀림없다. 하지만 이게 과연 왕이 할 말이던가. 왕이 할 조치이던가. 그러나 연산군은 민가의 철거를 강행했으며, 모든 원인을 관리들에게 뒤집어씌워 혹시나 있을 반대를 원천봉쇄했다. 백성들의 사정을 봐 주는 것도 불법을 묵인하는 죄로 간주했던 것이다. 그래서 한창 더울 7월에 궁궐 주변의 민가를 철거하고 길을 옮겼으며, 사람들이 금표 지역 내

에 들어 오지 못하게 금지했다.

보상금을 지급하기는 했다. 집의 크기에 따라 면포로 지급하였는데, 30필에서 10필 정도였다. 신하 중 어떤 이는 정말 가난한 백성들에게는 면포보다는 당장 먹을 쌀을 주는 게 낫겠다는 의견을 제시하기도 했지만, 연산군은 듣지 않았다. 만약 금표 안에 밭이 있다면, '아직 곡식이 익지 않았으므로' 본래 가격의 3분의 1을 치러 주고, 나중에 곡식이 익으면 관공서가 추수하되 잡다한 사람(그중에는 원래 밭주인도 있을 것이다)이 드나들지 못하게 했다. 여기에 한 술 더 떠서 만약 금표의 설치에 불만을 표하거나 원망한다면 삼족을 멸하라는 명령을 내리기까지 했다. 신하들이 반대해도 나쁜 풍속을 바로잡아야 한다며 막무가내였다.

금표가 본격적으로 설치된 것은 추석 즈음이었는데, 바꿔 말하면 추수철이었다. 하지만 갑작스러운 철거에 사람들은 다 익은 곡식을 미처 수확하지 못하고 쫓겨났다.

연산군은 여기에 더해 금표 지역을 더욱 넓히고, 아무나 드나들 수 없도록 울타리를 세우게 했다. 백성들에게 피해가 가지만 어쩔 수 없다는 게 그의 일관된 입장이었는데, 이유인즉슨 풍속이 나빠지고 인심이 야박해져서 윗사람을 우습게 보며 법을 어기니 이것을 바로잡아야 한다는 것이다.

그런데 무서운 것은 연산군이 이렇게 행한 일이 모두 합법적이라는 사실이다. 철거 자체는 《경국대전》에서 지정한 법대로였다. 금표 안에 침입한 사람들은 모두 사형이라는 법률 또한 그랬다. 그래서 8월에 연산군은 금표 안에 숨어든 두 사람의 목을 잘라 내걸고, 죄명까지도

써 붙여 본보기로 삼았다. 사정을 봐 주는 일 없이 '법대로' 처리한다, 이것이 연산군의 생각이었다.

그럼에도 사람들은 여러 가지 이유로 몰래 금표 안에 숨어들어 왔다. 금표가 가로막았지만, 그 안에는 수십 년 넘게 살던 땅에 집이 있었고, 애써 가꾸던 밭뙈기가 있었으며, 조상님들의 무덤도 있었다. 백성들이 끊임없이 금표에 침입하자 연산군은 한밤중에 병사들을 풀어 금표 안에 들어 온 사람들을 토끼 몰듯이 잡게 했다. 이렇게 해서 40여 명이 잡혔는데, 모두 법대로 처리된 듯하다. 왜냐하면 열흘 뒤 의금부에서는 잡힌 사람들 중에 열두 살, 열세 살, 열다섯 살 아이가 있다며, 이들마저 법대로 죄를 준다면 너무 가혹하다는 말을 올린 것이다. 연산군의 대답은 단호했다.

"법에는 귀하고 천하고 어리고 나이 많음이 없어, 범한 것이 있으면 한결같이 벌하고 용서하지 않는 것이다."

그러면서 어린 죄인들도 용서하지 않고 성인이 되기를 기다려 처벌하도록 했다. 하물며 나이 많은 사람들은 어땠겠는가. 다른 서른 명의 범인들 역시 살아남을 리 없었을 것이다. 법으로 본다면야 연산군은 잘못이 없다. 허나 법보다도 좀 더 원초적인 사람에 대한 연민과 공감이 없었다.

이런 사건이 끊임없이 일어났건만, 연산군은 금표의 범위를 점점 더 늘렸다. 이렇게 부쩍부쩍 확장되는 실태를 대강 정리해 보면, 먼저 연산군 10년 8월 6일에 설치된 금표는 화전동과 현천동 일대로, 행주 쪽

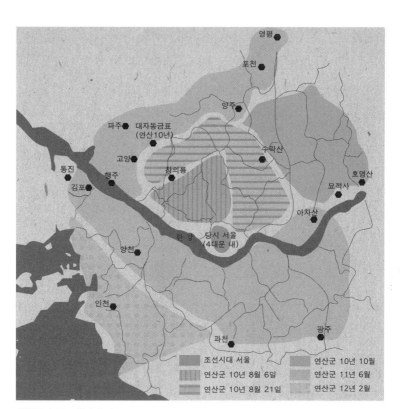

연산군의 금표 확장 추이

	금표의 위치	현재 지명
연산군 10년 8월 6일	도성으로부터 30~40리 지역 (가린원, 창경릉, 달현)	서울시, 고양시, 양주군 일대
연산군 10년 8월 21일	도성으로부터 60~70리 지역 (홍복산, 공순릉, 혜음령, 아차산, 수락산, 녹양평)	서울시, 고양시, 양주군, 파주시, 포천 군, 남양주시, 구리시, 광주군 일대
연산군 10년 10월 10일	도성으로부터 동 70리, 서 60리, 북 65리, 남 10리 (호명산, 작령, 우이현, 잉읍현, 추현, 묘적사 등)	서울시, 고양시, 양주군, 파주시, 포천 군, 남양주시, 의정부시, 구리시, 광주 군, 하남시, 성남시, 김포군 일대
연산군 11년 6월	도성으로부터 100리 지역 (광주, 양주, 포천, 영평, 파주, 고양, 양천, 과천, 통진, 김포)	서울, 김포, 고양, 파주, 포천, 광주, 과 천, 시흥, 성남, 부천, 의정부, 하남시 일대
연산군 12년 2월	도성으로부터 100리 지역에 서쪽으로 서해에 이르는 거리	서쪽으로 바다에 접하며 인천이 포함

까지를 포함해서 고양시의 30퍼센트에 해당하는 지역으로 추정된다. 고작 열흘 뒤에는 금표 지역을 더 넓혀서 양주의 홍복산에서 고양과 파주 일대까지 확장되어 지금 고양시 전역이 포함되었다. 그 다음으로 동서남북 사방에 70여 리 근방으로 넓혀서 지금의 서울은 물론 고양, 양주, 광주, 파주, 포천 일대에 널리 포진했다. 다음해, 그러니까 연산군이 쫓겨나기 직전인 11년 즈음에는 서울 주변 100리 정도까지 넓혀졌다. 결국 지금 경기도의 절반 정도가 금표 구역이 된 것이다.

연산군의 의지는 확고했다. 큰일을 하려는데 철거하는 것을 꺼리겠냐는 것이다. 덕분에 백성들 사이에서 도성 안의 사람을 모두 쫓아낼 것이라는 소문이 돌아 인심이 흉흉해졌다. 집과 밭을 잃은 사람들은 형편없는 가옥을 짓고 살거나, 심지어 도적이 되었다. 이런 도적떼들은 금표 안에 근거지를 만들어 약탈을 했고, 다른 백성들은 피해를 입어도 '금표에 들어갈 수 없어서' 잡지 못하는 일이 벌어졌다. 게다가 몇몇 질 나쁜 관리들이 왕의 명령을 핑계 대며 백성들의 재산을 털어가는 일도 빈번해졌다.

무엇 때문에 금표를 이렇게 넓혔을까? 연산군이 스스로 몇 번이나 밝혔듯이, 금표의 설치를 통해 백성은 물론, 자신에게 거역하는 신하들에게 본보기를 보이고 왕의 위엄을 세우기 위해서였다. 처음 왕성 주변의 민가 철거는 그래도 왕궁의 보안을 위해 필요한 조치라고 갖다 붙일 수는 있었다. 그런데 금표의 설치 때문에 행정 구역이나 정부 기관이 옮겨지는 일마저 벌어졌다. 금표를 넓히려고 충청도 땅을 떼어다가 경기도에 붙이기도 했고, 군사훈련을 위해 녹양평(綠揚坪)에 설치되었던 군사 주둔지마저 금표 바깥으로 옮겼으며, 봉수대는 별로

필요가 없다며 몽땅 없애기까지 했다. 맨 처음 보안을 위해 금표를 만들었건만, 이제는 금표를 위해 보안이 희생되는 지경이 된 것이다.

그럼 금표는 대체 어디에 사용했을까?《연산군일기》에 나타나는 금표는 왕을 위한 사냥, 놀이 공간이었다. '고작 사냥 때문에?' 라고 생각하겠지만, 연산군은 사냥이란 노는 게 아니라 나라를 다스리는 스트레스를 풀고 사방을 살펴보기 위한 것이니, 민폐를 염두에 둘 필요가 없다고 말했던 전력의 남자였다. 그래서 효과적인 노루 사냥을 위해 사람의 통행을 금지하기까지 했다. 그뿐만이 아니다. 백운산에서 송이버섯이 난다며 그곳도 금표 안에 집어넣을 것을 명했다. 한마디로 임금만 송이를 독차지하겠다는 말이다. 이래서야 순수한 자기 욕심 때문에 금표를 설치했다고 해도 변명할 말이 없다.

더 큰 문제는 갈수록 금표의 운영이 흐지부지해졌다는 것이다. 원래 연산군은 '간사한 무리를 처벌하고 풍속을 바로잡으려면 아무리 잔인한 형벌이라도 감수해야 한다' 라고 주장했지만, 정작 그런 철칙을 깬 것은 백성도, 신하도 아닌 연산군 자신이었다.

시간이 흐를수록 금표 지역 내의 모든 것을 없애고, 들어오는 사람은 무조건 사형이라는 원칙이 흔들리기 시작했다. 가장 큰 이유는 금표가 너무 넓어졌기 때문이다. 그곳에 집이 있고, 밭이 있으며, 조상님들의 묘소가 있는 백성들은 더욱 늘어났고, 끊임없이 금표를 넘어갔다. 금표를 설치한 지 채 1년도 지나지 않은 즈음부터는 범법자가 너무 많아서 모두 처형하기 곤란한 지경에 이르렀다.

결국 금표 안에 살았던 사람들을 다 몰아내지는 않고 일부는 그냥 살게 했다. 연산군 12년에는 금표 안에 원래 살았던 사람의 팔에 색실

을 묶어서 관리하자는 아이디어를 연산군이 직접 내기도 했다. 신하들은 기계처럼 찬성을 하긴 했지만, 백성이 강아지도 아닌데 그게 얼마나 잘 시행되었을까. 나중에는 금표 안에 조상의 무덤이 있으면 이틀간의 출입을 허용하기까지 했다.

게다가 연산군의 후궁이나 시녀의 집이 금표 안에 포함되면 충분한 보상을 치러 주라는 특별한 명령이 내려졌다. 연산군은 나쁜 일을 바로잡기 위해서라면 포락(사람을 달궈진 기둥에 불태우는 잔인하고 가혹한 형벌)을 써도 괜찮다고 말했지만, 자신에게는 무한히 관대했다. 이런 사람의 명령이 어떻게 권위를 가질 수 있을까? 공정하지 않은 엄격한 법을 적용하는 것은 깡패이지 결코 법치가 아니다.

결국 금표는 왕권을 강화하는 것도, 법을 바로잡는 것도 아닌 그저 왕 자신의 변덕으로 전락했던 것이다. 하지만 아무도 잘못을 지적하지 않았고, 신하들은 모두 입을 닫고 침묵을 지켰다. 이미 수많은 사람들이 무자비하게 처벌받았으니 두려웠기 때문이다. 그래서 연산군은 11년 2월에 기뻐하며 이런 전교를 내렸다.

　　간사한 무리를 징계하는 것이라면 중하게 형벌하지 않고서는 풍속을 바로잡을 수가 없다. 요사이 논계하는 사람이 없으니 풍속이 바른 데로 돌아간 듯하구나.

그가 원하는 세계란 그런 것이었다. 그러니까 오래 못 간 것이기도 하지만.

중종반정 직후, 그러니까 중종 원년 9월 2일에 동쪽과 서쪽의 금표

를 폐하라는 명령이 내려진다. 비로소 사람들은 다시 황폐해진 밭을 일구게 되었고, 금표 안에 있다는 이유로 철폐되어 풀밭이 된 동학, 서학, 남학 등 학교들도 다시 세워졌다. 중종은 금표 안의 땅으로 돌아온 백성들이 안정된 생활을 꾸릴 수 있도록 세금을 감면하는 조치를 내렸다. 이렇게 연산군 치세 내내 백성을 괴롭혔던 금표는 연산군의 대표적인 악정 중 하나로 꼽히게 되었다.

고립된 왕
그리고 반정

　연산군의 말기는 정말 암울했다. 나라 안에는 오로지 왕만이 있었다. 조선이라는 나라에는 무거운 침묵만이 뒤덮고 있을 뿐 왕이 일방적으로 내린 명령만이 진리이자 길로 통하고 있었다. 다른 시대의 실록에는 왕이 명령을 내리면 신하들이 좋다거나 나쁘다거나 하는 평이 한두 마디씩 기록되곤 하는데, 연산군 시대, 특히 반정이 일어나기 직전인 연산군 11~12년 즈음이 되면 모조리 사라진다. 신하들의 의견 피력은 물론, 사간원과 홍문관을 비롯해서 당시 언론을 담당했던 기관들도 철폐되었고, 경연도 없어졌다.

　이제 왕은 신하들의 눈치를 볼 필요가 없었다. 아무도 연산군의 결정에 거역하지 못하고, 아부를 하거나 혹은 침묵을 지켰다. 그렇다면 나라를 다스리기엔 편해졌을까? 천만의 말씀이다. 당시의 조선은 신하도 없고, 백성도 없고, 오로지 왕만 있는 나라였다. 보기에는 절대왕

권이 설립된 것처럼 보였지만 실상은 껍데기뿐이었다. 그리하여 마침내 반정이 벌어지고 연산군은 왕위에서 쫓겨났다.

중종반정이 일어난 원인으로 가장 유명한 이야기는 바로 월산대군의 후처였던 박씨 부인의 이야기이다. 전하는 바에 따르면, 연산군은 숙모뻘이 되는 박씨 부인을 사랑했고, 마침내는 강제로 관계를 가졌다고 한다. 수치심을 견디지 못한 박씨 부인이 자결했으며, 그 동생인 박원종이 복수를 하기 위해 반정을 주도했다는 것이다. 이것은 근래에 만들어진 게 아니라, 이미 조선 시대부터 널리 퍼져 있던 야사였다.

이게 사실이 아닌 것 같다는 반론 역시 있다. 박씨 부인이 원래부터 품행이 단정한 사람이 아니었다든지, 이미 나이가 많이 들었으니 여성의 매력이 없었을 것이라느니, 박원종은 연산군에게 아부할 사람이지 누이의 원수를 생각할 사람이 아니라는 것 등등.

하지만 박원종이 정말로 연산군에게 원한이 있고 없고는 딱히 문제가 되지 않았다. 세상이 연산군을 증오하고 있었다. 이제까지 연산군은 자신의 뜻에 거스르는 이들을 무수히 처벌했다. 아무리 애교를 부리고 아부를 하는 신하라 해도 맘에 안드는 점이 있으면 벌을 내렸다.

연산군 11년 10월, 연산군은 평소에 총애하여 각종 행사의 집행을 맡겼던 조계형(曺繼衡), 이희보(李希輔), 김지(金祉)가 자신을 불쾌하게 했다고 하여 당장 의금부(당시 밀위청으로 이름이 바뀌었다)에 가두게 했다. 어떤 일로 연산군이 불쾌해했는지는 알 수 없지만, 평소 그들은 연산군의 환심을 사기 위해 온갖 더러운 짓을 다 한다는 비난을 들었던 인물들이다. 이들이 감옥에 갈힐 정도였다면 그 누구도 갑작스러운 처벌을 피할 수 없는 지경이었을 것이다.

세종 즈음부터 왕을 모셔왔지만, 연산군에게 간언을 했다가 잔인하게 난도질당한 김처선의 일도 그렇다. 아무리 오랫동안 충성을 바쳐도 연산군의 마음에 들지 않으면 처참하게 죽임을 당하는 것이다. 그러다 보니 간언을 하는 것은 둘째 치고, 왕의 심기를 거스를까 두려운 나머지 부정적인 사실(이를테면 지나친 과소비 덕에 국고가 텅 비었다는)은 왕에게 보고되지도 않았다.

특히 반정 직전의 연산군은 대단히 신경질적이었다. 별 이상하고 사소한 문제로 신하들을 쥐고 흔들어댔다. 신하들에게 시를 한 수씩 지어 올리라는 명령을 내렸건만, 누군가가 두 수를 지어 올리자 왜 그랬냐며 국문을 했고, 신하들이나 별감들이 마실 것을 주고받으며 만나는 것도 금지했다. 심지어 관리들이 앉아 있는 자세가 삐딱하다거나, 기침을 했다는 이유로 벌을 내리기도 했고, 관리들에게 '충성'이라는 글자가 쓰인 모자를 쓰게 하기도 했다.

말년의 연산군은 극도의 의심과 불안에 사로잡혀, 자신이 왕위에서 쫓겨나거나 악평을 듣게 되리라는 사실을 심각하게 고민했던 것 같다. 그래서 신하들에게 거듭 훈계를 했다.

> "임금의 착한 일이 있으면 마땅히 적어서 뒷사람에게 보일 것이며, 착하지 못한 일이 있더라도 신하된 자로서 마땅히 임금을 위하여 숨겨야 할 것이다."

한마디로 역사의 면죄부를 요구한 셈인데, 지난 그의 행적을 돌이켜 보면 참으로 가당치도 않은 소리였다. 이처럼 절대왕권을 수립했음에

도 연산군은 오히려 불안함과 공포에 침식되어 갔다. 자신이 시행한 일들이 얼마나 큰 불만을 초래했는지 그 스스로도 느낀 탓이리라.

궁궐 주변을 수비하는 병사들의 숫자를 대대적으로 늘리고, 별 이유 없이 궁궐 근처를 배회하는 것을 금지하는 한편, 순찰 보고를 꼬박꼬박 받았다. 신하들이 무기를 숨기고 들어올 것을 두려워해서 소매를 모으고 서지 못하게 한 일도 있었다. 가장 황당한 것은 경주에서 만파식적을 찾아오라는 명령이었다. 한번 불면 풍랑과 난리가 가라앉는다는 전설의 그 피리 말이다. 연산군은 그게 있으면 자신의 왕권이 안전하리라 믿었던 걸까? 그 외에도 자신이 어디에 있는지 철저하게 비밀에 붙이게 했다. 그런 와중에도 신하들이 자기 편한 것만 찾으니 누가 왕을 위해 죽겠느냐고 남 탓하며 투덜거리는 것을 잊지 않았다. 하지만 나라를 그 지경으로 몰아간 것은 대체 누구였을까?

연산군이 어떤 법석을 벌인다 해도, 조선은 더 이상 연산군이라는 임금을 용납할 수 없는 지경이 되었다. 그런 왕이 있는 한 신하들이건 백성들이건 언제든지 말도 안 되는 이유로 쫓겨나거나 죽임당할 수 있었다. 여기서 유자광이나 조계형 같은 연산군 시대의 대표적인 간신들이 중종반정에 참여하게 된 연유를 알 수 있다. 연산군 시절에 가장 큰 권세를 누렸던 임사홍 등도 왕의 기분 한 끗을 못 챙겼다는 이유로 욕설을 얻어먹거나 처벌을 받는 지경이었다.

반정이 일어나기 바로 전날만 해도 연산군은 땅에 엎드려 머리를 숙이지 않고 무릎만 꿇는 '어긋난 예절'을 행하는 승지들을 살피라는 거만한 명령을 내리기도 했다.

아무리 비위를 맞춰도 끝이 없고, 변덕으로 벌을 내리는 왕을 어떻

게 섬기겠는가. 그래서 신하들은 하나의 공감대를 형성했다. '왕을 갈아치우자, 안 그러면 우리도 죽는다' 라는. 이것이야말로 진정한 반정의 원동력이었다.

중종반정은 박씨 부인의 동생 박원종을 비롯하여 성희안(成希顔)이 모의했고, 여기에 신윤무와 박영문이 참여했다. 특히 신윤무는 본디 연산군의 총애와 신임을 받았지만, 그 역시 언제 죽게 될지 모른다는 공포에 사로잡혀 있었다. 여기에 줄타기의 선수 유자광까지 참여했다. 이들은 모두 연산군에게 총애와 은혜를 받았지만, 동시에 사소한 일로 연산군에게 호되게 질책받은 적이 있다는 공통점을 가지고 있다. 이를테면 지어낸 시가 서툴다는 이유만으로 끌려 나가 국문을 받기도 했던 농담 같은 일을 겪은 것이다.

반정의 진행은 대단히 간단했다. 반정 주도자들이 한밤중에 군사를 일으켜 감옥을 열고 죄수들을 풀어 주었으며, 궁궐을 포위한 뒤 날이 밝자 연산군의 계모이자 성종의 후비였던 자순대비를 설득하여 진성대군을 다음 왕으로 세웠다. 단 하루 만에 깔끔하게 정리가 끝났고, 중종은 훗날의 인조와는 달리 반정을 주도하지 않았지만 얼떨결에 왕이 되었다.

왕위에서 쫓겨난 연산군은 강화도로 귀양 갔다가 고작 3개월 만에 급작스럽게 세상을 떠났다. 사인이 독살이라는 이야기도 있지만, 평소의 생활을 돌아보건대 제 성질을 못 이겨 화병으로 죽었을 가능성도 충분히 있을 것이다.

연산군을 평가할 때 곧잘 나오는 말이 있다. 연산군의 시대가 쿠데

타로 인해 무너졌으니,《연산군일기》나 실록 역시 모두 연산군에게 과도한 비판을 하고 있다는 것이다. 하지만 기록을 읽노라면 연산군의 폭정은 참으로 레퍼토리도 다양하고 참신하기 그지없다. 그냥 충신 하나 둘을 없애거나, 사악한 여인들과 놀아나며 사치를 부린 것뿐만이 아니라, 누구를 책망하고, 누구의 재산을 몰수하며, 누구를 처형하고 무엇을 금지했는지에 관한 세세한 사항들 말이다. 또한 소소한 일로 많은 사람들이 잡혀가서 곤장을 맞고 귀양을 가거나 죽임당한 기록이 있다. 그런 많은 사람들의 이름들을 하나하나 읽다 보면, 이 모든 것이 모두 승자의 조작이라는 말은 쉽게 할 수 없다.

연산군이 정말 어머니의 일 때문에 상처를 받은 불쌍한 사람이라면, 어째서 투기했다는 이유로 능지처참당한 후궁들에게, 하루아침에 집과 밭을 잃고 쫓겨난 백성들에게 연민을 느끼지 못한 것일까? 사화로 죽어간 사람들, 그들과 친인척이라는 이유만으로 고초를 겪고 죽어간 수많은 사람들에게는 왜 그렇게 비정했던 것일까?

연산군에게 가장 소중했던 것은 자기 자신이었다. 연산군은 즉위한 이래로 내내 능상을 외쳐댔다. 무엇이든 자신의 뜻대로 되지 않는 것을 위를 업신여기는 풍습 탓이라고 돌렸던 것이다. 그래서 그가 원하던 대로 감히 반대의 목소리 하나 나오지 않는 침묵의 정부를 만들고 흡족해했지만, 그 결과 왕은 독불장군이 되었고, 사람들은 불만을 가득 품었으며, 마침내 반정으로 이어졌다.

폐비 윤씨의 일은 연산군에게는 변명거리가 될 수 있을지언정, 속죄의 명분이 되지는 않는다. 어머니의 죽음은 비극이지만, 그런 이유만으로 나라를 엉망진창으로 만든다면 마찬가지로 부모를 잃고도 꿋꿋

하게 살아가는 많은 사람들에게 지대한 민폐를 끼치는 일이니까. 할아버지에게 아버지가 살해된 정조도 있지 않은가.

하지만 연산군이 어머니 때문에 폭군이 되었다는 말은 어쩌면 조금 다른 의미에서 연산군의 본질을 꿰뚫어보는 말이기도 하다. 어머니의 일은 사적인 영역이다. 그리고 연산군은 조선의 임금이라는 공인이었다. 즉 사적인 일을 공적으로 비화시켰다는 말이다. 비단 어머니의 일만이 아니라 연산군의 통치는 내내 비정치적인 일을 정치적인 문제로 바꾸었다. 개인적인 불평이나 생각을 안으로 삭이지 못하고 왕에게의 모욕으로 간주했으며, 모두 정치의 문제로 비화시켜 신하들의 입을 틀어막고 가혹하게 처벌했다. 그러니 그는 끝내 성숙한 어른이 되지 못한 제멋대로의 아이였다.

조선 광해군

운명에 외면당하고 마침내 잊혀지다

광해군의 시대는 멸망의 내리막길을 향해 달려가는 브레이크가 없는 전차와도 같았다.

아무리 좋은 의도가 있더라도 드러내지 않으면 아무 소용없듯이, 광해군이 사소한 일에

매달리는 사이 정말로 중요했던 명분은 사라졌고 신하들은 그를 외면했다.

年 代 表

선조

8년(1575) 광해군, 선조의 차남으로 출생.

10년 5월 1일, 광해군의 어머니 공빈 김씨 사망.

25년 4월 13일, 임진왜란의 시작.

4월 29일, 광해군의 세자 책봉. 다음날 몽진길에 오름.

6월 21일, 세자 광해군, 분조를 거느리고 함경도로 출발.

12월, 이여송의 명나라 원군 파견.

31년 정유재란 종결.

35년 7월 13일, 김제남의 딸 계비 김씨를 책봉(훗날의 인목대비).

39년 영창대군 출생.

40년 10월 11일, 선조, 비망기를 통해 전위 의사를 밝혔으나 유영경이 이를 막으려 함.

41년 1월 18일, 정인홍, 영의정 유영경을 공격하는 상소를 올리다.

2월 1일, 선조 사망, 광해군 즉위.

광해군

즉위년 2월 14일, 임해군의 역모 사건 발발.

4월 12일, 명나라로 책봉을 위해 파견된 이호민, 설화를 일으키다.

6월, 광해군, 조선 국왕으로 책봉됨. 6만 냥에 달하는 뇌물을 명나라 사신에게 줌.

1년 4월 29일, 임해군 사망.

2년 9월 5일, 이황, 이언적 문묘에 종사됨.

3년 3월 26일, 정인홍이 이언적과 이황을 비판하는 〈회퇴변척〉을 올림.

4년 2월, 황혁이 순화군의 아들 진릉군을 옹립하려는 역모가 밝혀짐.

5년 4월, 계축옥사로 영창대군은 폐서인되어 강화도로 유배.

6년 2월 10일, 영창대군 이의 사망.

8년 누르하치, 후금(청나라) 건국.

10년 1월, 인목대비, 서궁으로 격하되어 사실상 유폐상태가 됨.

11년 2월, 강홍립을 원수로, 김경서를 부원수로 한 병력 파견.

3월 4일, 조선-명나라 연합군, 심하에서 패전. 강홍립 등 항복.

15년 3월 13일, 인조반정 발발. 광해군, 강화도로 유배.

인조

1년 5월 22일, 폐세자의 탈출 실패, 폐빈은 자결하고 1달 뒤 폐세자 처형.

10월 8일, 강화도에서 폐비 유씨 사망.

5년 1월, 정묘호란 발발.

12년 광해군, 유배지를 강화도에서 제주도로 옮김.

14년 병자호란 발발.

15년 인조, 삼전도에서 항복. 소현세자, 봉림대군이 볼모로 보내짐.

19년 7월 10일, 광해군 제주도에서 사망.

총체적 난국

　광해군의 시대를 보노라면 한 가지 생각밖에 떠오르지 않는다. 총체적 난국. 정말이지 제대로 되는 것은 하나도 없고, 도움될 만한 것도 없으며, 처음부터 끝까지 비비 꼬여서 답답하고 까마득하기만 하다. 아무리 고민해 봐도, 해결할 방도가 하나도 없어 그저 가슴 한 번 쾅 치고 하늘을 보며 당시를 살았던 사람들을 동정할 수밖에. 어떻게 이런 답답한 시대가 있었을까? 그때를 살았던 사람들이 어찌 이런 엉망진창인 때를 만들고 싶어 했겠는가? 하지만 나쁜 것이 조금씩 모이다 보니 정말 최악이 만들어졌다. 광해군은 실패한 군주이건만, 그의 잘못을 마냥 탓할 수 없는 이유는 바로 여기에 있다.

　이렇게까지 불행한 인물이 있었나 싶을 만큼, 광해군의 인생은 질곡과 고난의 연속이었다. 그의 어머니 공빈 김씨는 광해군을 낳고 얼마

되지 않아 세상을 떠났다. 이때가 선조 10년 5월 1일의 일로, 광해군은 언제나 자신의 편이 되어 줄 사람을 젖먹이 시절에 잃었다. 선조는 처음에는 슬퍼했지만, 그 사랑은 이내 인빈 김씨에게로 옮겨갔다. 어린 시절의 광해군이 어떠했는지는 《선조실록》에도 거의 기록이 없어 알 수 없지만, 자식 사랑은 어머니를 따라가는 법, 그리 행복했을 것 같지는 않다. 그럼에도 광해군은 그의 평생에 걸쳐 입증된 굉장한 인내심으로 주변에서 점수를 땄다. 신하들 사이에서도 다음 대의 왕이 될 세자감으로 거론될 만큼 말이다.

그런데 사정이 나빴다. 광해군은 서자, 그러면서도 차남이었다. 아버지 선조에게도 문제가 있었다. 조선의 13대 임금 명종에게는 유일하게 아들 하나가 있었지만, 그나마 요절을 해서 후계자가 없었다. 그래서 중종의 서자였던 덕흥대원군(德興大院君)의 셋째 아들인 하성군이 명종 사후에 즉위했으니 그가 바로 선조였다. 따라서 선조는 세자로 책봉된 적도, 정식으로 후계자 교육을 받은 적도 없기 때문에 입지가 굉장히 약한 왕이었다. 선조가 정통 후계자에 집착하게 된 이유는 여기에 있으리라.

하지만 젊은 시절의 선조는 정비에게서 자식을 얻지 못했고, 대신 많은 비빈들을 두고 무수한 서자들을 얻었다. 하지만 선조는 '언젠가' 적자를 얻으리라는 희망을 버리지 않았던 것 같다. 그래서 총애하는 인빈 김씨의 자식들이 있었음에도, 임진왜란이 터진 선조 25년까지 세자를 세우지 않았고, 한때 송강 정철이 광해군을 세자로 삼자는 의견을 제시했다가 덜컥 귀양 가기까지 했다.

하지만 임진왜란이 터진 선조 25년 4월, 선조는 급히 광해군을 세자

로 책봉한다. 《선조실록》에는 4월인데, 《선조수정실록》에는 5월에 평양에서 세자를 책봉한 것으로 되어 있다. 광해군이 다른 형제들을 제치고 세자감으로 발탁된 것은 그만큼 뛰어났으며 동시에 맏형이던 임해군이 그만큼 구제불능이었다는 뜻이리라(실제로도 그랬다). 선조는 신하들에게 광해군을 세자감으로 제안하면서 '총명하고 학문을 좋아한다'라는 이유를 내세웠다. 그런데 말이 좋아 세자 책봉이지, 당장 왜군이 한 달 만에 도성을 함락시키고 함경도까지 쳐들어오는 지경이었으니 고생이 구만리처럼 펼쳐진 자리였다. 평온하던 시절이라고 해도 세자의 자리는 편하지 않았는데, 전쟁의 시기에는 어땠겠는가.

세자가 되었을 당시 광해군의 나이는 18세. 그로부터 두 달이 지난 즈음인 6월 21일에는 일종의 임시정부였던 분조(分朝)를 이끌고 함경도로 향했다. 왕과 세자가 따로따로 몽진한 것은 설령 어느 한쪽이 잡힌다 해도 나라의 명맥은 유지할 수 있게 하려는 조치였다. 명색이 왕이라며 좀 더 안전한 의주에 물러나 있던 선조와 달리, 세자는 언제 왜군과 맞닥뜨릴지 모르는 위험한 지역으로 향했다. 이때 선조는 신하들이 자기를 버리고 장래성 있는 분조로 간다며 심통을 냈지만, 실제 분조에 참여한 것은 사지로 향하는 젊은 세자를 그냥 내버려둘 수 없었던 처가 유씨 사람들과 젊고 비분강개한 젊은이들이었다.

훗날 전쟁이 끝난 뒤 분조가 한 일은 미미하다며 별다른 상이 주어지지 않았지만, 분조의 역할은 결코 작지 않았다. 무엇보다도 희망의 상징이 되었다는 점에서 말이다. 임진왜란 당시 패전을 거듭하는 조선 왕조의 체면은 땅에 떨어졌고, 많은 신하들은 왕을 버리고 달아났다. 바로 이럴 때 세자 광해군은 전국을 돌아다니며 왕조가 건재하다는 사실을 백성들에게 알렸고 의병을 모집했다. 외적이 쳐들어와서 위기에 빠진 나라. 그리고 태어나자마자 어머니를 잃은, 하지만 나라를 구하기 위해 나선 십 대의 세자. 그가 최전선을 돌아다니며 고초를 겪는 것을 보고 있자면 없던 충성심과 동정심마저 생겨났을 것이다.

그래서 선조는 도성과 백성을 버리고 달아난 임금으로 평판이 크게 깎였지만, 세자 광해군은 온몸이 부서져라 전국을 뛰어다닌 덕에 큰 인망을 얻었다. 또한 중국의 장수들에게도 좋은 인상을 심어 주었으며, 동시에 각지의 의병장들과도 인연을 맺었다. 당시 의병은 당파를 불문하고 일어났지만, 그중에서도 두드러진 것은 정인홍, 곽재우로 대표되는 북인이었다. 그들은 나라를 위해 자신들의 목숨을 포함해 가지고 있던 모든 것을 버리고 왜군과 싸울 만큼 열렬했던, 이를테면 강성 행동파들이었다. 앞장서서 왜군과 싸웠던 용감한 그들은 훗날 광해군의 열렬한 지지층이 되었다.

그러나 명나라가 가세하고 어느 정도 전황이 안정되자, 왜군보다 더 무서운 적이 나타났다. 아버지 선조였다. 그는 툭하면 열등감을 폭발시키며 자신이 왕답지 않으니 세자에게 양위하겠다며 소동을 벌였다. 그럴 때 말리는 게 신하 된 도리였고, 세자 역시 선위를 거두어 달라며 애걸해야 했다. 그러면 선조는 못 이기는 척 허락하거나, 언제 그런 말을 했냐면서 시치미를 뗐다. 이런 일이 열다섯 번이나 반복되었다.

세자 책봉도 문제였다. 명나라는 광해군이 적장자가 아니라는 이유로 계속 세자 책봉을 거절했다. 이는 조선과 명나라의 기 싸움에 세자 책봉이 이용당한 것이기도 했고, 뇌물을 노리는 명나라 사신들의 탐욕 때문이기도 했으며, 또 당시 명나라의 만력제가 셋째 아들을 후계자로

세우겠다며 신하들과 십여 년간 싸움을 벌인 탓이기도 했다. 헌데 그 말에 팔랑거린 조선의 사람들도 역시 문제였다.

그때까지만 해도 조선 왕조에서 적장자로 왕이 된 사람은 연산군뿐이었다. 선조 자신도 셋째 아들이면서 즉위하지 않았던가? 하지만 선조는 세자 광해군을 괴롭히는 데 앞장섰다. 《선조실록》에서조차 광해군이 문안인사를 하러 가면 선조가 매몰차게 굴어 얼굴도 못 보고 돌아가곤 했다는 내용이 있다.

광해군에게 밀려난 형 임해군도 골칫거리였다. 옛날 양녕대군은 동생 세종에게 세자 자리를 넘겨 주려고 미친 척을 했다던가? 그렇게까지는 아니더라도, 임해군은 동생이 세자가 된 이상 죽은 척하고 지내야 했다. 그게 나라를 위한 일이자 자기 자신의 안전을 위한 현명한 선택이었다. 허나 임해군은 대놓고 불만을 드러내며 패악질을 부렸고, 중국의 사신에게 "내 아래에 동궁(세자)이 있다."라는 말을 할 정도로 철이 없었다. 결국 아버지도, 하나밖에 없는 친형제마저도 광해군에게는 아무 도움이 안 되었다.

더욱이 선조는 의인왕후 박씨가 죽고 상을 마치자마자 재빠르게 새 장가를 들었으니, 그 상대는 바로 인목대비란 이름으로 더 잘 알려진 인목왕후(仁穆王后) 김씨였다. 팔자 드세기로는 조선 왕조 안에서도 몇 손가락에 드는, 바로 그 인목대비 말이다. 선조가 마냥 도둑장가를 갔다고 비난할 필요는 없다. 조선의 왕비는 왕과 더불어 한 쌍을 이뤄 나라를 상징했기에 비워져서는 안 되는 자리였다. 그럼에도 결혼할 당시 선조의 나이 51세, 인목대비의 나이 19세, 광해군의 나이가 28세였으니 결코 상식적인 가족 관계는 아니다.

그러다가 4년 뒤에 선조의 유일한 적자 영창대군이 태어나면서 상황은 더 꼬이게 된다. 영창대군은 차라리 태어나지 않았더라면, 최소한 왕자로 태어나지 않았더라면 행복했으리라. 선조 말년에 광해군을 지지하는 대북과 영창대군을 지지하는 소북이 갈리게 된다. 대북은 정인홍이, 소북은 유영경이 대표자였다.

왜 유영경은 영창대군을 후계자로 밀었던 것일까? 유영경은 진심으로 이미 세자가 된 지 십 년이 넘어 장년의 나이가 되었으며, 혁혁한 전공까지 세웠던 광해군을 밀어내고 갓난아기인 영창대군을 다음 왕으로 세우려고 생각했을까? 이해하기 힘든 결정이다.

하지만 불리한 상황에도 광해군은 결정적인 빈틈을 내주지 않을 만큼 용의주도하게 세자의 자리를 보전했다. 그리고 시간은 흘러 선조 40년 10월, 계속 건강이 안 좋았던 선조는 감기가 악화되어 드러눕게 된다. 나을 수 있는 병이 아니라는 것을 직감한 선조는 세자 광해군에게 전위를 한다는 비망기를 내렸다. 당시 영의정이있던 유영경은 당황하여 정신이 왔다갔다하는 선조를 붙들고 명을 거둬달라고 애걸하는 한편, 비망기를 숨기기까지 했다(고 한다).

그러나 다른 신하들은 물론이거니와 이 계획이 가장 기꺼웠을 인목대비마저도 오히려 광해군의 전위를 지지하는 언문 교서를 내렸다. 그녀가 생각해도 16년 동안 세자로 있던 광해군을 밀어내고 세 살짜리 영창대군을 왕으로 세우는 것은 불가능하다고 여긴 것 같다. 다행인지 불행인지 선조가 차도를 보이면서 이 문제는 흐지부지됐지만, 이런 일이 벌어졌다는 것만으로도 광해군의 입지가 얼마나 약했는지를 확인할 수 있겠다. 이런 현실에, 그리고 유영경의 음모에 분개해서 피

끓는 상소를 올린 이가 있었으니, 바로 대북을 이끄는 정인홍이었다.

　　신이 삼가 도로에서 듣건대, 상께서 전위한다는 전교를 내리자 영
의정 유영경(柳永慶)이 마음속으로 원임 대신을 꺼려 다 내쫓아서 원
임 대신들로 하여금 참여하여 보지 못하게 하였다니, 영경은 무슨 음
모와 흉계가 있어서 이토록 남들이 알지 못하게 하는 것입니까.
　　아, 영경은 실로 간사한 자이지만 원임 대신들도 어찌 잘못이 없겠
습니까. 정사에 이미 참여하여 들을 수 있었다면 어찌 영경의 방자함
을 듣고도 묵묵히 쫓겨나기를 마치 양떼처럼 할 뿐입니까. 대저 일이
있으면 반드시 빈청에서 널리 의논하고 이는 바로 권간(權奸) 횡포의
피해를 막기 위한 것인데, 끝내 이와 같다면 장차 저런 정승을 어디에
쓰겠습니까.

　　정인홍이 1차 비난 목표로 삼은 것은 유영경이었다. 일단 나쁜 건
죄다 유영경이라며 영경의 이름을 수십 번 넘게 들어대며 비난했다.
상소의 내용을 읽다 보면 그 행간의 열기에 읽는 사람의 마음이 후끈
달아오를 지경이다. 하지만 이 상소는 유영경을 욕하되, 이제까지 사
람들이 생각만 하고 차마 못했던 말, 광해군에게 왕 자리를 넘기라고
외치고 있었다. 뿐만 아니라 상소는 선조의 양심(남아 있었는지는 모르
지만)을 콕콕 아프게 찔러대는 말로 가득했다.

　　왕위를 물려주거나 혹 섭정(攝政)하여 인심을 모으고 국가의 근본
을 안정시키며 옥후(玉候, 선조의 건강)를 조섭하여 완쾌되는 경사를 빨

리 오게 하는 것은 조정 신하들의 뜻이고 서울 남녀들의 뜻이며 온 지방 백성들의 뜻입니다. 신은 감히 알지 못하겠습니다. 여러 아들 중에서 선택하여 세자로 삼은 것은 전하께서 아들을 잘 알고 한 게 아닙니까? 의인왕후(懿仁王后)께서 자기 소생처럼 키우고 족보에 실은 것이 전하의 본뜻이 아닙니까?

사실 유영경을 비롯한 신하들이 세자를 바꾸겠다는, 즉 광해군을 우습게 본 것은 그만큼 선조가 세자 대접을 안 한 탓도 있었다. 그런데 광해군을 세자로 고른 것 역시 선조가 아니던가? 정인홍의 글을 간단히 요약하자면 선위하겠다는 핑계로 나라를 들었다 났다 하는 것은 적당히 하고, 그냥 광해군에게 왕위를 넘기라는 것이다. 이 일로 속을 끓여온 사람들의 체증이 쑥 내려갈 만큼 통쾌한 내용이긴 했지만, 당연히 선조는 격노했으며 조정은 발칵 뒤집혔다. 선조는 정인홍의 상소를 보고 분개한 나머지 말했다.

"제후의 세자는 천자의 명을 받은 뒤에 비로소 세자라고 할 수 있다. 지금 세자는 책명을 받지 못했으니 이는 천자도 허락하지 않은 것이고 천하도 모른다."

끝내 반성할 줄 모르는 못난 어른이었다. 정인홍은 무려 70세의 나이로 유배를 가게 되지만, 다행히 한 달 뒤 선조는 세상을 떠났고, 광해군의 시대가 열렸다.

대북의 대두

　세자 시절 내내 온갖 일로 고생했던 광해군은 마침내 조선의 왕이 되었다. 하지만 즉위와 함께 '이후로 행복하게 살았습니다' 라는 해피 엔딩이 되지는 않았다. 당시의 조선은 난장판이었다. 전쟁의 여파는 아직 가시지 않았고, 당파싸움은 여전히 치열했다. 광해군은 즉위하면서 각 당파의 사람들을 주요 관직에 고루 배치했다. 골고루 좋은 자리를 주면 싸움이 줄어들지 않을까 하는 기대가 있어서였으리라. 하지만 이렇게 기계적으로 만들어낸 균형은 신속하게 무너졌다.

　우선 광해군의 시대는 북인 세력을 빼놓고 이야기할 수 없다. 당파는 처음에는 동인과 서인으로 갈렸고, 이 중 동인들이 남과 북으로 갈렸다. 북인들은 요즈음 세상에서 열혈남아, 강성 노조원, 운동권 등의 이미지에 빗대면 적절할 듯싶다. 이보다 더 적절한 비교대상이 떠오르지 않는다. 대의를 위해서라면 자기 자신을 기꺼이 희생하며 어떤 어려운 일에도 굽히지 않고 싸우지만, 때로 너무 과격하고 열정적이라서 마음으론 동조해도 편을 들기에는 조금 머뭇거리게 되는 그런 사람들 말이다.

그래서 북인의 시조랄 수 있는 조식은 명종 때 문정왕후를 직접 비판했고, 그의 수제자 정인홍 역시 조선을 몇 번이나 발칵 뒤집었다. 그들은 다른 사람들이 차마 말하지 못하는 세상의 잘못들을 거침없이 비난했다. 그래서 후련하기도 했지만, 때로는 걷잡을 수 없는 후폭풍이 찾아온다는 단점도 있었다.

임진왜란 때 북인들이 의병으로 활약한 것은 그들다운 일이기도 했다. 의령에서 봉기해 홍의 장군으로 이름을 떨친 곽재우는 조식의 제자이자 사위였고, 합천에서 일어난 정인홍 역시 조식의 친지이자 수제자였다. 이렇게 정인홍의 근거지인 경상우도의 인사가 이끄는 의병들은 기록의 오차를 감안하더라도 조선 전체 의병의 50퍼센트를 차지하고 있었다. 의병장들은 자기 재산을 모두 쏟아 부은 탓에 가족들은 굶주리거나 왜군의 표적이 되어 죽기도 했고, 자신이 과로로 죽기도 했으니 그들의 공헌은 결코 작지 않았다.

그런데 이런 의병장들은 전쟁이 끝난 뒤 공신 책봉에서 최하위인 3등 공신조차도 되지 못했다. 누구는 최전선에서 가족과 친구를 잃으며 싸웠는데, 공신으로 책봉된 것은 후방에서 안전한 왕의 곁에 붙어 있었던 내관들과 신하들이니 억울하고 복장이 터지는 지경이었다. 아니, 상은커녕 처벌이나 받지 않으면 다행이었다. 의병장들 몇몇은 역모에 연루되었다는 누명을 쓰고 무참하게 형장에서 죽어갔던 것이다. 김덕령이 그랬고, 토정 이지함의 서자 이산겸이 그랬다.

비록 나라는 인정해 주지 않았지만, 의병들의 위세는 당당했던 것 같다. 전쟁 이후인 선조 35년, 이귀는 공무 집행 중인 자신보다 정인홍이 열렬히 대접받는다며 불만에 찬 글을 올리기도 했다. 그렇긴 하지만 전쟁 때 달아난 관군보다 맞서 싸운 의병에게 신망이 모이는 것은 당연한 일이 아닌가?

그래서 북인들은 임진왜란 이후 정치적으로 크게 성장하게 되며, 대북과 소북으로 나뉘게 된다. 영창대군을 지지했던 소북은 광해군이 즉위하고 유영경이 실각하자 위축되고, 대북이 세력을 떨치게 된다. 대북의 대표적인 인물은 정인홍, 그리고 이이첨이었다. 정인홍은 정신적인 지주로 내내 지방에서 머물러 있었으며, 중앙에서의 정치싸움은 이이첨이 지휘했다. 이이첨 역시 임진왜란 당시 의병에 참여했고 공적을 세운 전력도 있었다.

일단 이들이 간신이라는 선입견을 벗어던져 보자. 비록 나라가 알아주지 않았다 해도, 그들에게는 나라를 구했다는 긍지가 있었다. 하지만 장기적으로 이것이 오히려 북인들에게 나쁜 결과를 가져왔다. 자신만이 잘난 군자당(君子黨)이고, 나머지는 소인배로 여기게 되었으니까. 그 부작용이 명명백백하게 드러난 것이 광해군 3년 이황의 문묘종사를 놓고 벌어진 사단이었다.

광해군 2년 9월, 유생들의 끊임없는 요청으로 이황, 이언적이 공자의 사당인 문묘에 위패가 모셔지고 제사를 받게 되었다. 이황은 지금이야 천원 지폐에 얼굴이 들어가서 우리에게도 익숙한 인물이고, 성리학을 세계적인 수준으로까지 끌어올린 거유(巨儒)이자 정치적으로는 남인의 시조이기도 했다.

그런데 정인홍은 존경하는 스승 조식보다 이황이 먼저 문묘종사되니 심기가 불편해졌던 것 같다(이황과 조식은 동갑이기도 했다). 화가 치민 정인홍은 옛날 선조를 비난한 기세 그대로 이황을 비난하는 상소를 올렸으니, 그것이 이름하여 〈회퇴변척(晦退辨斥)〉이었다.

> 이황은 과거로 출신하여 완전히 나가지도 않고 완전히 물러나지도 않은 채 서성대며 세상을 기롱하면서 스스로 중도라 여겼습니다. 조식과 성운은 일찍부터 과거를 단념하고 산림에서 빛을 감추었고 도를 지켜 흔들리지 않아 부름을 받아도 나서지 않았습니다. 그런데 이황이 대번에 괴이한 행실과 노장(노자와 장자)의 도라고 인식하였으니, 너무도 모르는 것입니다.

정인홍의 상소에는 조식을 드높이고 이황을 폄훼하는 과격한 언사들이 넘쳐났다. 사람이 살다 보면 감정적이 될 수 있다고 이해하기엔 이런 말을 한 것이 광해군의 정신적인 스승이자 대북의 지도자였고, 그냥 아는 사람들끼리 뒷담화를 한 게 아니라 공식 문서로 올렸다는 게 탈이었다. 당연하게도 조선은 또다시 발칵 뒤집혔고, 이 문제로 전국 각지의 유생들이 치고받으며 말싸움을 벌였다.

계속 다투다 보면 차츰 험악해져서 네 편 내 편 가르는 게 싸움의 속성이다. 그때까지만 해도 당파의 가름이 그렇게까지 심각하지 않아서 이황과 조식, 양쪽 학통에 모두 출입하던 사람들이 있었다. 두 사람 모두 존경받는 유학자이고 원수가 아니었으니까. 하지만 정인홍을 중심으로 한 북인들은 모든 유생들에게 조식과 이황 중에서 양자택일을

강요했다. 당연하게도 유생들은, 그리고 북인들 내부에서도 심하게 반발했고, 성균관 유생들은 정인홍을 비난하는 파업을 벌였으며 유생들의 목록인 〈청금록〉에서 그의 이름을 삭제하기까지 했다.

광해군은 어떻게 해야 했을까? 팔은 원래 안으로 굽는 법이다. 광해군이 정인홍의 편을 들자, 당연히 남인과 서인들은 한데 뭉쳐 광해군과 정인홍을 비난했다. 그러자 발끈한 북인들 역시 정인홍을 옹호하면서 싸움은 점입가경이 되었다.

이후로 정인홍은 스승이던 조식의 사당을 도성 안을 포함한 이곳저곳에 세우려고 힘을 쏟는데, 이 역시도 새로운 논쟁을 불렀다. 이 사건은 진실로 정인홍의 성질이 화근이었다. 당시 좌의정이었던, 농담을 잘하기로 이름난 오성 이항복은 이번 사건으로 정인홍을 슬쩍 돌려 비난했다.

> "조식의 문하에 정인홍이 없었다면 조식은 더욱 존경받았을 것입니다."

한마디로 정인홍이 조식의 이름에 먹칠을 했다는 소리다. 딱히 정치적이거나 철학적인 목적이 있다기보다는, "왜 우리 스승님은 문묘종사가 안 되는 거야!" 라는 게 정인홍의 본심이었을 것이다. 허나 애정이 지나친 그루피는 사람들의 반감을 부르는 법. 이 사건으로 대북은 다른 당파들과 척을 지는 한편, 고립으로의 첫걸음을 내딛게 된다.

죽어가는 사람들

　광해군이 즉위하면서 가장 먼저 문제가 된 것은 임해군이었다. 철부지 형은 동생이 왕이 된 이후로도 정신 못 차렸고, 광해군 즉위년 2월 14일, 역모 사건이 벌어진다. 임해군이 무사를 모아 반역을 계획했다는 밀고가 들어온 것인데, 솔직히 말한다면 임해군이 그런 계획을 할 정도의 지능을 갖췄을 것 같지는 않다. 어쨌든 임해군은 억울함을 호소하는 대신 바로 당일 여장을 하고 달아나려는 무모한 시도를 했고, 다시 체포되어 엄중한 감시하에 유배 가게 된다.

　선조의 아들들은 패악질 부리는 이들이 꽤 많았다. 실록은 임해군이 워낙 난폭한데다가 임진왜란 때 포로생활을 한 덕에 더 거칠어졌다고 변명하고는 있지만, 이 정도의 못난이가 왕실의 장남으로 태어났다는 것만으로도 국가의 불행이었다. 그냥 성격이 나쁜 정도가 아니라 무뢰배를 모아놓고 힘을 겨루거나 잔치를 벌이는 등 '현재 역모 꾸미는

중' 이라고 써 붙인 듯한 짓만 골라서 했다. 그래서 역모가 불거졌을 때 홍문관과 사간원을 비롯한 신하들은 임해군을 죽여 화근을 없앨 것을 주장했지만, 광해군은 그와 친동기간임을 내세우며 열심히 버텼다.

> "임해의 일은 흉악한 무리에게 꼬임을 당한 것이지 본심은 아니었 던 듯하다. 이미 밖에다 안치하였는데 어떻게 차마 법을 시행할 수 있 겠는가. 윤허하지 않는다."

그러면서도 광해군은 임해군의 종들을 잡아다가 국문을 하는 한편, 20일에는 임해군을 강화도로 옮기게 했다. 이미 광해군이 왕이 되었 다고는 하지만, 임해군은 선조의 장자였다. 영창대군과는 또 다르게 광해군을 위협하는 사람이었다. 이렇게 세상이 흉흉한 와중에도 임해 군을 살리자는 의견이 나왔으니 영의정 이원익을 비롯하여 정구, 이항 복, 이덕형 등이었다. 아무리 그래도 왕의 형제이니, 목숨만은 살리는 은혜를 내려 주자는 것이다. 그래서 역적을 죽여 없애자는 강경파와 그래도 목숨만은 붙여놓자는 온건파가 나뉘게 되는데, 당연히 전자는 북인들이었고 후자는 그 외 당파들이었다. 이렇게 두 개의 의견이 팽 팽하게 맞선 가운데 곤란한 사건이 터진다.

5월경, 광해군의 책봉을 위해 중국에 사신으로 갔던 이호민이 "임해 군은 중풍에 걸려서 왕위를 이을 수 없다."라고 말한 것이다. 그 덕에 명나라에서 왕위 계승의 사정을 의심하고 이를 물고 늘어졌다. 명나 라는 한 달이 지나도록 책봉을 허락하지 않고, 직접 임해군을 만나 심 문을 하겠다는 말까지 했다.

이렇게 되자 조정의 분위기는 발칵 뒤집혀서 당장 임해군을 죽이라는 쪽으로 기울어지게 된다. 결국 6월에 중국의 차사가 조선으로 와서 임해군을 만났는데, 임해군은 자신은 죄가 없다고 호소하며 통곡했다. 그런데 정작 중국의 차사는 임해군을 보는 둥 마는 둥 그날로 중국으로 떠났고, 광해군의 임금 책봉은 무사히 끝났다.

중국의 사신은 임해군이 왕의 그릇이 아니라는 것을 확인했던 것일까? 그것이 아니라 조선에게 엄청난 뇌물을 받았기 때문이었다. 게다가 다음해에 바로 중국 관료들은 임해군의 일로 힘 써준 게 많으니 더 달라는 뻔뻔한 요구를 했고, 이 문제로 승정원은 걱정하는 글을 올릴 정도였다.

사신이 다녀간 뒤로 은을 뇌물로 준다는 소문이 중국으로 퍼지자, 요동(遼東), 광녕(廣寧)의 각 아문에서 본국을 노다지 소굴로 알고 차관들을 계속 보내오고 있습니다. 그리하여 지급하는 구식(口食)은 은으로 떼어 받고, 마필(馬匹)은 주단(紬段)으로 징수하며, 또 개인 물품을 가져와서는 이익을 많이 남기게 해달라고 요구하고 있습니다. 조금만 생각대로 되지 않으면 번번이 성을 내는 바람에 위세 있는 호령에 겁먹은 수령들이 백성의 고혈을 짜내고 죄를 면하려는 관원들이 침탈한 나머지 서울이고 지방이고 감당할 수가 없어 원망하는 소리가 일어나고 있습니다.

하지만 걱정해도 막을 길이 없었다. 당장 책봉받는 것이 급했던 광해군은 자신의 책봉을 하러 온 중국 사신에게 은 6만 냥의 뇌물을 준

것을 비롯하여, 사신들의 온갖 황당한 요구(은으로 사다리를 만들어 달라는 것)도 다 들어줬다.

그로부터 1년 남짓이 지난 광해군 1년 4월 29일, 임해군은 강화도에서 죽게 된다. 《광해군일기》에는 '죽였다'라고 기록되어 있다. 처음에 광해군의 밀명을 받은 강화부사가 임해군에게 독약을 마시게 했지만, 그가 마시지 않자 목을 졸라 죽였다는 것이다. 그래서 광해군이 폐위된 뒤 그의 아내가 관을 열어 보니 임해군의 목에 밧줄자국이 남아 있었다고 한다.

임해군은 정말로 운이 없었다. 똑같이 왕이 못되었지만 제명에 죽었던 양녕대군이나 월산대군과 달리 귀양지로 내몰려 죽은 것은 (혹은 죽임당한 것은) 국내 · 국외의 나쁜 정세와 본인의 부족한 현실 감각이 환상적으로 맞아 들어간 결과물이었다. 그리고 광해군은 그의 본심이 어떻든지 피를 나눈 형제를 죽음으로 내몰았다는 책임을 짊어지게 되었다.

하지만 근친살해의 굴레는 여기서 끝나지 않았다. 다음 차례는 영창대군이겠거니 생각하는 독자가 있을지도 모르겠다. 하지만 그보다 먼저 광해군 4년에 새로운 반역이 드러났다. 처음에는 군대에 가지 않으려고 문서를 위조했던 것이 발각된 대수롭지 않은 사건이었는데, 어쩌다 보니 선조의 일곱 번째 아들인 순화군의 장인 황혁이 외손자인 진릉군을 왕위에 앉히려는 역모였다는 것이다.

역모의 사정을 캐내기 위해 첩에서부터 노비에 이르기까지 가혹한 심문이 벌어졌고, 3월부터 그해 말에 이르기까지 진릉군을 죽이라는 상소가 빗발쳤다. 결국 역모의 수괴로 판명된 사람들은 갈가리 찢겨

처형당하고, 100여 명이 처벌당했으며, 진릉군은 죽임당했다.

그리고 이것이 겨우 가라앉은 광해군 5년 4월, 새로운 사건이 벌어졌다. 강변칠우라는 동아리가 있었다. 박응서를 비롯한 7명의 모임이었는데, 이들은 모두 명문가의 서자 출신이었다. 글 솜씨도 꽤 있었건만 과거를 준비하지 않았고(해봐야 높은 자리에 오를 수 없었을 뿐더러), 돈벌이가 되는 장사에 투신했다. 그러나 실상은 강도였다. 이들은 은 상인을 살해하고, 은 600~700냥을 훔쳐 흥청망청 놀았다. 예부터 특별한 벌이도 없는데 갑자기 씀씀이가 커진 사람은 의심받는 법. 결국 수사가 들어가고 몇몇 혐의자가 체포되었는데, 이때 박응서가 형조로 옮겨지기 전에 고백을 했다.

"우리들은 천한 도적들이 아니다. 은화(銀貨)를 모아 무사들과 결탁한 다음 반역하려 하였다."

그러면서 증거로 반란 때 왕을 몰아내자고 선동하는 내용이 적혀 있는 격문을 제출했다. 이로써 흔히 계축옥사라고 하는 피바람이 불기 시작했다. 한마디로 살인강도를 잡았는데, 아직 심문을 하지도 않았거늘 제풀에 국가 전복 음모를 고백한 것이다. 이게 진심이라면 박응서의 머리는 보통 사람보다 지각 및 판단능력이 현저하게 떨어지는 게 틀림없다. 어쨌든 박응서의 실토 덕분에 은을 훔쳐서 모은 자금으로 흥의군(興義軍)을 일으키고, 광해군을 폐위시킨 후 옥새를 인목대비에게 바쳐 영창대군을 왕으로 만들려 했다는 어마어마한 음모가 드러나게 된다. 게다가 여기에는 인목대비의 아버지인 김제남도 참여했

다고 밝혀졌고, 이는 광해군 시대 최대의 끔찍한 옥사로 번지게 된다.

솔직히 전개 과정이나 음모의 내실이 너무 뜬금없어서 정말이었냐는 의심이 든다. 역모를 꾸민 주제에 과소비 때문에 발각되었다는 어설픔에는 실소가 나올 정도이다.

그래서 《광해군일기》는 물론이거니와 후대의 사서들은 정사와 야사를 막론하고 이 역모가 조작된 것이었다고 주장하고 있다. 이이첨이 박응서에게 생명 보장을 미끼로 삼아 반란이라고 고백하게 하고, 격문의 내용도 전달했다는 것이다. 그리고 박응서는 '이왕 죽는다면 큰 이름을 날려야 한다' 라는 생각에서 여기에 동참했다는 것이다.■ 꽤 그럴싸한 말이다. 계축옥사는 대단히 어설펐거니와 밝혀지는 과정 역시 어색했으니까.

이처럼 수상하기 짝이 없는 역모의 불길은 당연하다는 듯이 영창대군을 목표로 스멀스멀 번졌다. 처음 은 상인을 털었던 서자들은 역모에 참여하지 않았다고 극력 주장했고, 고문을 받으면서도 이건 변함없었다. 하지만 끔찍한 심문이 여러 달 계속되자 하나 둘 죄를 인정하기 시작했으며, 마침내 인목대비마저 모반에 참여했다는 실토가 나왔다. 고작 좀도둑질을 하면서 10여 명을 포섭한 주제에 대비까지 연루된 역모라니. 그 정도의 스케일이라면 마음만으로 우주정복도 할 수 있을 것이다.

당시 조선은 연일 터지는 역모 사건으로 끓어오르는 가마솥처럼 어

■ 훗날의 일이지만 박응서는 동료들이 모두 처형당하는 와중에 유일하게 목숨을 건져 석방되었다. 당연하게도 신하들은 역적을 용서할 수 없다고 주장했지만, 광해군은 그의 처벌을 용납하지 않았다. 하지만 인조반정이 일어난 뒤 당시 포도대장을 지낸 한희길과 함께 죽임당했다.

지러웠다. 사람들은 머리를 식히고 차분하게 생각을 할 겨를도 없이 자신은 역모와 상관없다는 변명의 글을 올리는 한편, 누가 죄인이고 얼마나 역모에 관련했는가를 놓고 처벌하는 문제로 소란을 벌였다. 그러는 가운데 영창대군을 살려둘 수 없다는 주장이 불거졌다. 친형과 조카에 이어서 이번에는 이복동생마저 도마 위에 오른 것이다. 이번에도 죽이자는 주장과 그래도 목숨만은 살리자는 주장이 맞섰다. 광해군은 영창대군을 죽이지 않는 대신 폐서인하고 강화도로 유배 보냈지만, 영창대군은 결국 1년 뒤 9살의 나이로 죽었다.

영창대군의 사인은 아직까지도 수수께끼로 남아 있지만, 가장 유명한 이야기는 실록에 실려 있다. 강화부사가 방의 군불을 너무 뜨겁게 지펴서 대군이 앉지도 못하고 창살을 부여잡고 울다가 숨을 거뒀다는 내용이다. 그 외에도 민담에는 잿물을 먹고 죽었다거나, 반대로 난방을 너무 안 해서 얼어 죽었다고도 한다. 사람 목숨은 하나뿐이고 죽었다 다시 살아나는 것도 아닌데, 이렇게까지 다양한 방법으로 죽임당한 사람은(?) 단종 정도가 있을 뿐이다. 그만큼 많은 사람들이 널리 이야기했기에 가지각색으로 전해진 것이리라.

이야기는 다양하지만 이들이 내포하는 뜻은 단 하나이다. 광해군이 영창대군을 죽였다는 것. 비록 직접 칼을 들거나 명령을 내린 것이 아닐지라도, 영창대군의 죽음에 가장 큰 책임은 광해군에게 있다는 말이다. 설령 광해군이 진심으로 영창대군을 죽이고 싶어 하지 않았다 한들, 그 피 값에서 벗어날 수는 없다.

이 외에도 광해군 시기 내내 역모는 여러 번 드러났고, 그래서 수많은 사람들이 죽어갔다. 처음에는 사소한 사건, 갑자기 드러나는 역모,

계속되는 문초, 그리고 무수한 처형. 이는 광해군이 다스리는 동안 몇 번이고 반복된 끔찍한 패턴이었다. 《광해군일기》를 비롯한 대부분의 사서에서는 대북, 특히 이이첨이 모든 악의 근원인 것처럼 설명하곤 하는데, 이는 반은 맞고 반은 틀리다. 이이첨 한 사람이 광해군 시절의 모든 환란을 초래했다면, 곧 왕인 광해군과 그 시대의 다른 사람들은 끔찍하게 무능한 허수아비들이었다는 말이니까. 무능은 결코 무죄가 되지는 않는다.

이런 상황이 빚어진 것은 광해군 개인의 사정은 물론이거니와, 당시 정권을 잡고 있던 대북의 강경한 성향이 작용한 결과라고 볼 수 있다. 원래 광해군에게 영창대군은 엄청나게 부담스러운 존재였다. 아들은 커녕 손자뻘인 이복동생이 적장자라는 이유만으로 세 살의 나이에 광해군의 세자 자리를 위협했다. 그대로 성장하면 얼마든지 영창대군을 옹립하려는 음모가 벌어질 수 있었다.

이렇게 민감한 문제에 광해군을 지지하는 대북의 강경한 성향이 결합하자 최악의 결과가 나타난 것이다. 광해군 즉위 초기부터, 아니 그 이전부터 대북은 역적을 상대로 치열하게 싸워왔다. 원래 정치란 지저분한 시궁창과 같아서 선량한 마음만으로는 해결되지 않는다. 때로는 입에 발린 말도 해야 하고, 정적들과 손을 잡을 수도 있어야 한다. 하지만 그런 교묘하고 치사한 수를 쓰기에 대북은 너무나도 순수했다. 그 순수함은 임진왜란 때에는 자신을 돌보지 않고 나라를 위해 싸우는 원동력이 되었지만, 정권을 잡은 이후로는 다른 당파들과 타협을 거부하는 완고함이 되었다.

이이첨을 비롯한 대북의 사람들이, 그리고 광해군이 정권의 독점을

노렸던 악당들이라면 차라리 이해하기 쉬울 것이다. 대북은 어쩌면 처음부터 끝까지 변하지 않은 것일 수도 있다. 그들은 임진왜란 때 왜군에게 그랬던 것처럼, 조선 내부의 역적들과 싸우고 있었다. 그렇게 생각했던 것 같다. 대북이 보기엔 감히 왜적들과 화평을 하려 했던 남인이나 임진왜란에 제대로 대처하지 못했던 서인들은 모두 미덥지 않았다. 조금이라도 긴장을 풀면 소인배나 역적들이 이 나라를 위협할 것이다. 그러니까 계속 역적들을 찾아내고 그들과 싸우는 한 대북은 광해군에게 충성을 바칠 수 있었고, 또 그 자신들 역시 만족할 수 있었다. 마침내 이이첨은 없는 적을 만들어낸 것이다. 광해군의 안전한 왕권과 대북의 안정된 정권. 이것을 위해서라면 역모쯤은 꾸며내도 괜찮을 것이라고 생각했던 것이리라. 이 얼마나 비인간적인 선택인가.

역모를 통해 상대 파벌을 위축시키고 긴장시켜서 반대파를 억제하고 왕권을 강화하는 것. 이런 방법을 가장 잘 활용한 것은 광해군의 아버지 선조였다. 정여립의 난이라는, 정말 반역인지 가늠하기 굉장히 애매한 사건을 역모로 확정하여 수많은 사람들을 도륙했고, 몇 년이 지난 뒤 또 그때의 처분이 불공정했다는 이유를 내세워 이번에는 당시 옥사를 담당했던 사람을 처벌했다. 결국 이편저편 모두 숙청해서 신권을 약화시켰던 것이다.

광해군은 아버지의 수법을 따라한 셈이다. 그렇게 해서 광해군과 대북의 정권을 유지할 수 있었는지도 모르지만 부작용은 심각했다. 정부는 신뢰를 잃었고, 대북이 아닌 사람들은 쫓겨나거나 진절머리를 내며 등을 돌렸다.

광해군 시대의 대표적인 대신이면서 '역적들' 의 처형에 줄기차게

반대한 이들은 이원익이나 이덕형, 이항복 등이 있다. 그런데 시간이 지날수록 이들 역시 '역적을 옹호하니까 역적' 이라는 말을 들으며 비난의 표적이 되었다. 이 사람들은 영창대군이나 인목대비를 지지하는 게 아니었고, 그저 극단적인 선택을 반대했을 뿐이었다. 하지만 당시 조정의 분위기는 대단히 살벌했다. 왕 앞에서 영창대군을 죽이는 데 찬성하지 않는 대신들이 있다고 성토하는 일마저 있었던 것이다.

이때 있었던 일화이다. 정승의 자리에 있던 이항복과 이덕형, 두 콤비는 남의 눈을 피해 의논을 했다. 여전히 둘의 의견은 오래전 임해군 때와 마찬가지였다. 설령 쫓아내더라도 죽이지는 말자고.

이덕형 : 조정의 여론이 이러니 장차 대신들에게 화가 먼저 미칠 것
같은데, 그대는 앞으로 어찌할 것인가?

이항복 : 내 뜻은 무신년(임해군의 처벌이 논의되던 해)과 같네.

이덕형 : 그렇다면 죽을 것인가?

이항복 : 《예기(禮記)》에서는 '내란(內亂)에는 관여하지 않는다' 라고
하는데, 내가 하필 영창대군을 위해 죽겠는가.

하지만 당시 이덕형은 영의정의 자리에 있었고, 어떻게든 결정을 내려야만 하는 위치에 있었다. 이항복은 만약 이덕형이 영창대군을 살리자고 한다면 따르겠지만, 그렇지 않다면 반대할 수밖에 없다고 했다.

이때 이덕형은 웃으며 이렇게 대답했다고 한다.

"내 뜻일세."

이렇게 원로대신 둘이 힘을 합쳐 여론을 주도하자, 당연히 영창대군을 죽이자는 의견을 주장하던 이이첨은 크게 분개해서 이덕형에게 따지기까지 했다. 이 이야기는 이덕형의 묘지문에 적혀 있는데, 작성한 사람은 이항복이다. 이는 광해군이 폐위되기 전에 쓴 것이니 후세의 조작 염려도 없고, 광해군 조정이 어떤 상황이었는지 엿볼 수 있는 귀중한 기록이다.

 이렇게 이항복 등이 영창대군의 처형에 반대하고 난 뒤, 비난의 화살은 이제 그들에게 향했다. 어떻게 감히 역적을 옹호할 수 있느냐는 것이다. 비난의 상소는 너무도 많지만, 그중 이항복에게 쏟아진 비난들을 몇 개 들어 보자. '너무 많아서 셀 수도 없는 죄를 지은' 이항복을 참형에 처하여 그 시체를 팔도에 돌려 보임으로써 임금을 업신여기고 의리를 무시하는 자들에게 본보기로 삼으라는 말을 하거나, 자신의 말이 불충하다고 생각한다면 자신의 목을 잘라 이항복의 문에 매달아서 역적들이 기뻐하게 하라는 말도 있었다. 그 외에도 이항복은 서궁(인목대비)의 두령(頭領)이요, 역적의 우두머리라서 김제남이 역모를 하도록 유도했고 스스로도 반란을 일으키려 했으니 당장 목을 베어야 한다는 주장도 있었다. 실제로 이항복은 탄핵을 받아 관직에서 물러났다.

 광기와 증오가 가득한 시대였다. 이렇게 하루가 멀다 하고 역모가 터지고 사람들이 싸워대는데, 어떻게 나랏일에 의욕을 가지고 열심히 할 수 있을까? 그래도 광해군 때에 대동법이 시행된 업적이 있지 않았느냐는 물음이 있을 수 있지만, 대동법이 전국에 본격적으로 실시되기까지는 광해군 이후로도 100년이 넘는 시간이 필요했다. 이렇게 늦어

진 것에는 정책들을 추진할 힘이 죄다 역적 잡는 데 돌아간 탓이 없진
않을 것이다.

무엇보다도 어쩌면 광해군의 편이 되어 줄 수 있었던 많은 사람들이
적으로 돌아섰다. 이런 상황에 염증을 낸 것은 반대파인 서인이나 남
인들만은 아니었다. 영창대군에게까지 역모의 불똥이 튀자 대북 내에
서도 반발이 일어났는데, 대표적인 사람이 홍의 장군 곽재우였다. 그
는 북인이었지만 당파의 주장과는 반대로 영창대군을 살려야 한다고
주장했다. 다른 대북의 인사들도 정인홍에게 영창대군을 살려야 한다
는 압력을 넣었고, 이것이 마뜩찮자 결국 대북에게 등을 돌려 중북이
라는 새로운 갈래를 만들었다. 그리하여 광해군의 정부에는 왕과 '정
권을 쥐고 있으나' 정말 한 줌뿐인 대북의 사람들만이 남게 된다.

이것이 과연 누구의 탓일까. 이렇게 거듭되는 역모 사건을 뒤에서
조종한 것은 광해군이 아니었을 수도 있다. 그는 어쩌면 대북(혹은 이
이첨)의 정권 독점 음모에 말려들어 희생당했을 뿐인 허수아비 왕이었
을 수도 있다. 그렇다면 이 사태를 진정시키지 못한 그의 우유부단함
과 무거운 엉덩이에게 죄를 물어야 할 것이다.

광해군은 이런 역모와 옥사가 벌어질 때마다 거듭 "차마 죽일 수 없
다."라는 말을 반복하긴 했지만, 결국 살아남은 사람은 아무도 없었
다. 상황이 이쯤 되면 과연 광해군에게 이런 살육의 장을 막을 의지가
있었는가 하는 의문이 든다. 있기는 해도 강력하진 않았던 게 아닐까?
어린 동생을 죽음으로 몰아넣었다는 점에서, 비록 그것이 어쩔 수 없
는 선택이었다 해도 비난받을 수밖에 없다. 세상에는 아무리 이익이
된다고 해도 지키지 않으면 안 될 일이란 게 있으니까.

광해군은 형제와 친척을 넷이나 죽게 했다. 친형 임해군과 영창대군, 진릉군, 그리고 능창군마저 죽게 했다. 물론 광해군이 사형 명령을 내린 것은 아니지만 그렇다고 이들의 죽음에 무관한 것도 아니다. 나라를 위한 어쩔 수 없는 선택이었을까? 하지만 어쩔 수 없는 선택이 한 번, 두 번, 세 번을 넘어가면 감각은 둔해지고 걸음은 빨라지며 마침내는 멈춰야 할 때를 알 수 없게 된다.

당시 궁궐에서는 하루가 멀다 하고 역모가 터지고 문초받는 사람들의 비명소리가 울려 퍼졌다. 왕이 친국할 때면 영의정 이하 도승지를 비롯한 모든 관리들이 모여서 지켜봐야 했다. 이덕형은 영의정을 지낼 때 몸이 아파 국문에 참여하지 못했으니 파직시켜 달라는 말을 할 정도였다. 하지만 그것도 하루 이틀이지, 몇 년이고 역모는 끊이지 않았다.

영창대군이 죽은 뒤로, 화살은 인목대비를 향했다. 이번에도 어김없이 대비가 역모에 가담하여 부모로서의 인연이 끊어졌으니 폐하자는 주장이 봇물처럼 쏟아졌다. 계비라고는 하지만 어머니를 폐해야 한다는 극단적인 주장에는 마침내 대북의 영수이자 지방에 있던 정인홍마저도 반대하는 지경에 이르게 된다. 고작 한 줌 남은 대북 사이에서도 싸움이 붙게 된 것이다. 하지만 이런 분열은 인목대비의 폐위의 순간을 조금 늦췄을 뿐, 그 외의 일은 상관없었다.

폐모를 반대한 사람들은 차례차례 제거되었다. 이덕형은 탄핵을 받고 벼슬자리에서 물러났다가 급사했으며, 이항복 역시 인목대비의 폐위를 반대하는 상소를 올렸다가 늙은 몸을 이끌고 북청으로 유배 가게 된다. 그동안 벼슬을 버리고 낙향해 있던 이원익 역시 폐비를 반대

하는 상소를 올렸다가 홍주로 귀양 갔다. 광해군 5년 11월, 광해군은 대비와 거처를 달리했으며, 인목대비는 사실상 서궁에 갇힌 신세가 되었다. 이즈음에 대북은 이른바 일당독재 체제를 갖추게 된다. 그들 말고는 아무도 없는 정부가 만들어진 셈이다.

하지만 그렇다고 해서 온 조선에 전부 대북만 남은 것은 아니었다. 유생들을 시작으로 지방 유학자들까지 대북의 전횡을 성토했다. 훗날 예송 논쟁의 주역이 된 열혈남아 윤선도는 당시 29세의 진사였는데, 대북이 역모를 빌미로 정권을 독점하는 것을 비판하고 이이첨을 비난하는 장문의 상소를 올렸다.

> 이이첨 등이 '역적을 옹호한다' 라는 말로 하나의 큰 그물을 만들어서, 그들과 더불어 악행을 저지르지 않으면 이로써 때려잡았습니다. 한번 걸리게 되면 해명할 말이 없으며 벗어날 계책이 없게 됩니다. 소인배가 착한 사람을 함정에 밀어 넣는 계책이 이렇습니다. 아, 두려운 일입니다.

언젠가의 정인홍이 그랬던 것처럼, 아무도 감히 말하지 못하는 진실을 과격하게 외친 윤선도의 상소는 조선 사회를 발칵 뒤집었다. 물론 대북 정부에서는 윤선도를 사주한 사람, 곧 배후 세력이 있을 것이라고 주장하면서 계속 역적들을 처결하자고 주장했다. 반대로 윤선도를 칭송하는 상소도 올라왔으며, 종실의 사람들 19인이 모여 윤선도를 옹호하고 이이첨을 탄핵하는 상소를 올리기도 했다. 이렇게 되자 사간원은 이들 역시 역적들이라고 처벌을 외쳤다. 결국 윤선도는 외딴 섬

으로 귀양을 가게 되었다. 이는 대북의 세력이 흔들림 없음을 보여 주는 동시에 더욱 많은 사람들의 반발을 부르고, 종래는 대북이 세상과 괴리된다는 것을 의미했다.

그래서 '서인이 이를 갈고 남인이 원망하며 소북이 비웃는다' 라는 시사평이 있었다. 결국 임금인 광해군과 그를 지지하는 한 줌의 대북만이 있을 뿐, 다른 이들은 모두 나랏일에서 손을 떼고 있었다는 소리다. 그러다가 마침내 광해군과 대북 사이마저도 틀어지는 일이 벌어졌으니, 바로 후금 정벌이었다.

후금과의 전쟁

잘 알려진 대로 명나라는 사치와 방탕으로 소일했던 만력제 이후로 빠르게 멸망의 길을 걷고 있었다. 이것을 부추긴 것은 훗날 청나라가 되는 만주족 나라, 후금의 등장이었다.

광해군 10년, 명나라는 후금의 대대적인 토벌을 준비하면서 조선의 출병을 정식으로 요청했다. 당시 조선 조정은 여전히 서궁, 인목대비의 폐출을 놓고 치열하게 공방이 오가는 중이었다. 이때 광해군은 중국의 정세를 탐문한 결과 명나라에 승산이 없다는 판단을 내렸다.

명나라가 얼마나 싹수가 노랬는지는 이미 광해군이 세자 시절부터 익히 알고 있는 바이고, 또한 당시 정세를 보고 판단했을 수도 있다. 그래서 광해군은 조선에게는 당장 싸울 여력이 없다는 의견으로 통일하자는 전교를 내렸다.

우리나라는 세 곳의 변방을 방비해야 하는 만큼 스스로 지키기에도 겨를이 없다. 훈련되지 않은 외롭고 약한 군졸을 보내 중국 조정을 응원하게 한들 무슨 보탬이 되겠는가. 원컨대 우리나라의 사정을 깊이 생각하여 울타리만 굳게 지키도록 허락해 달라. 그러면 우리나라의 강역을 스스로 지킬 수 있을 뿐만 아니라 형세를 도우며 전후에서 응원하는 계책에 있어 혹 보탬이 될 수 있을 것이다. 이런 내용으로 말을 잘 만들어 그에게 지시하고, 또 인정(人情)을 많이 내려 그로 하여금 마음을 다해 주선토록 하는 것이 마땅할 듯하다.

하지만 광해군의 출병 반대론에 당장 반발이 일어났으니, 바로 이제까지 광해군을 지지했던 대북들이었다. 원래부터 강경파였던 대북 이이첨을 포함한 조정의 의견은 당연하게도 이번에도 오랑캐와 맞서 싸울 것을 주장했다.

하지만 광해군은 출병해서는 안 된다는 입장을 고수했다. 그리고 군사를 보내도 그냥 국경선 안에서 방어만 하는 소극적인 출병에 그치려고 했다. 그러자 이이첨이나 유희분, 한효순 등 당시 정권을 잡고 있었던 대신 및 대북의 세력들은 임진왜란 때 명나라에게 입었던 은혜가 있다며 출병할 것을 주장했다. 은혜도 은혜지만, 이 일로 명나라가 조선을 책망할 것이라는 의견이었다(실제로 그랬다).

광해군은 이 핑계 저 핑계를 대다가 결국 11년 2월에서야 강홍립을 원수, 김경서를 부원수로 한 1만여 병력을 파병했다. 그렇지만 한 달 남짓 지난 3월 4일, 조선과 명나라의 연합군은 심하(深河) 싸움에서 크게 패하고 강홍립, 김경서를 비롯한 생존자들은 후금에 투항했다.

이 사건은 비록 패전이기는 하지만, 쫓겨난 임금 광해군의 역사적인 인상을 바꾸는 데 가장 크게 기여한 일이기도 하다. 광해군이 강홍립에게 후금에 투항하라는 밀서를 보냈다는 주장은 1933년에 일본학자가 강홍립과 밀서를 소재로 논문을 쓴 이래 수많은 학자들이 연구하고 논의했을 정도로 오래 논의된 이야기이다. 때로는 야심가인 인조 대신 광해군이 계속 왕으로 남아 있었다면, 삼전도의 치욕은 없었으리라는 주장도 있기도 하다.

　분명히 조선으로서는 명나라와 후금(청나라)이라는 두 고래의 싸움에 휘말려 봤자 손해를 볼 뿐이었고, 출병을 피하려 했던 광해군의 선택이 옳았다. 그런데 이런 결론에는 이후 호란에서 패전의 치욕이 워낙 뼈아팠기에 이에 대한 보상심리가 작용한 것이며, 또 명나라가 망하고 후금이 역사의 승자가 되는 것을 알고 있는 탓이기도 하다.

　하지만 투항하게 된 내역을 살펴보면 사정은 한층 복잡했다. 전투가 시작되자마자 곧바로 투항한 게 아니라 후금과 싸우다 져서 투항한 것이다. 당시 조선의 병사들은 물론이거니와 장수 중에는 마지막까지 싸우다가 살해당한 이들이 많았고, 이 중 유하 장군이라는 별명을 얻었던 김응하(金應河)도 있었다. 더욱 심각한 것은 김경서(임진왜란 당시 김응서였으나 이름을 바꿨다)였는데, 그는 부원수였고 전투 중에 패색이 짙어지자 후금의 장수에게 '조선은 어쩔 수 없이 출병한 것'이라고 교섭해서 항복을 이끌어낸 사람이었다. 그는 강홍립과 함께 계속 억류되어 있다가, 청나라의 정세를 비밀리에 천에 적은 뒤 말에 먹여 조선으로 보내려고 했다. 하지만 강홍립이 이 사실을 밀고해서 김경서는 처형당했다.

이런 투항의 전모를 하나 둘 알아가다 보면, 광해군이 내린 밀서의 정체가 대체 어떤 것인지 의문이 든다. 밀서니까 오직 강홍립 외에는 모르는 비밀이었다고 치자. 어째서 아무것도 모르는 부하들을 사지에 몰아넣거나 밀고했단 말인가?

김경서가 꽉 막힌 서인이거나 명나라를 존경하는, 이를테면 임경업 같은 인물이었다면 강홍립의 조치도 어쩔 수 없었을지도 모른다. 하지만 김경서는 임진왜란 당시 많은 전공을 세웠으며 항복한 왜병들의 대부 격인 인물이다. 김충선을 비롯한 항왜들이 김씨 성을 많이 따른 것은 그의 성을 본뜬 것이기도 했으며, 외교에 재능이 있어 고니시 유키나가를 비롯한 왜장들과 연락을 주고받기도 했다.

그래서 고전소설 《임진록》에는 이런 이야기까지 있다. 강홍립과 김경서 두 사람이 함께 일본을 공격해서 왕을 사로잡지만, 강홍립은 일본 왕의 꼬임에 넘어가서 환락에 빠졌고, 김경서는 결국 그를 살해하고 자결했다는 내용으로 말이다. 현실에서는 김경서가 처형당하고 강홍립은 천수를 누렸지만.

여기에서 광해군 시대의 또 하나의 특징을 읽어낼 수 있다. 그는 부하나 주변의 사람들에게 설명하고 설득하고 이해를 끌어내는 것을 포기했다는 것이다.

결국 광해군의 밀서는 (그것이 정말 있었다면) 오로지 총사령관만이 알고 있었으며, 부사령관을 비롯한 다른 병사들은 알지도 못하고 공감하지도 못했다는 말이다. 참새가 봉황의 높은 뜻을 이해하지 못할 테니 아예 설명을 건너 뛴 것인가? 이 얼마나 위험천만한 정책인가.

아무리 광해군과 강홍립의 뜻이 하나였더라도, 그리고 군대라는 것

이 지휘관이 시키는 대로 움직이는 조직이라고 해도, 전혀 공감을 얻지 못한 일방적인 명령이 얼마나 효과적인 결과를 얻을 수 있을까? 광해군의 외교 정책은 목표는 좋았을지라도 그 방법은 결코 현명하지 못했다. 부하나 주변의 사람들을 설득하는 대신, 무작정 추진해 나갈 뿐이었다.

그런데 심하에서의 패전은 당시 조선 조정에 새로운 파문을 불러일으키게 된다. 그때까지 역모라는 명분을 마구잡이로 휘두르며 사람을 공포에 떨게 했던 이이첨을 비롯한 대북의 세력이 위축되고, 광해군의 입김이 강해졌다. 심하에서의 처참한 패전을 예측했다는 것은 광해군에게 큰 자신감을 불어넣었고, 주요한 권위가 되었다. 이에 광해군은 신하들을 강하게 힐난하며 몰아세웠다.

> "우리나라의 지치고 나약한 병사들을 호랑이굴로 몰아댔으니 패전한 것은 당연한 일이다. 그러므로 작년에 우리나라의 사정을 갖추어 보고하라는 뜻으로 하교한 것이 한두 번이 아니었는데도 비국(비변사)이 강경하게 반대하며 즉시 하지 않았으니, 우리나라의 화는 작년에 시작된 것이다."

그동안 계속되었던 역모와 옥사는 광해군의 왕권을 강화하려는 의도였을지는 모르나, 그 이상으로 대북의 세력을 강화시켜 광해군 자신도 옴짝달싹하지 못하게 되었다. 하지만 정벌의 실패 이후로 상황이 뒤집혔다. 여전히 강경파였던 이이첨이 후금의 사신을 죽이고 국서를 태우자고 주장했지만, 광해군은 이를 거부하고 자신이 원하는 정책을

추진했다. 그렇게 광해군이 세운 정책 중 하나는 중립적 외교 정책이고, 다른 하나는 교하 천도 및 토목공사였다.

뜬금없는 천도라고 생각하겠지만, 나름대로 사정이 있었다. 임진왜란 당시 경복궁이 불탔고, 많은 도시와 건물들이 훼손되었다. 광해군은 창덕궁을 재건하는 한편 다른 궁전들 역시 세웠는데, 그렇게 창건된 것이 지금의 경희궁이다. 문제는 전쟁 직후라 재정이 잔뜩 피폐해져 있었기에 돈 받고 벼슬자리를 팔아서 자금을 마련했다는 것이다. 나라 꼴이 어떻게 되었을까?

그래서 이런 대단위 토목공사는 광해군의 대표적인 실정으로 일컬어지기도 한다. 군사 정벌과 아직 사라지지 않은 전쟁의 여파로 나라가 허덕이고 있는데 궁궐을 건설하고 천도를 하는 것은 엄청난 부담이었다. 광해군에게는 이것이 나라의 안정을 위해 내린 용단이었던 걸까? 당연히 신하들은 반대했지만, 광해군은 그들이 앞서 후금의 정세를 잘 읽어내지 못했던 점을 들어 타박하며 궁궐 건설을 강행했다.

> "요망한 변고가 삼궁(三宮)에 가득한데다가 내전까지 편찮은 마당이니, 거처를 옮기는 일이 한시가 급한데 어떻게 역사를 중지할 수 있겠는가."

궁궐 건설과 후금 정벌이 무슨 상관이 있는지 의문이지만, 광해군은 이걸 호기로 삼아 모든 반대를 묵살했다.

이것 말고도 광해군은 자신의 입지를 강화하기 위해 몇 가지 무리수를 감행하기도 했다. 광해군은 자기 아들을 대단히 신속하게 세자로

책봉하고, 자신의 친어머니 공빈 김씨를 왕후로 책봉하고 존호를 올리게 했다. 선조에게는 어엿한 정비가 있었으니 예절을 무너뜨리는 것이라는 반발이 일었지만, 광해군은 이를 강행했다.

그런데 후금의 정벌 이후로 광해군은 자신을 지지하는 대북과 갈등을 벌이게 되고, 그들을 견제할 세력들을 불러들이게 된다. 그래서 이정귀를 비롯한 일부 서인들과 다른 당파, 그리고 중북 등이 발탁된다. 이이첨 및 대북들은 언제나처럼 그들이 반역에 참여한 이들이라며 공격했지만, 이번엔 광해군이 오히려 대북을 비난했다. 이즈음의 광해군은 대단히 냉소적이었고 신하들에게 내리는 말에도 가시가 가득 돋아 있었다. 광해 13년, 사헌부에 이런 전교를 내리기까지 했다.

너희들은 이이첨의 앞잡이가 아닌가? 비굴하게 굽실거리고 갖은 아첨을 하는 것은 너희들도 역시 늘 하고 있는 일이다. 그런데 오늘에는 창을 거꾸로 잡고 죄를 주자고 청하고 있으니, 어떻게 된 일인지 모르겠다. 번거롭게 논하지 말라.

그래서 이제까지 위세가 하늘을 찌르던 대북과 이이첨은 크게 꺾이게 된다. 이에 대북은 일부 다른 당파들과 화해를 하려고 노력했지만, 이미 까마득하게 떠나간 서인과 남인들의 마음이 돌아오는 것은 아니었다. 나날이 원한을 가진 사람들이 늘어나고 있었고, 이것은 대북은 물론 광해군에게도 마찬가지였다. 그리고 이렇게 정치권에 다시금 임용된 서인들을 중심으로, 마침내 인조반정이 일어나게 된다.

광해군 15년 3월 13일, 훗날 인조가 되는 능양군은 이귀, 김류 등과

함께 군사를 일으켜서 최명길, 김자점 등과 합류했고, 200여 명의 군사로 한밤중에 창의문으로 공격해 들어왔다. 신하들은 놀라 뿔뿔이 흩어져 달아났고, 광해군은 사다리를 타고 궁궐 담을 넘어 도망가 의관 안국신의 집에 숨어 있다가 잡혔다. 광해군은 반정이 벌어지자 오히려 이이첨이 주모자가 아닐까 의심했다고 한다. 그가 조선의 왕으로 지내면서 진심으로 믿었던 사람은 대체 누구였을까? 있기나 했을까?

붙잡힌 광해군이 궁궐로 끌려갈 때 백성들은 그 광경을 구경할 뿐 슬퍼하거나 도와주지 않았다. 작은 가마에 몸을 싣고 인조의 뒤를 따라 경운궁에 가는 도중 광해군은 사람들의 조롱을 들으며 눈물을 흘려야 했다.

> "돈 애비[金爺]야, 돈 애비야, 거두어들인 금은(金銀)은 어느 곳에 두고 이 길을 가는가."

광해군이 부정축재를 했다는 비난이 아주 근거 없는 것은 아니었다. 광해군이 다스리는 동안 막대한 돈, 그중에서도 은을 긁어모은 것은 사실이었다. 변명의 여지가 있기는 하다. 우선 외교용으로 필요했다. 명나라의 사신들은 끊임없이 무시무시한 양의 은을 뇌물로 요구했다. 훗날 청나라 사신이 조선에 왔을 때 명나라 시절의 수준에 맞춰 뇌물을 준비했더니 사신들이 경악했다는 일화도 있다. 광해군이 가죽주머니 안에 4만 냥에 달하는 은을 채워 보관했던 것은 훗날을 위한 저축이었을지도 모르지만, 백성들에게 그런 사실은 아무래도 상관없었다. 광해군은 사람의 동의를 구하는 인물이 아니었고, 꽤나 많은 궁전을

세우기도 했기 때문이다.

인조는 분명 야심가였다. 앞서 똑같이 반정을 겪었지만 얼떨결에 왕이 된 중종과 달리 스스로 반정에 참여했으며, 자신의 정치적인 입지를 놓고 인목대비와 담판을 벌이기까지 했다. 인목대비는 광해군을 죽이라는 조건을 제시했지만, 귀양지에서 돌아온 이원익이 그를 말렸다.

그렇게 광해군은 강화도로 귀양 보내졌다. 광해군의 아들 폐세자 부부는 절망한 끝에 자살을 시도했고, 다음에는 탈출을 시도했지만 실패하고 처형당했다. 폐비 유씨 또한 화병으로 죽었다. 하지만 광해군은 홀로 18년 동안을 제주도에서 지냈다. 때로 북인 일파들이 광해군의 복위를 위해 역모를 꾸몄다는 말이 나오기도 했지만, 이것은 광해군 당시에 벌어졌던 많은 역모들과 어딘지 닮은 것이기도 했고, 무엇보다 광해군을 제외한 세상은 급격히 빠르게 변해갔다.

조선은 다시 전쟁에 휩쓸렸고 두 차례의 호란을 겪었으며, 인조는 얼음 위에 이마를 찧어야 했다. 그리고 소현세자와 봉림대군 등은 중국에 볼모로 끌려갔다. 이러는 와중에도 광해군은 홀로 살다가 인조 19년, 세상을 떠났다.

그런데 잘못된 것을 바로잡는다며 즉위한 인조는 결코 좋은 왕이 아니었다. 당파싸움은 계속되었고, 아들 소현세자의 의문에 싸인 죽음은 물론, 며느리였던 민회빈(愍懷嬪) 강씨가 자신을 저주했다며 처형했다. 또한 세 명의 어린 손자를 광해군이 귀양 갔던 제주도로 귀양 보내 한 해가 가기 전에 둘이 죽게 했다. 이렇게 비정한 사람이 왕이었건만, 그럼에도 조선의 사람들도, 그리고 청나라의 사람들도 광해군을 다시 찾지 않았다. 광해군은 67세의 나이로 세상을 떠나 경기 남양주

시 진건읍의 초라한 묘에 안장되었다.

광해군은 진심으로 불행한 임금이었다. 그는 운명에게 버림받은 듯
했다. 난관을 애써 이겨내도 첩첩산중이었고, 여기에 떡 하나 더 달라
는 호랑이까지 들러붙어 있었다. 세자 시절부터 주변에는 아버지를
비롯해서 최악의 인물들만 모여 있었다. 사람됨이 꽉꽉해지거나, 인
간을 믿지 못하거나, 비상금을 챙기는 등의 행동들은 어쩔 수 없던 건
지도 모른다. 하지만 이해할 수 있을 법한 잘못들이 몇 번이고 거듭되
다 보니, 결국은 돌이킬 수 없는 시대가 되었다. 귀양을 가는 광해군이
지은 시는 지난날의 회한이 짙게 배어 있다.

> 부는 바람 뿌리는 비 성문 옆 지나는 길
> 장독 기운 후덥지근하고 백 척으로 솟은 누각
> 창해의 파도 속에 날은 이미 어스름
> 푸른 산의 슬픈 빛은 싸늘한 가을 기운
> 가고 싶어 왕손초를 신물 나게 보았고
> 나그네 꿈 자주도 제자주(帝子洲)에 깨이네.
> 고국의 존망은 소식조차 끊어지고
> 연기 깔린 강 물결 외딴 배에 누웠구나.

아쉽게도 광해군은, 그리고 그를 지지했던 북인들은 브레이크라는
것을 몰랐다. 그들에게는 불가능한 일이었을지도 모른다. 가진 것이
원래부터 넉넉치 못했고, 전쟁으로 피폐해진 정신은 나 아닌 것을 이

해하거나 용인하거나 받아들일 여유를 가지기 힘들었다. 그래서 협상이나 타협이 존재하지 않은 각박한 시대를 만든 편협한 사람들이었다.

어쩌면 광해군의 공포 정치는 그 자신의 두려움에서 시작된 것일 수도 있다. 광해군은 아마도 두려웠을 것이다. 그는 세자가 된 이래로 단한시도 편한 적이 없었다. 대북이 강경책을 거듭해도 막지 못했던 것은, 여기에 적극적으로 반대했다가는 마지막 남아 있는 자신의 지지자들마저도 사라질지 모른다는 불안함 때문이었을 것이다.

이러한 두려움은 북인, 그중에서 특히 대북에게도 마찬가지였던 것같다. 앞서 이황의 문묘종사로 벌어진 논쟁에서 정인홍을 비롯한 대북은 집중포화를 받고 고립되었으며, 그들의 원래 목표였을 조식의 문묘종사도 성공하지 못했다. 정인홍이 결코 잘한 것은 없지만, 애초에그런 궁지에 놓였다는 것부터가 그들에게 두려움이었고, 어떻게든 정권을 잡아 다른 당파에게 내 주지 않겠다는 목표를 가졌던 것이다.

이성이 마비된 그들은 괴물이 되었다. 이제까지 본 대로, 광해군의시대는 멸망의 내리막길을 향해 달려가는 브레이크가 없는 전차와도같았다. 아무리 좋은 의도가 있더라도 드러내지 않으면 아무 소용없듯이, 광해군이 사소한 일에 매달리는 사이 정말로 중요했던 명분은사라졌고 신하들은 그를 외면했다.

그래서 가엾은 광해군은 모두에게 버림받았으며, 마침내 잊혀졌다.

3

희생당한 왕을 위한 조곡

변한 것과 변하지 않은 것

　왕은 진실로 위대하고도 강력한 이들이었다. 한 나라에서 가장 높은 통치자이자 체제의 수호자로, 그가 나라와 그 백성들의 운명에 끼치는 영향력이란 정말 어마어마했다. 만약 그럭저럭 좋은 왕이 들어서서 나랏일을 꾸려나가면 세상의 홍복이었지만, 반대로 운 나쁘게 폭군이라도 들어서면 멀쩡했던 나라는 순식간에 엉망진창이 되었다. 현명한 신하들을 풀 베듯 없애고, 백성들을 보리밟기 하듯이 짓뭉개고, 국고는 텅텅 비고, 외국과는 손발 안 맞는 외교전을 펼쳤다. 그래서 자기 신세를 망치는 것은 물론 체제 붕괴의 위기를 초래하기도 했다.

　많은 신하들과 백성이 버젓이 눈뜨고 버티고 있는데, 고작 왕 하나 바뀌었다고 나라가 그 지경이 될까 생각하는 독자들도 있겠지만, 왕의 힘이란 바로 그런 것이다. 왕은 그 시대를 이끌어 미래로 인도해 나가는 자였으니까. 그리고 나쁜 왕은 그가 다스리는 나라를 가장 나쁜 방

향으로 몰고 갔다.

이 책에서는 6명의 폭군들의 예를 다루었지만, 굳이 우리나라뿐만이 아니라 인간의 역사 속에서는 수많은 폭군이 나타났다. 그들은 가장 강력한 왕이었고, 그들이 가진 권력을 예리하게 휘둘렀다. 제각기 독창성을 발휘해서 사리사욕을 채우거나, 온갖 엽기적인 짓을 저지르고, 세상을 피폐하게 만들었다. 그러는 와중 많은 사람들이 죄 없이 희생당했다. 양심 때문에 신념을 굽히지 않았던 사람들은 탄압받거나 무참하게 살해당했고, 살아남은 사람들은 입을 닫고 숨죽여야 했다. 특히 폭군의 시대에는 정치적인 다툼과는 하등 상관이 없는 백성들까지도 휘말려서 고초를 겪곤 했다.

하지만 폭군의 통치가 영원히 계속된 적은 단 한 번도 없었다. 철권 통치의 벽이 오래되고 강력할수록 더욱 많은 반발을 초래했고, 그러다가 체제가 송두리째 무너져 내리곤 했으니까. 이런 파멸은 모래 위에 세운 높은 누각이 한순간에 무너지는 것을 연상하게 한다.

그처럼 강력하던 권력이 사라지는 것은 놀라운 일이지만, 동시에 당연한 일이기도 했다. 왕들은, 어쩌면 근래의 위정자들마저도 곧잘 자신들의 권위가 타고난 것이며 흔들림 없이 영원하고 존중받으리라고 착각하곤 했다. 하지만 혼자서는 왕이 될 수 없다. 섬겨 주는 신하와 백성이 있어야만 왕이 될 수 있는 것이다.

백성들이 왕을 섬기는 것은 그가 위대한 핏줄을 이어받았다거나, 존경할 만한 대상이어서가 아니다. 자신들에게 먹을 것을 주고, 생명을 주고, 선택받은 백성으로 만들어 주고, 그리고 자신들을 위해 울어 주

며, 도움의 손을 내밀어 주기 때문인 것이다. 한마디로 백성들에게 혜택과 이익을 내려줄 때 왕은 섬김을 받는다. 하지만 만약 그 왕이 고통과 시련만을 내린다면 누구도 그 왕의 백성으로 남으려 하지 않는다.

이렇게 되면 백성들이 왕을 버리게 된다. 비록 백성들이 직접 무기를 들고 왕성으로 들이닥쳐 혁명을 벌이는 적극적인 행태가 아니라 해도, 그들이 떠나가는 순간 왕을 왕답게 만들어 주는 모든 것은 사라진다. 그래서 왕의 정적들이 반란을 일으키든, 국방의 위협이 커지든, 재정에 크나큰 문제가 생기든 백성들은 '이것은 네(왕) 일이지 나의 일이 아니다'라며 외면한다.

그래서 폭군의 나라는 거친 바다 위에 떠 있는 조각배와 같다. 보통의 나라라면 가뿐하게 이겨낼 만한 작은 파도와 시련에도 거세게 요동을 치다가 마침내 전복당하기 일쑤이니까. 그래서 당나라의 《정관정요》에는 이런 대목이 있다.

물은 배를 띄울 수 있지만, 동시에 배를 뒤집을 수도 있다.

이것이 바로 폭군의 몰락이다.

하지만 이렇게 벌어지는 혁명이 마냥 정의롭고 좋은 일인 것만은 아니다. 나쁜 왕의 악행을 견디지 못한 신민들이 마침내 들고 일어나 그를 옥좌에서 쫓아낸다고 해도, 당장 희망찬 세계가 열리는 것은 아니다. 하지만 무엇보다도 큰 절망은 또 다른 바보가 임금의 자리를 차지했을 때 맛보게 된다. 여기서 더러 고민하거나 회의하는 독자가 있을

지도 모르겠다.

과연 인간은 발전하지 않는 것일까?
잘못된 위정자는 계속 끊이지 않고 나타나는 걸까?
그렇다면 희생만이 가득한 혁명을 치를 가치가 있는 것일까?

하지만 역사란 언제나 그렇다. 악당이 무너지고 착한 사람이 승리하
며 행복해지는 깔끔하고 드라마틱한 전개는 거의 없다고 해도 과언이
아니다. 언제나 좋은 것과 나쁜 것은 복잡하게 뒤섞여 있고, 아주 긴
겨울 끝에 봄이 찾아오기도 하지만, 너무도 짧게 끝나고 또다시 겨울
이 찾아오기도 한다.

그리고 폭군의 종말 이후 벌어지는 혼란은 어쩌면 인간 사회의 생리
였다. 아무리 문제가 많다고 해도 결국 왕은 나라의 대표였기에 인위
적인 축출은 질서의 파괴를 의미했고, 이로써 혼란이 벌어지게 되는
것이다. 하지만 이런 사태가 혁명을 무가치한 것으로 만들지는 않는
다. 나쁜 왕이 계속해서 옥좌에 앉아 있도록 내버려두었을 때 벌어질
수 있는 끔찍한 일들을 상상하면 더더욱 말이다.

이렇게 많은 진통을 겪으면서도 인간은 아주 느리지만 분명히 발전
해 왔다. 폭군들의 일을 적어 역사로 남겼고, 절대로 본받지 말아야 하
는 지도자상을 마련했고, 전날의 실수를 반복하지 않기 위해 애를 썼
으며, 때로 실패했지만 또 성공했다.

그러니까 거듭되는 폭군의 역사 앞에서 절망을 느낄 필요는 없다.
어차피 이 세상을 살고 있는 사람들이란, 나쁜 왕을 축출하고 그의 피

를 손에 묻혀 본 이들의 후손이다. 그들은 누군가의 희생을 못 본 척하면서 비굴하게 질서를 유지하느니, 차라리 혁명의 아픔을 택했다.

그리고 이 나라에 더 이상 왕은 없다. 우리나라는 건국과 더불어 민주주의를 채택했고, 종신제로 다스리는 왕 대신 5년의 임기가 정해져 있는 대통령을 선출한다. 국민 한 사람 한 사람에게 자신들의 위정자를 선출할 권한이 주어졌고, 이로써 왕 하나에게만 집중되어 있던 권력은 골고루 나누어졌다. 바꿔 말하면 위정자가 사회 전체를 위기로 몰아넣을 위험성은 꽤 낮아졌다.

물론 민주주의가 완전무결한 것은 아니며, 어떤 의미에서 많은 문제가 있기에 아직도 보완은 현재진행형이다. 그래도 얼마나 많은 것이 좋아졌는가. 그저 자신이 살던 시대에 재수 좋게 좋은 왕이 당첨되기를 하늘에게 빌 수밖에 없었던 먼 옛날의 백성들보다도, 갑자기 부당한 판결과 잔인한 처사를 당해도 아무 도움을 받을 수 없었던 그때보다도.

그러니까 앞으로도 그럴 것이다. 많은 위기와 고통을 겪고, 그것을 이겨내면 조금은 '전보다 나아진' 세상이 찾아오리라. 현실이 비참하더라도, 그렇기에 오히려 포기할 수 없는 꿈이 있으니. 그런 기대를 가진다면, 비참한 현실이 찾아온다 해도 희망을 잃지 않고 봄을 기다릴 수 있을 것이다.

그런 의미에서 본다면, 우리나라뿐만 아니라 전 세계의 폭군들은 중요한 업적을 남겼다. 바로 한 사람에게 너무 많은 권력이 집중되면 어떤 사달이 날 수 있었는지를 보여 준 것이다. 그래서 민주주의라는 새로운 정치 형태가 생겨난 것이니까. 그들은 자신들의 온몸을 던져 왕

이 다스리는 정치 체제가 얼마나 많은 폐해를 초래할 수 있는지를 입증하며 죽어갔다. 하늘의 노여움을 풀기 위해 살해당했던 부여의 왕과 영원한 풍요로움을 위해 살해당했던 숲의 왕처럼. 역사 시대에도 많은 왕들은 잘못된 통치의 책임을 지고 살해당했다.

그리고 왕의 피와 더불어 신민들은 새로운 시대를 맞이했으니, 이는 아주 까마득한 옛날부터 지금까지 변하지 않는다.

그런 의미에서 쫓겨난 폭군들을 위해 조가(弔歌)를 바쳐도 좋을 것이다. 그들의 숭고한 희생 덕분에 인간세상은 조금 더 발전할 수 있었고, 이전보다도 더 나은 길을 찾아가고 있으니까.

왕이여, 그대의 목을 내어 주십시오.
당신의 피로써 이 세상의 모든 잘못과 더러움은 사라지고,
우리는 새로운 시대를 맞이하게 될 것입니다.

● 참고문헌

고전
《노자》
《사기》
《삼국지》
《서경》
《한비자》
《한서》
《후한서》
마키아벨리, 《군주론》
플라톤, 《국가》
헤로도토스, 《역사》

단행본
김기흥, 박종기, 신병주 저, 《제왕의 리더십―역사학자의 눈으로 본 제왕들의 국가 경영》, 휴머
　　니스트, 2007
신동준, 《연산군을 위한 변명》, 지식산업사, 2003
이성무, 《조선시대 당쟁사》, 동방미디어, 1999
이태진, 《조선시대 정치사의 재조명》, 범조사, 1985
임용한, 《조선국왕 이야기》, 혜안, 1998
정두희, 《조선초기의 정치지배세력연구》, 일조각, 1983
조여항, 《정인홍과 광해군》, 동녘, 2001
홍영의, 《고려말 정치사 연구》, 혜안, 2005
엘리아스 카네티 저, 강두식·박병덕 역, 《군중과 권력》, 바다출판사, 2002
르네 지라르 저, 김진식 외 역, 《폭력과 성스러움》, 민음사, 2000

논문
강맹산, 〈고구려족 초기의 두 개 고구려 국가〉, 博物館報8, 1995
姜信沆, 〈연산군 언문금압에 (諺文禁壓) 대한 삽의 (揷疑) ― 국어학사상에 (國語學史上) 미친 영향의
　　유무를 (有無) 중심으로 ―〉, 진단학보24, 1963

강은경, 〈고려후기 신돈 (辛旽)의 정치개혁과 이상국가〉, 한국사학보9, 2000

강혜영, 〈光海君朝의 文藝振興 政策〉, 한국도서관정보학회지25, 1996

금경숙, 〈고구려 초기의 중앙정치구조〉, 韓國史研究86, 1994

금경숙, 〈고구려의 제가회의와 국상제 운영〉, 江原史學15, 2000

김경록, 〈공민왕대 국제정세와 대외관계의 전개양상〉, 역사와 현실64, 2007

김광수, 〈고구려 초기의 왕위계승 문제〉, 韓國史研究55, 1986

金塘澤, 〈高麗 毅宗代의 정치적 상황과 武臣亂〉, 진단학보75, 1993

김당택, 〈고려 공민왕초의 무장세력 – 공민왕 3년 (1354) 원에 파견된 무장들을 중심으로 –〉, 韓國史研究93, 1996

김범, 〈조선 연산군대의 왕권과 정국운영 (政局運營)〉, 대동문화연구53, 2006

김수미, 〈백제 초기의 주군과 첨노〉, 先史와 古代18, 2003

김영관, 〈백제의 웅진천도(熊津遷都) 배경과 한성경영〉, 忠北史學11·12, 2000

김영관, 〈百濟支配勢力의 變遷〉, 忠北史學11·12, 2000

김영수, 〈고려 공민왕대 초반기(공민왕 1·5년)의 개혁정치와 반개혁정치의 대립〉, 韓國 政治 研究6, 1997

김영수, 〈정치와 운명 : 고려말 공민왕의 정치적 방황에 나타난 풍수 도참과 유교의 대립을 중심으로〉, 한국정치외교사논총, 1997

김영수, 〈고려말 신돈의 개혁정치에 대한 연구(상)〉, 동양정치사상1, 2000

김영수, 〈고려말 신돈의 개혁정치에 대한 연구(중)〉, 한국정치학회보37, 2003

김영수, 〈고려말 신돈의 개혁정치에 대한 연구(하)〉, 한국정치외교사논총25, 2004

김영수, 〈왕과 정치 – 인간의 한계와 공민왕의 정치〉, 정치사상연구11, 2005

김종근, 〈高麗 恭愍王代 興王寺 亂에 대하여〉, 전남대학교 교육대학원, 1998

김창현, 〈고려 의종의 이어(移御)와 그에 담긴 관념〉, 역사와 현실53, 2004

김현숙, 〈고구려 초기 나부(那部)의 분화와 귀족의 성씨 – 삼국사기 고구려 본기내 (高句麗本紀內) 출현인명 분석을 중심으로 –〉, 경북사학16, 1993

김현숙, 〈고구려의 종족기원과 국가형성과정〉, 대구사학89, 2007

김형수, 〈공민왕(恭愍王) 폐위(廢位)과 문익점(文益漸)의 사행〉, 한국중세사연구19, 2005

김호동, 〈고려 무신정권하에서의 경주민의 동태와 신라부흥운동〉, 民族文化論叢2, 1982

문안식, 〈개로왕의 왕권강화와 국정운영의 변화에 대하여〉, 史學研究78, 2005

민현구, 〈고려 공민왕의(恭愍王) 반원적 (反元的) 개혁정치에 대한 일고찰 – 배경과 발단(發端) –〉, 진단학보68, 1989

민현구, 〈신돈의 집권과 그 정치적 성격 (上)〉, 歷史學報38, 1968

민현구, 〈신돈의 집권과 그 정치적 성격 (下)〉, 歷史學報40, 1968

박경철, 〈高句麗人의 '國家形成' 認識 試論〉, 韓國古代史研究28, 2002

朴丙錬, 〈南冥學派 盛衰過程의 政治社會的 特性과 士林의 動向〉, 南冥學研究16, 2003

朴眞淑, 〈백제 문주왕대의 웅진 천도 배경〉, 百濟研究32, 2000

박진숙, 〈長壽王代 高句麗의 對北魏外交와 百濟〉, 韓國古代史研究36, 2004

朴天植, 〈高麗前期의 國子監 沿革考〉, 全北史學6, 1982

白仁鎬, 〈恭愍王 20년의 改革과 그 性格〉, 考古歷史學志7, 1991

변은숙, 〈공민왕 후기 신돈의 (辛旽) 등장과 전주 (銓注)〉, 명지사론4, 1992

宋洙煥, 〈甲子士禍의 새 해석〉, 史學研究57, 1999

신수정, 〈李義旼의 出世 배경과 그 과정〉, 史學研究74, 2004

서영일, 〈고구려의 백제 공격로 고찰〉, 단국사학회, 2007

신대철, 〈세종대 이후 연산군대의 향악과 당시〉, 한국 음악연구29, 2001

신명호, 〈선조말 광해군 초의 정국과 외척〉, 청계사학10, 1993

申炳周, 〈宣祖 후반에서 光海君代의 政局과 鄭仁弘의 역할〉, 南冥學研究11, 2001

신천식, 〈조선조 연산군의 교육탄압정책과 교육사조〉, 명지사론7, 1995

신호웅, 〈공민왕대 신돈의 개혁정치와 우창비왕설〉, 梨花史學研究30, 2003

여호규, 〈고구려 초기 정치체제의 성격과 성립기반〉, 韓國古代史研究17, 2000

余昊奎, 〈漢城時期 百濟의 都城制와 防禦體系〉, 百濟研究36, 2002

李謙周, 〈恭愍王代의 政治的 變革에 對한 一考察〉, 연구논문집10, 1979

이귀숙, 〈고구려(高句麗) 초기(初期)의 왕통변화(王統變化)와 주몽(朱蒙) 시조인식(始祖認識)의 성립 (成立)〉, 경북대학교 교육대학원, 2007

이도학, 〈高句麗 初期 王系의 復元을 위한 檢討〉, 韓國學論集20, 1992

이도학, 〈한성 백제의 역사와 문화 ; 『삼국사기(三國史記)』 도림(道琳) 기사(記事) 검토(檢討)를 통해 본 백제(百濟) 개로왕대(蓋鹵王代) 정치(政治) 상황(狀況)〉, 先史와 古代27, 2007

이상배, 〈조선중기 익명서사건(匿名書事件)의 특징과 정치사회상 - 연산군 ~ 명종대를 중심으로 -〉, 史林15, 2001

이숙경, 〈이제현세력의 형성과 그 역할 - 공민왕 저기 (1351~1365) 개혁정치의 추진과 관련하여 -〉, 韓國史研究64, 1989

李崇寧, 〈燕山君의 詩想의 考察〉, 동방학지12, 1971

李用柱, 〈恭愍王代의 子弟衛 研究〉, 교육논총4, 1984

張志連, 〈光海君代 宮闕營建〉, 韓國學報23, 1997

張學根, 〈연산군의 재이론(災異論)에 대한 인식변화 - 군권 , 언권 논쟁을 중심으로 -〉, 慶南史學 7, 1995

張熙興, 〈연산군대 환관정책과 내시부의 위상강화〉, 경주사학21, 2002

장희흥, 〈高麗後期 宦官制의 定着過程과 地位變動〉, 史學研究83, 2006

田祐植, 〈백제 한성시대 말기 첨노제의 실시와 전개〉, 북악사론5, 1998

정구선, 〈고려말 기황후(奇皇后) 일족(一族)의 득세와 몰락(沒落)〉, 사헌(史軒) 임영정(林英正) 교수 정년 기념논총, 2004

趙景徹, 〈백제 한성시대 불교수용과 정치세력의 변화〉, 韓國思想史學18, 2002

池斗煥, 〈朝鮮前期 王位 繼承 論議〉, 韓國文化研究6, 1993

陳商元, 〈조선전기 정치사건의 처벌과 伸冤〉, 歷史學報180, 2003

蔡守煥, 〈高麗 恭愍王代의 改革과 政治的 支配勢力〉, 史學研究55-56, 1998

채웅석, 〈명종대 권력구조와 정치운영〉, 역사와 현실17, 1995

河炫綱, 〈高麗 毅宗代의 性格〉, 동방학지26, 1981

韓明基, 〈光海君代의 大北勢力과 政局의 動向〉, 韓國史論20, 1988

한희숙, 〈燕山君代 盜賊活動의 사회적 조명〉, 韓國學硏究6, 1996

허권수, 〈仁祖反正으로 인한 南冥學派의 沈沒과 沙溪學派의 浮上〉, 南冥學硏究所, 2003

洪榮義, 〈恭愍王 初期 改革政治와 政治勢力의 推移(上)〉, 史學硏究42, 1990

洪榮義, 〈恭愍王 初期 改革政治와 政治勢力의 推移(下)〉, 史學硏究43~44, 1992

홍영의, 〈高麗末 恭讓王代 新興儒臣의 對立과 政治運營論(上)〉, 史學硏究75, 2004

홍영의, 〈高麗末 恭讓王代 新興儒臣의 對立과 政治運營論(下)〉, 史學硏究76, 2004

황운룡, 〈고려 공민왕대(恭愍王代)의 대원명관계(對元明關係) - 관제변개(官制變改)를 중심으로 -〉,
　　　동국사학14, 1980